名古屋まつ

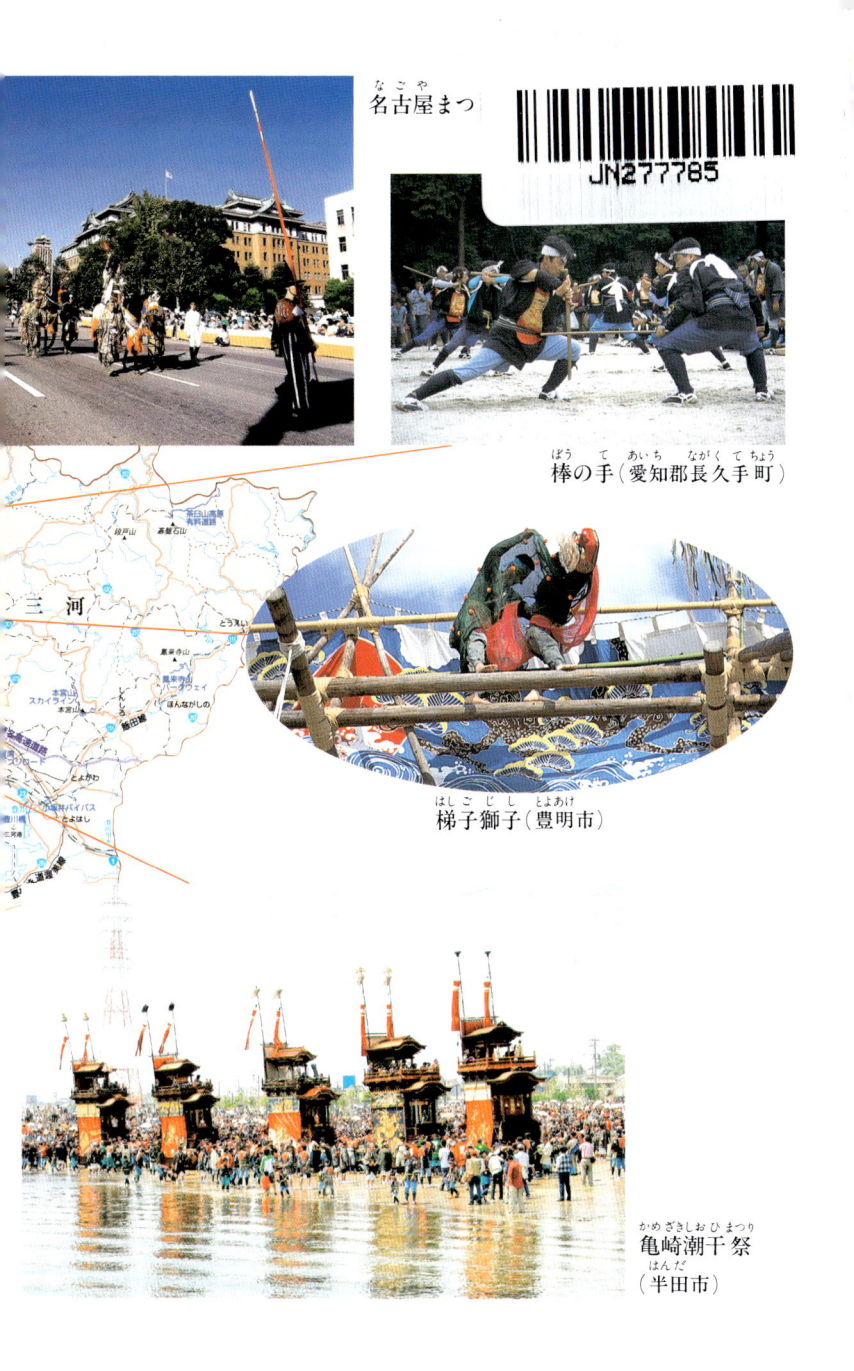

棒の手（愛知郡長久手町）

三河

梯子獅子（豊明市）

亀崎潮干祭
（半田市）

伝統の味

守口漬（もりぐちづけ）

餡麩（あんぷ）（麩饅頭（ふまんじゅう））

ギンナン

尾張

あかだ・くつわ

いな饅頭（まんじゅう）

尾州早すし（びしゅうはやすし）

名古屋コーチン

ういろう

きしめん

味噌煮込みうどん

醸造

櫃まぶし

ものづくり

びしゅうけおりもの
尾州毛織物

おわりしっぽう
尾張七宝

ちたもめん
知多木綿

とこなめやき
常滑焼

からくり人形

瀬戸焼

名古屋仏壇

有松・鳴海絞

ひと

市川房枝
いちかわふさえ

荻須高徳
おぎすたかのり

細井平洲
ほそいへいしゅう

新美南吉
にいみなんきち

織田信長
おだのぶなが

豊臣秀吉
とよとみひでよし

徳川家康
とくがわいえやす

伊藤圭介
いとうけいすけ

川上貞奴
かわかみさだやっこ

もくじ　赤字はコラム
徳川の城下町名古屋

❶ 名古屋城とその周辺 ---- 4
　名古屋城／三天下人／東照宮と那古野神社／名古屋市役所と愛知県庁／旧名古屋控訴院・地方裁判所・区裁判所庁舎／名古屋城下の町割／伊藤家住宅と四間道／志賀公園遺跡と西志賀遺跡／御用水跡と黒川樋門／堀川／十州樓

❷ 尾張徳川家ゆかりのまち ---- 17
　白壁・主税・橦木の町並み／建中寺／徳源寺／徳川美術館と蓬左文庫／長母寺／徳川宗春と芸どころ名古屋／尾張の教学

❸ 古くて新しいまち大須 ---- 25
　若宮八幡社／大須観音／万松寺／大須界隈／栄国寺／東別院・古渡城跡／松重閘門／食べる

❹ 熱田神宮と宮宿 ---- 34
　熱田神宮／又兵衛・龍影閣／船頭重吉の碑／裁断橋と姥堂／円福寺／宮(熱田)宿と七里の渡し／名古屋港今昔／断夫山古墳

❺ 戦国武将ゆかりの地 ---- 43
　豊国神社／秀吉清正記念館／荒子観音／ノリタケの森と産業技術記念館／万場宿跡と佐屋街道／清洲(須)城跡／総見院／朝日遺跡／清洲(須)越

❻ 鶴舞公園から笠寺観音へ ---- 52
　鶴舞公園／龍興寺／名古屋市博物館／大曲輪貝塚／富部神社／笠寺観音／名古屋市見晴台考古資料館／星崎城跡

もくじ

❼ 旧東海道の鳴海宿と桶狭間の戦い ………………………………… 60
　鳴海宿／瑞泉寺／大高城跡／有松・鳴海絞り／有松の町並み／桶狭間古戦場伝説地／沓掛城跡／阿野坂と一里塚／桶狭間の戦い――２つの古戦場

❽ 覚王山から八事へ ………………………………………………… 68
　日泰寺／末森城跡／東山公園／伊勝八幡宮／興正寺／昭和美術館

❾ 小牧・長久手の戦いゆかりの地 …………………………………… 74
　色金山歴史公園／御旗山／古戦場公園／オマントと棒の手／岩崎城址公園／祐福寺／観音寺

犬山から瀬戸へ

❶ 城下町犬山から明治村へ ………………………………………… 84
　犬山城／有楽苑／犬山祭り／東之宮古墳／日本ラインと鵜飼い／薬師寺／天道宮神明社／入鹿池と新田開発／博物館明治村／ヒトツバタゴ自生地／全市博物館構想／大縣神社／青塚古墳

❷ 扶桑から藤のまち江南へ ………………………………………… 100
　顕宝寺／みやげと産物（守口漬と端折傘）／長泉塚古墳／薬師寺／余野神社／飲む・食べる／長松寺／宮後八幡社／曼陀羅寺／お釜地蔵と生駒屋敷跡

❸ 小牧原台地を歩く ………………………………………………… 109
　大山廃寺／高根遺跡／清流亭のフジ／熊野神社の五枚岩／小牧・長久手の戦い／小牧山

❹ 庶民信仰の生きる岩倉・豊山界隈 ……………………………… 115
　宇都宮神社古墳／正眼寺／賢林寺／大地遺跡／尾張地方の山車／平田寺／全昌寺／高田寺／延命寺／常安寺

もくじ

❺ 庄内川をさかのぼり春日井へ 126
　春日井市道風記念館／小野道風／竜泉寺／密蔵院／瑞雲寺／林昌寺／白鳥塚古墳／内々神社／味美古墳群／林昌院／麟慶寺
❻ 瀬戸物のまち 137
　瀬戸蔵／深川神社／やきもの体験／小長曽陶器窯跡／瀬戸物と万国博覧会／愛知県陶磁資料館／定光寺

木曽川が育んだ尾張西部

❶ 尾張国府とはだか祭のまち稲沢 148
　萬徳寺／尾張大国霊神社／禅源寺／尾張大国霊神社の儺追祭(はだか祭)／性海寺／国分寺／稲沢の植木／安楽寺(船橋町)／法華寺／長光寺／無量光院／安楽寺(奥田町)
❷ 信仰と織物のまち一宮 160
　真清田神社／妙興寺／一宮市博物館／長隆寺／尾張地方の繊維産業／馬見塚遺跡／浅井古墳群／御囲堤
❸ 起宿とその周辺 170
　萩原宿と冨田一里塚／市川房枝と三岸節子／起宿／祖父江町のギンナンと島本の虫送り行事／賀茂神社／本源寺
❹ 歴史と伝説の海部東部 175
　明眼院／七宝町のラカンマキ／萱津神社／七宝焼／甚目寺／菊泉院／晴明伝説／法蔵寺／蓮華寺
❺ 天王信仰のふるさと津島 184
　津島神社／堀田家住宅／津島湊／津島神社の天王まつり／円空作木造千体仏／成信坊／興禅寺／津島の町並み／食べる
❻ 水郷のふるさとを歩く 192
　龍照院／冨吉建速神社・八劔社／蟹江城跡／須成祭・須成祭事／地蔵寺／源氏塚／いな饅頭／弥勒寺／愛知県埋蔵文化財調査センター／弥富金魚／服部家住宅
❼ 佐屋宿から輪中の里へ 201
　西条八幡社／佐屋宿／船頭平閘門／輪中／釜地蔵寺／奥津社／西音寺

海と生きる知多

❶ 焼物のまち常滑 ……………………………………………………… 212
やきもの散歩道／廻船問屋瀧田家／陶栄窯(登窯)／知多古窯と常滑焼／
常滑市民俗資料館／窯のある広場・資料館／正住院／高讃寺

❷ 山車祭りと醸造のまち ……………………………………………… 220
旧中埜家住宅／知多の山車祭り／博物館「酢の里」と小栗家住宅／新美南
吉記念館／山車文化をささえた醸造業／常楽寺／武豊停車場跡地／壱
町田湿地

❸ アユチ潟と細井平洲のさと ………………………………………… 227
アユチ潟と万葉の歌碑／岩屋口古墳／観福寺／横須賀御殿跡／業平塚／東
海市立平洲記念館・郷土資料館／上杉鷹山の師細井平洲

❹ 大野谷とその周辺 …………………………………………………… 232
法海寺／尾張万歳／知多市歴史民俗博物館／知多木綿のさと岡田／愛知
用水とため池／大草城跡／齋(斉)年寺／大野城跡／一口香・尾州早す
し

❺ 徳川家康の生母於大が暮らしたまち ……………………………… 240
円通寺／長草天神社／大府市歴史民俗資料館／延命寺／村木砦古戦場／入
海貝塚／善導寺／緒川城跡／都に運ばれた知多の塩／乾坤院／虫供養
と虫送り／洞雲院と坂部城跡／平泉寺

❻ 廻船のまち南知多 …………………………………………………… 249
鵜の山ウ繁殖地／野間大坊／岩吉久吉乙吉頌徳記念碑／泉蔵院／岩屋寺／
光明寺／羽豆神社／御幣鯛の島，篠島／古墳の島，日間賀島

愛知県のあゆみ／地域の概観／文化財公開施設／無形民俗文化財／おもな祭り／有形民俗
文化財／無形文化財／散歩便利帳／参考文献／年表／索引

もくじ

[本書の利用にあたって]

1. 散歩モデルコースで使われているおもな記号は，つぎのとおりです。
   - ……………… 電車
   - ・・・・・・・・・・・ 地下鉄
   - ──────── バス
   - ‒‒‒‒‒‒‒‒‒‒‒ 車
   - ------------ 徒歩
   - 〜〜〜〜〜〜〜 船
2. 本文で使われているおもな記号は，つぎのとおりです。
   - 🚶 徒歩
   - 🚌 バス
   - Ｐ 駐車場あり
   - 🚗 車
   - 🚢 船

   〈M▶P.○○〉は，地図の該当ページを示します。
3. 各項目の後ろにある丸数字は，章の地図上の丸数字に対応します。
4. 本文中のおもな文化財の区別は，つぎのとおりです。
   国指定重要文化財＝(国重文)，国指定史跡＝(国史跡)，国指定天然記念物＝(国天然)，国指定名勝＝(国名勝)，国指定重要有形民俗文化財・国指定重要無形民俗文化財＝(国民俗)，国登録有形文化財＝(国登録)
   都道府県もこれに準じています。
5. コラムのマークは，つぎのとおりです。
   - 泊　歴史的な宿
   - 憩　名湯
   - 食　飲む・食べる
   - み　土産
   - 作　作る・体験する
   - 伝　伝説
   - 祭　祭り
   - 行　民俗行事
   - 芸　民俗芸能
   - 人　人物
   - 産　伝統産業
   - ‼　そのほか
6. 本書掲載のデータは，2004年12月現在のものです。今後変更になる場合もありますので，事前にお確かめください。

Nagoya

徳川の城下町名古屋

名古屋城

熱田神宮

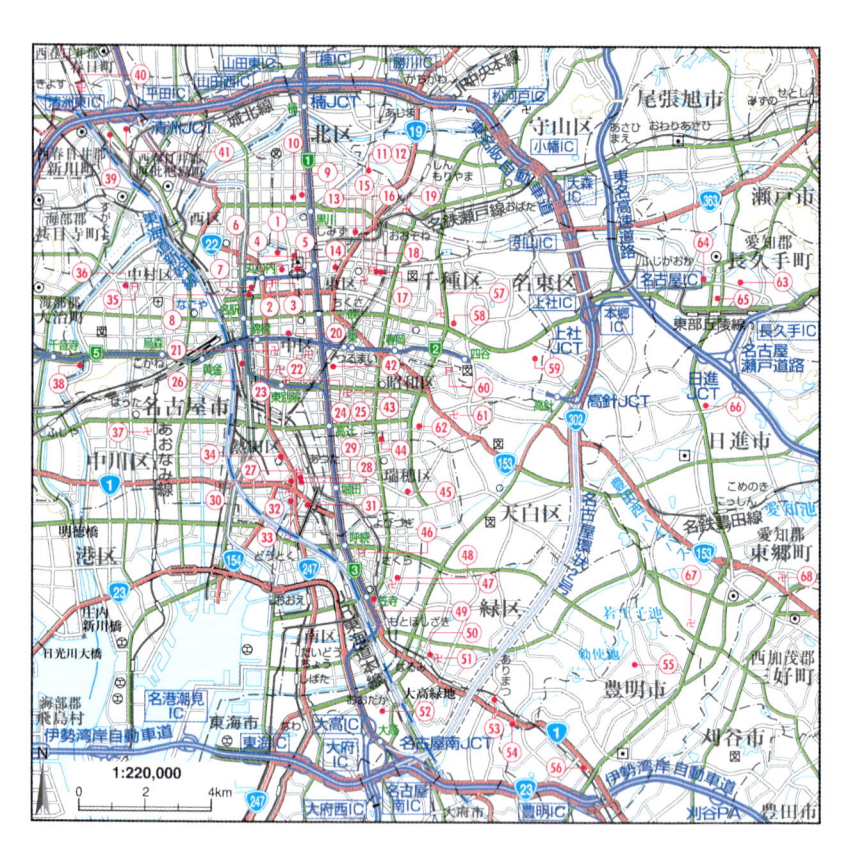

◎城下町名古屋散歩モデルコース

城下町をめぐる　　地下鉄桜通線高岳駅 10 白壁・主税・橦木の町並み(カトリック主税町教会，旧川上貞奴邸) 7 名古屋市市政資料館 6 名古屋市役所・愛知県庁 10 東照宮・那古野神社 10 四間道(伊藤家住宅・堀川) 5 地下鉄桜通線国際センター駅

名古屋城と徳川家ゆかりの地をめぐる　　地下鉄名城線市役所駅 5 名古屋城 12 東照宮・那古野神社 6 地下鉄桜通線丸の内駅 5 地下鉄桜通線車道駅 12 建中寺 10 徳源寺 7 徳川園(徳川美術館・蓬左文庫) 16 地下鉄車道駅(御器所駅乗換え) 15 地下鉄名城線・鶴舞線八事駅 4 興正寺 地下鉄八事駅

信長と秀吉ゆかりの地をめぐる　　地下鉄東山線中村公園駅 10 豊国神社・名古屋

2　　徳川の城下町名古屋

①名古屋城
②東照宮
③那古野神社
④名古屋市役所
⑤愛知県庁
⑥旧名古屋控訴院・地方裁判所・区裁判所庁舎
⑦伊藤家住宅
⑧四間道
⑨志賀公園遺跡
⑩西志賀遺跡
⑪御用水跡
⑫黒川樋門
⑬十州樓
⑭白壁・主税・橦木の町並み
⑮建中寺
⑯徳源寺
⑰徳川美術館
⑱蓬左文庫
⑲長母寺
⑳若宮八幡社
㉑大須観音
㉒万松寺
㉓栄国寺
㉔東別院
㉕古渡城跡
㉖松重閘門
㉗熱田神宮
㉘又兵衛
㉙龍影閣
㉚船頭重吉の碑(成福寺)
㉛裁断橋・姥堂
㉜円福寺
㉝宮(熱田)宿・七里の渡し
㉞断夫山古墳
㉟豊国神社
㊱秀吉清正記念館
㊲荒子観音
㊳万場宿跡・佐屋街道
㊴清洲(須)城跡
㊵総見院
㊶朝日遺跡
㊷鶴舞公園
㊸龍興寺
㊹名古屋市博物館
㊺大曲輪貝塚
㊻富部神社
㊼笠寺観音(笠覆寺)
㊽名古屋市見晴台考古資料館
㊾星崎城跡
㊿鳴海宿
51瑞泉寺
52大高城跡
53有松の町並み
54桶狭間古戦場伝説地
55沓掛城跡
56阿野坂・一里塚
57日泰寺
58末森城跡
59東山公園
60伊勝八幡宮
61興正寺
62昭和美術館
63色金山歴史公園
64御旗山
65古戦場公園
66岩崎城址公園
67祐福寺
68観音寺

市秀吉清正記念館 2 常泉寺 10 地下鉄中村公園駅(名古屋駅乗換え) 30 名鉄名古屋本線新清洲駅 10 清洲城跡 10 名鉄新清洲駅(名古屋駅・伏見駅乗換え) 35 地下鉄鶴舞線大須観音駅 8 総見寺 2 万松寺 15 古渡城跡(東別院) 5 地下鉄名城線東別院駅 20 地下鉄名城線本山駅 8 末森城跡 12 桃巌寺 4 地下鉄本山駅

東海道をめぐる 　地下鉄名城線伝馬町駅 6 宮(熱田)宿(七里の渡し場跡) 6 地下鉄伝馬町駅金山駅乗換え 20 名鉄名古屋本線本笠寺駅 5 笠寺観音 8 笠寺一里塚 10 名鉄本笠寺駅 4 名鉄名古屋本線鳴海駅 3 鳴海宿 3 名鉄鳴海駅 4 名鉄名古屋本線有松駅 3 有松の町並み(服部家住宅・有松鳴海絞会館・有松山車会館) 3 名鉄有松駅 4 名鉄名古屋本線前後駅 12 阿野一里塚 12 名鉄前後駅

熱田神宮界隈をめぐる 　名鉄名古屋本線神宮前駅 3 熱田神宮(又兵衛・龍影閣) 15 裁断橋・姥堂 15 七里の渡し場跡 4 宝勝院 2 聖徳寺 3 円福寺 6 成福寺 13 断夫山古墳 7 地下鉄名城線神宮西駅

名古屋城とその周辺

江戸・明治・大正・昭和4時代の変化に富んだ建造物の探訪を楽しめる，名古屋市の政治・行政の中心地。

名古屋城 ❶
052-231-1700
〈M▶P.2,4〉 名古屋市中区本丸1-1 P
地下鉄名城線市役所駅 徒歩5分

尾張名古屋のシンボル
金鯱の輝く名城

市役所駅の7番出口をでると，西側に長い二の丸の石垣が目にはいる。御三家筆頭で石高62万石，東海に君臨した尾張徳川家の居城，名古屋城(国史跡)である。東門をはいると，前方に金鯱の輝く天守がそびえている。広い城内ではウメ・サクラ・ボタン・フジなどの花がそれぞれの季節を彩り，秋には二之丸庭園(国名勝)の紅葉が訪れる人びとの目を楽しませてくれる。

名古屋城周辺の史跡

名古屋が尾張の政治・経済の中心となったのは江戸時代にはいってからのことで，それまでは織田氏の城下町として栄えた清洲(須)がその中心であった。関ヶ原の戦いのあと，徳川家康は第4子松平忠吉を清洲に配置して徳川一門による尾張の統治を開始した。忠吉が28歳で継嗣なく没すると，第9子徳川義直を甲斐甲府から清洲に転封した。当時家康にとってもっとも重要な課題は，大坂城の豊臣秀頼と豊臣恩顧の西国大名を服属させることであった。豊臣方との決戦に備えていた家康は，清洲では防衛上不安であるとして1609(慶長14)年，名古屋城の築城と清

春の名古屋城

徳川の城下町名古屋

秋の名古屋城

洲からの移転を命じ、翌年築城がはじまった。

築城工事は普請（土木工事）からはじまり、加藤清正・福島正則ら西国大名に助役が命じられた。築城に際しての最大の問題は、石材の採取であった。名古屋の地は良材が乏しく、諸大名は美濃・三河の近国をはじめ、遠く小豆島（讃岐）からも船で運んだ。この苦労を物語るかのように、集めた石材が他家のものとまぎれないようにつけた目印の符号が現在も石垣の石に残っている。引き続いて作事（建築工事）が1610（慶長15）年、幕府直轄の工事として行われ、1612年に大天守がほぼ完成した。

城は本丸を中心に二の丸・御深井丸・西の丸が配され、これらを堀で囲み、その南から東にかけて三の丸が設けられた。本丸には5層の大天守と2層の小天守がたてられ、その南東側には、豪華さでは京都の二条城二の丸御殿（国宝）とともに武家風書院造の双璧といわれた本丸御殿がたち並んだ。大天守の大棟には金鯱一対がかざられた。使用された金の量は慶長大判で1940枚、純度84％以上という。この黄金のシャチは尾張藩士のみならず城下の人びとの自慢の1つ

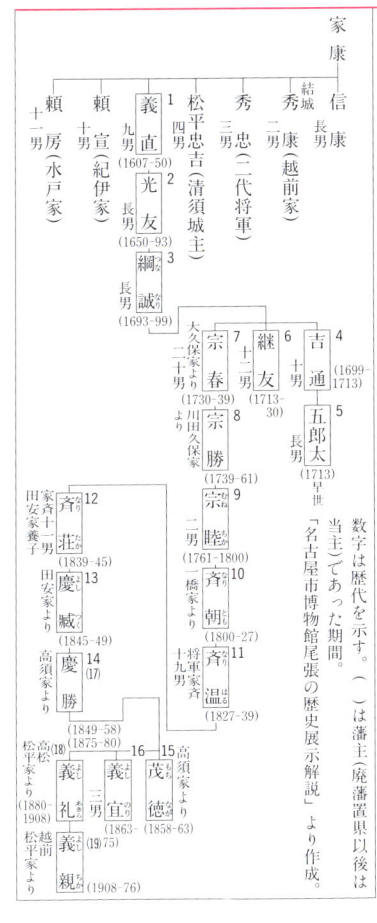

尾張徳川家略系図

家康 ─ 信康（長男）
　　 ├ 結城秀康（越前家）
　　 ├ 秀忠（二代将軍）（三男）
　　 ├ 松平忠吉（清須城主）（四男）
　　 ├ 1 義直（1607-50）─ 光友（長男）（1650-93）─ 3 綱誠（長男）（1693-99）─ ┐
　　 ├ 頼宣（紀伊家）（十男）
　　 ├ 頼房（水戸家）（十一男）

綱誠 ─ 大久保家より二十男 ─ 宗春（1730-39）─ 川田久保家より 継友（十一男）（1713-30）─ 4 吉通（1699-1713）─ 5 五郎太（長男）（1713 早世）

宗勝（1739-61）─ 9 宗睦（二男）（1761-1800）─ 一橋家より 斉朝（1800-27）─ 十九男将軍家斉より 11 斉温（1827-39）

12 斉荘（家斉十二男 田安家養子）（1839-45）─ 13 慶臧（田安家より）（1845-49）─ 14 慶勝（高須家より）（17）（1849-58）（1875-80）─ 16 茂徳（高須家より）（1858-63）─ 15 義宜（三男）（1863- ）─ (18) 義礼（松平家より）（1880-1908）─ 義親（松平家より）（1908-76）

数字は歴代を示す。（ ）は藩主（廃藩置県以後は当主）であった期間。「名古屋市博物館尾張の歴史展示解説」より作成。

名古屋城とその周辺　5

冬の名古屋城

であった。天守の形式は、大天守と小天守が橋台という通路で接続された連結式天守で、橋台上には軒先に槍の穂先を並べた形の剣塀が築かれた。

　初代尾張藩主徳川義直は、1620(元和6)年に本丸御殿から二之丸御殿に移り、以後代々藩主はここに居住し、藩の政庁もおかれた。そのため二之丸御殿は通称御城といわれ、名古屋城の実質的な中枢となった。一方、本丸御殿は将軍上洛の際の宿殿にあてられた。御殿の各部屋は狩野派の絵師たちによって描かれた華麗で優雅な障壁画(国重文)で埋めつくされ、極彩色の彫刻欄間や精巧な飾り金具ではなやかにかざられていた。1945(昭和20)年の戦災を免れた障壁画は、現在大天守の展

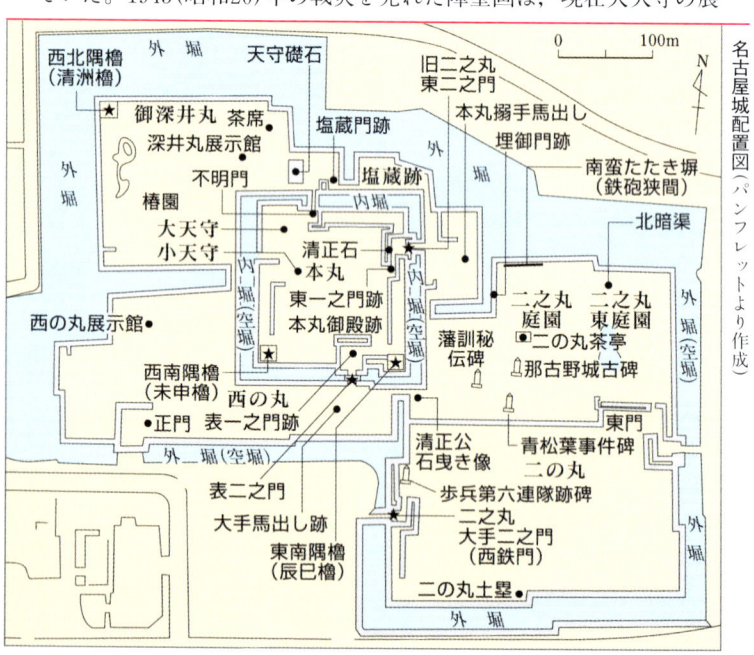

名古屋城配置図(パンフレットより作成)

6　徳川の城下町名古屋

三天下人

コラム 人

毎年10月中旬に名古屋市内で名古屋祭りが開催される。多くの市民が参加し、秋の風物詩として定着しているが、そのメインイベントが郷土英傑行列である。愛知県(尾張・三河)生まれで、天下統一の途を邁進した三天下人、すなわち織田信長・豊臣秀吉・徳川家康に、一般公募で選ばれた市民が扮し、信長隊・秀吉隊・家康隊という順番で名古屋の中心部をパレードするのである。

3人の武将の出生をみると、信長は、1534(天文3)年尾張下4郡を支配した清洲(須)城の織田家家老織田信秀の子として生まれている。1537年生れの秀吉は、愛知郡中村(現、名古屋市中村区)の百姓木下弥右衛門の子という。家康は、1542年三河国岡崎の城主松平広忠の子として生まれている。

南山大学人文学部安田文吉教授は、このほぼ同時期に生まれた3人に共通する精神構造を、「かぶきもの」としてまとめている。「かぶきもの」ということばは、戦国時代の天正年間(1573〜92)に流行した、異常な放埒をするものをさしたことばである。もともと「かぶき」とは「傾く」の名詞形にあたり、異装的、倒錯的傾向をさしたという。この地がうんだ「かぶきもの」の典型は、信長である。茶せん髷、わら縄帯、虎豹革の異装を好み、南蛮文化に傾倒するなど、信長の奇行や型破りは有名である。かぶきの精神はつぎなる天下人秀吉にもうけつがれる。秀吉は黄金で装飾された大坂城に代表されるように、豪華絢爛さと巨大さを嗜好した。秀吉の気質が深くかかわっていると思われる華麗な桃山文化は、まさしくかぶき的といえよう。家康は、信長や秀吉とは正反対の謹厳実直、地味な印象で語られることが多いが、家康が築城した名古屋城の金鯱ほど「かぶいた鯱」はほかに例がない。天守閣に輝く巨大な金鯱を、動乱から統制へと進む権力構造の変化によって幽閉されたかぶき精神の発露したものの1つとして考えられなくもない。

「かぶく」ことは停滞した社会を活性化させ、新しい価値観を創造する原動力となりうる。この地にはその精神が脈々とうけつがれている。このように三天下人をみてくると、名古屋をみる目もまた違ってくるのではないだろうか。

示室で逐次公開されている。本丸の西南隅櫓(未申櫓)・東南隅櫓(辰巳櫓)・表二之門・御深井丸の西北隅櫓・旧二之丸東二之門・二之丸大手二之門(いずれも国重文)なども江戸時代の姿を今に伝えている。西北隅櫓は清洲城の転用古材を多く用いてたてられており、

清洲櫓の別名をもつ。堀の水面にみずからをうつしてたつこの櫓の姿は優美である。大天守と小天守は1959年に再建されたもので、現在、本丸御殿の復元計画が名古屋市によって進められている。

東照宮と那古野神社 ❷❸

052-231-4010

〈M▶P.2,4〉名古屋市中区丸の内2-3-37
地下鉄鶴舞線・桜通線丸の内駅 🚶 5分

名古屋の祭りをささえた2社

丸の内駅の1番出口から北へ90mいき、新御園橋の交差点を東におれて100mほどいくと東照宮がある。徳川義直は、1619(元和5)年、城内三之丸に東照宮を造営し父家康の神霊をまつった。社殿は権現造で、内外に彩色がほどこされた壮麗なものであった。明治時代に名古屋鎮台が城内に設置されると、1876(明治9)年に明倫堂跡の現在地に遷座された。しかし、第二次世界大戦の戦災で当時国宝であった諸建造物は焼失した。現在の本殿(県文化)は、義直夫人の高原院(春姫)の霊廟として1651(慶安4)年に万松寺内にたてられたもので、建中寺に移築されたあと1953(昭和28)年当社に移された。唐門・透塀(ともに県文化)に囲まれた本殿は方3間、寄棟造・桟瓦葺きで、装飾豊かな霊廟建築の遺構である。江戸時代の東照宮祭は、9台の山車がでるはなやかなものであったが、現在は4月16日に舞楽神事、家康の命日である17日に大祭の神事が行われる。

東照宮の東隣に那古野神社(祭神素戔嗚尊)がある。社伝によると創祀は911(延喜11)年と古く、亀尾天王社あるいは天王社などとよばれていた。当社では江戸時代に天王祭が盛大に行われていた。

那古野神社

この祭りは、京都の八坂神社の祇園祭や津島神社の天王祭と同様、疫病と厄難除けの天王信仰の夏祭りで、江戸時代後期の最盛期には、2台の車楽とよばれる山車と16台の見舞車とよばれる山車が曳

8　徳川の城下町名古屋

きだされた。しかし、第二次世界大戦の空襲で山車のほとんどは焼失し、現在では例祭の7月15日夜に車楽1台が境内にかざられ、16日に若宮八幡社への御輿の渡御が行われている。なお、東照宮と那古野神社は、名古屋城とともにサクラの名所として市民に親しまれている。

東照宮の南約1km、UFJ銀行本店西側にUFJ銀行貨幣資料館がある。天正大判をはじめ、古代から現代に至る各種貨幣など約1万点が展示されている。

また、テレビ塔北東脚下に蕉風発祥之地碑がある。伊勢参宮の帰途、名古屋で山本荷兮らとの連句の会で松尾芭蕉が詠んだ句を、荷兮が句集『冬の日』として出版した。これは俳句の蕉風の確立を示す句集となった。

名古屋市役所と愛知県庁 ❹❺
052-961-1111・052-961-2111
〈M▶P.2,4〉 名古屋市中区三の丸3-1-1(市役所)、3-1-2(県庁) P
地下鉄名城線市役所駅 2分

市役所駅の3番出口をでたところに、和洋折衷の特異な外観の建物が2棟並んで荘重さをきそっている。北側が名古屋市庁舎(名古屋市役所)で、その隣が愛知県庁舎(ともに国登録)である。ともに昭和天皇即位の記念事業としてたてられたものである。

名古屋市庁舎の外観設計は公募で選ばれたもので、一部修正して1931(昭和6)年に着工された。しかし、この年に満州事変が勃発したため、不測の事態に備えて高射砲が設置できるように屋上の一部を補強したといわれる。建物は鉄筋コンクリート造り、外壁は茶褐色のタイル張りである。高さ53mの中央塔の上部に和風の2重屋根をのせ、最上部に四方にらみのシャチがおかれている。内部の意匠

「帝冠様式」の市役所と県庁

名古屋市役所(左)と愛知県庁

は名古屋城本丸御殿をイメージして設計され，木製部分にはチーク材が使用された。

愛知県庁舎は1938年に建設された。鉄筋コンクリート造りの近代建築のうえに，城の櫓(やぐら)の頭部をのせた特徴あるデザインである。外壁は市庁舎と同様のタイル張りであるが，最上層は白壁仕上げとなっており，城の櫓を連想させる。最下層の腰周りには花崗岩(かこうがん)を張って強固にみせている。タイルの使用は，愛知県が全国有数の陶磁器どころであることをアピールしたものである。

両庁舎が建設された昭和初期には，国威発揚のために日本の伝統を建築にも反映させようとする風潮が高まっていた。洋風の本体に瓦(かわら)屋根をのせた「帝冠様式(ていかんようしき)」とよばれる建物が各地にたてられたが，両庁舎はその典型的な例である。

旧名古屋控訴院・地方裁判所・区裁判所庁舎 ❻

052-953-0051（名古屋市市政資料館）
〈M▶P.2,4〉 名古屋市東区白壁1-3 🅿
地下鉄名城線市役所駅 🚶 8分

ネオ・バロック様式の美しい近代建築

市役所駅の2番出口から東へ300mほど進むと，空堀(からぼり)にかかる清水橋(しみずばし)がある。そこを渡り右におれて少しいくと，赤いレンガ壁の重厚な建物が目にはいる。これが名古屋の代表的な近代建築の1つである旧名古屋控訴院・地方裁判所・区裁判所庁舎(国重文)である。

この建物は，当時別々の場所におかれていた各裁判所の合同庁舎として，4年の歳月をかけて1922（大正11）年にたてられたもので，全国8カ所に設置された控訴院のうち現存する最古の庁舎である。レンガおよび鉄筋コンクリート造り3階建てで，ドームをいただく塔屋(とうや)と大きく前方につきだした車

旧名古屋控訴院・地方裁判所・区裁判所庁舎

名古屋城下の町割

コラム

　現在の名古屋の町は、17世紀初頭、徳川家康の命で建設された名古屋城の城下町と、東海道随一の賑わいをみせた宿場町熱田を核として形成された。名古屋城下の規模は、東西約5.7km・南北約6.1kmで、城を底辺においた逆三角形の形をしていた。城のすぐ南側の三の丸地区には家老などの上級武士、東側には中・下級武士の屋敷が配置され、西方からの敵の侵入に備えて城の北西にも武家地がおかれた。

　町人は三の丸の南の正方形街区で構成されている「碁盤割」とよばれた地区に配された。この町人地の中央を南北に本町通りがのび、ここに清洲(須)越の商家の多くが店を構えた。また街道筋で防衛上重要な箇所には寺院が集められて寺町が形成された。大須方面の南寺町は熱田から城下にはいる本町通りをかため、中区新栄町方面の東寺町は飯田街道(駿河街道)の城下への入口をかためた。

　一般に城下町の道路はT字路や鉤形屈曲を多用し、遠見遮断で敵の侵入を防ぐ迷路的な道路を原則としていた。しかし名古屋の城下にはこれらが少なく、武家地・町人地ともに見通しのよい直線道路となっている。これは徳川家康の防衛に対する強い自信によるものであろう。

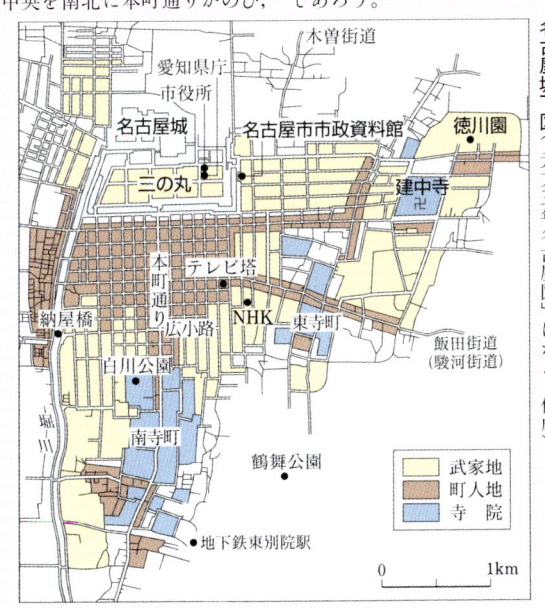

名古屋城下図(「元文三年名古屋図」ほかより作成)

寄せにより、正面中央が強調されている。白い花崗岩と赤レンガ壁の色調の対比をみせる美しい官庁建築で、19世紀後半から20世紀初期にかけて欧米で流行したネオ・バロック様式の特色をよく示している。

　第二次世界大戦後は名古屋高等裁判所および地方裁判所として使用されてきたが、1979(昭和54)年の新庁舎への移転に伴い、近代化遺産として保存されることになった。現在は、近代名古屋の歴史を紹介する名古屋市市政資料館としてうまれかわり、市政や産業の歩み・司法制度の変遷・名古屋の近代建築の歴史など、豊富な資料を展示している。

伊藤家住宅と四間道 ❼❽　〈M▶P.2,4〉名古屋市西区那古野1
地下鉄鶴舞線・桜通線丸の内駅 🚇 4分

城下町の往時をしのぶ土蔵群

　丸の内駅の7番出口から西へ300mほどいくと、堀川にかかる中橋に着く。橋を渡りすぐ右折して堀川に沿って北へ約150mいくと、江戸時代の富裕な町屋の形態を残す伊藤家住宅(県文化・非公開)の前にでる。この住宅は木造桟瓦葺き・平屋建て(一部2階建て)で、建築年代は江戸時代中期までさかのぼるといわれている。伊藤家は清洲(須)越の豪商で、堀川筋で商売を営んだことから「川伊藤」とよばれていた。

　この堀川沿いの道の1筋西側の道が四間道である。1700(元禄13)年の大火のあと、防火対策として道幅を4間(約7m)に広げ、道の東側を土盛りで高くし、そのうえに土蔵を連続して築いた。四間道の名はこのときの道幅に由来している。現在は伊藤家の土蔵などが四間道を背にわずかに残るのみであるが、かつては土蔵の列がさらに南北にのびていた。近くには、屋根のうえに屋根神とよばれる火災と疫病除けの祠をまつっている民家がある。堀川の水運を利用して活動した名古屋商人の

四間道の土蔵群

繁栄の跡と，近世名古屋の城下町の面影を今に伝える貴重な地区であり，名古屋市の町並み保存地区に指定されている。

志賀公園遺跡と西志賀遺跡 ❾❿

〈M▶P.2,13〉 名古屋市北区平手町2ほか ｜P｜
地下鉄名城線黒川駅 🚶13分

弥生人たちの居住跡　平手政秀ゆかりの地

　黒川駅の1番出口から志賀本通を西へ5分ほど歩き，城見町の交差点を右折して8分ほど歩くと，西側に志賀公園がある。1930（昭和5）年，周辺一帯で土地区画整理事業が進められ，事業の一環としてこの公園の造成工事が行われたが，そのおりに大量の土器類が発見された。これが志賀公園遺跡である。これまでに5世紀前半までの土師器が多量に出土したほか，初期須恵器の杯身や4世紀代の円筒埴輪などが出土しているが，現在は遺跡を示す面影はない。

　この遺跡の発見がきっかけとなって，すぐ南の西志賀町，その西の西区貝田町一帯で発掘調査が行われ，弥生時代前期の集落遺跡が存在することがわかった。これが西志賀遺跡で，古墳時代まで継続した複合遺跡である。志賀公園前交差点の南西約500mのところに貝田公園があり，その片隅に「西志賀貝塚」の石柱がたっている。今日では2つの遺跡は区別して設定されているが，この付近一帯には弥生人たちの居住域が広がっていたと推測される。

　志賀公園のほぼ中央には平手政秀の彰徳碑と「平手政秀邸址」ときざまれた石碑がたっている。政秀は主君織田信秀の子信長の守役としてつかえ，信秀の死後もその奇行が改まらなかった信長をいさめて，1553（天文22）年62歳で自刃したことで知られるが，政秀の領

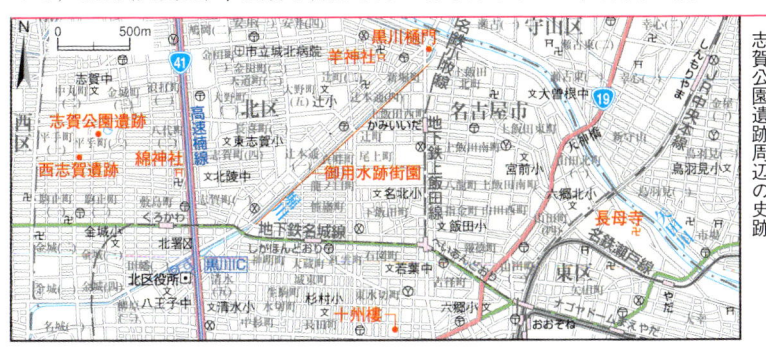

志賀公園遺跡周辺の史跡

名古屋城とその周辺

「平手政秀邸址」の碑

地は現在の志賀町一帯にあったといわれている。彰徳碑は、1802(享和2)年尾張藩の有志が彼の忠誠をながく伝えるために建立したもので、石碑は、1916(大正5)年愛知県によりたてられた。

志賀公園前交差点から東へ10分ほど歩き、黒川本通にでて右折して3分ほどのところに綿神社(祭神玉依比売命ほか2柱)がある。住宅地のなかにあるが、この一画だけは荘厳な雰囲気がただよう。綿は海の借字であり、海に縁の深い神社であることが推測される。平手政秀が荒廃した社殿を改築し、信長の奇行・粗暴がおさまることを祈願して、鏡と手彫りの狛犬を奉納したと伝えられる。

御用水跡と黒川樋門 ❶❷

〈M▶P.2,13〉名古屋市北区上飯田通3
地下鉄上飯田線・名鉄小牧線上飯田駅🚶2分

名古屋城への用水路 都会のオアシス

上飯田駅の1番出口から北へ2分ほど歩くと、御用水跡街園散策路の入口があり、御用水跡の立て札がたっている。この散策路は、1663(寛文3)年に庄内川の水を名古屋城の内堀に引き入れるために開削された御用水(辻村用水ともいう)の跡である。御用水は、志賀・田幡村の南をとおって御深井御庭の東北隅から城内にはいり、さらに堀川へと達していた。1972(昭和47)年、御用水の埋めたてがはじまり、2年後に現在の散策路に姿をかえた。散策路は夫婦橋から南西の猿投橋までの約1.5kmの道程で、林立するマンションの間を縫うようにのびている。サクラをはじめ四季の花木が植えられ、ときおり野鳥のさえず

御用水跡街園

14　徳川の城下町名古屋

堀川

コラム !!

　現在の名古屋市域のほぼ中央を北から南に約16km流れる堀川は、もとは名古屋台地の西側に沿って開削された運河であった。

　徳川家康は、防衛上の理由から、台地のうえに城と城下町をつくることを決意し、1610(慶長15)年、名古屋城の築城と「清洲(須)越」により、新しい城下町づくりをはじめた。このとき堀川も掘りはじめられた。

　生活物資を船で大量に運ぶことを目的に、名古屋城の巾下門近くの堀留から、広井・日置・古渡を経て当時の海岸であった熱田までの長さ6kmの区間を、水深1.8mにわたって開削するという大事業であった。事業は尾張生れでこのとき広島藩主であった福島正則が普請総奉行となって進められ、美濃や伊勢などの大名にも手伝いが命じられたと伝えられている。

　堀川ができたころにかけられた橋を堀川七橋とよび、上流から五条橋・中橋・伝馬橋・納屋橋・日置橋・古渡橋・尾頭橋である。

　江戸時代をつうじて堀川は名古屋城下の経済をささえる動脈路として重要な役割をにない、沿岸には、尾張藩の米蔵をはじめ、塩・炭・薪・肥料・味噌・醤油・木材などの商家や問屋がたち並び、豊かで活気あふれる町並みが続いた。

　江戸時代から明治時代にかけての干拓により、堀川はさらに海に向かってのびていった。また、1877(明治10)年には、庄内川の水分橋から名古屋城までの水路(黒川)がつくられて、現在の堀川の姿がほぼ完成した。

　近年、汚染が進んだ堀川を、水生植物がしげり魚が泳ぐような、町のなかでも自然を感じることができる川にするため、市民団体や名古屋市などの取り組みが活発になっている。

堀川

りも聞こえ、脇を流れる黒川にはコイも泳ぎ、都会のオアシスとなっている。

　御用水跡街園入口前の交差点を渡ると、黒川樋門がある。黒川は1877(明治10)年御用水に並行して開削された用水で、この水門は庄内川から黒川に水を引くためにつくられた。現在の水門は、1980(昭和55)年に復元されたもので、1992(平成4年)に名古屋市都市景観重要建築物等に指定された。また、かつてこの地には黒川開削の

名古屋城とその周辺

黒川樋門

ときにつくられた池があり、ここから黒川庄内用水・御用水・志賀用水・上飯田用水に分水していた。やがてその池は「天然プール」とよばれるようになり、1977(昭和52)年三階橋ポンプ所建設により姿を消すまで、多くの子どもたちが水遊びや魚釣りに興じていた。

御用水跡街園入口の西400mほどのところに羊神社(祭神天照大御神ほか1柱)がある。『延喜式』神名帳に「山田郡羊神社」、『尾張国本国帳』に「従三位羊天神」とあり、1838(天保9)年に再建された本殿が現存する由緒ある神社である。この付近の地名「辻」(現、辻町)は、「ひつじ」が転じたものと伝えられる。

十州樓 ⓭
052-911-2231
〈M▶P.2,13,17〉名古屋市北区東長田町4-41 P
地下鉄名城線平安通駅 🚶10分

数寄屋風の料理旅館
昭和初期の和風建築

平安通駅の2番出口から南西へ10分ほど歩くと、十州樓(国登録)がある。本館・離れ・長生殿を併設した数寄屋風の料理旅館である。もともとの十州樓は、現在の大曽根の交差点のところに1882(明治15)年にたてられた。当時はまわりに高い建物がなく、名古屋城はもとより恵那山や御嶽山など三河・美濃・信濃など10国が見渡せることから屋号がつけられたという。現在の十州樓は分家として1937(昭和12)年に当地につくられた。当初の建物がすべて現存しており、昭和初期の料理旅館を知ることができる。

十州樓

❷ 尾張徳川家ゆかりのまち

尾張の伝統的な学術文化に触れ，城下町名古屋の往時をしのぶ散歩道である。

白壁・主税・橦木の町並み ⑭

〈M▶P.2,17〉 名古屋市東区白壁・主税町・橦木町
地下鉄東山線・名城線栄駅🚌引山・四軒家行清水口・白壁

御畳奉行の住んだ武家屋敷の面影を残す町

　清水口と白壁の2つのバス停を結んだ線から南へ，橦木町筋までが，おおよその白壁・主税・橦木町並み保存地区の範囲である。城の東にあたり，江戸時代には300石程度の尾張藩中級武士の屋敷があった。現在も風格のある門や塀に，武家屋敷の面影をみることができる。

　主税町という町名の由来は，この地に屋敷を構えた野呂瀬主税の名からつけられたとされている。この辺りに，元禄(1688～1704)ごろの名古屋城下の風俗や藩士の日常生活を記録した日記『鸚鵡籠中記』をあらわした，御畳奉行朝日文左衛門重章の住居があった。現在，旧豊田佐助邸，旧春田鉄次郎邸など大正のモダンを感じさせる建物もたち並び，その南西には国道41号線に面して白亜の清楚なカトリック主税町教会がたっている。1887(明治20)年，フランス人宣教師テュルパンが開いたカトリック教会で，大正末期まで当地方の布教・信仰の拠点となった。聖堂正面の2連アーチとそれをささえる柱，十字架がのる屋根の勾配などにこの教会独特の雰囲気がただよう。

　橦木町の名は，東西に走る道路の西端

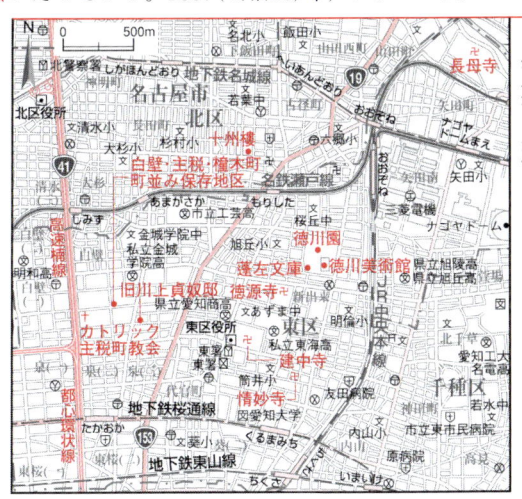

白壁周辺の史跡

白壁・主税・橦木町並み保存地区

がT字路,すなわち橦木の形となっていたことから名づけられた。ここには井元家住宅(非公開)をはじめ,大正時代の建物が残されている。またこの筋の東には,二葉(ふたば)御殿ともよばれた旧川上貞奴(かわかみさだやっこ)邸(国登録)が復元されている。わが国の女優第1号として知られる川上貞奴と,福沢諭吉の養子で,木曽川水系の電源開発に尽力し,電力王といわれた福沢桃介の2人が生活をともにしていた邸宅である。2階には郷土ゆかりの作家城山三郎や歌人春日井建らの直筆原稿や蔵書が展示されている。

建中寺 ⓯
052-935-3845

〈M▶P.2.17〉名古屋市東区筒井1-7-57 ㍿
JR東海道線・地下鉄東山線・桜通線名古屋駅🚌上飯田(東区役所経由)行🚶4分

2代藩主徳川光友創建 尾張徳川家の菩提寺

バス停の東,東区役所交差点から東へ200mほどいくと,建中寺(浄土宗)がある。2代尾張藩主徳川光友が,父義直の菩提をとむらうために1651(慶安4)年に創建した。江戸時代の境内は,4万8000坪(15万8400㎡)におよび,周囲に石垣と堀をめぐらし,本堂をはじめ数多くの堂がたち,その壮大さは城下第一といわれた。また歴代藩主の霊廟が造営され,尾張徳川家の菩提寺として尾張藩士の心のよりどころとなっていた。1785(天明5)年の大火により,総門・山門を残し大部分が焼失したが,2年後には再建された。

境内の南端に薬医門形式の総門,その北には三間一戸の二重門である山門がたち,門をくぐると正面に桁行9間・梁間9間,名古屋市内最大の木造寺院建築である本堂が威容を誇っている。入母屋造,本瓦葺きで,正面には軒唐破風のつく3間の向拝が設けられている。内陣には本尊の阿弥陀如来坐像がまつられている。本堂の背後に徳川家霊廟(県文化)がある。1786年上棟の棟札のあるこの建物は,拝殿と本殿が連結された権現造の形式で,両殿の内外には極彩色がほどこされていて華麗な社殿である。覆屋で保護されているため

建中寺山門

に外部から拝観することはできない。境内にはこのほかに四脚門形式の御成門、鐘楼・開山堂・不動堂、経蔵などがある。経蔵には一切経5800巻が収蔵されている。

　建中寺から南東へ300mほどいくと情妙寺(日蓮宗)がある。所蔵する「茶屋新六交趾渡航図巻」(県文化・非公開)は、茶屋家の朱印船がインドシナの交趾(ベトナム)へ渡航したおりの状況を描いた図巻で、檀家であった尾張藩御用達商人の尾州茶屋家が寄進したものである。

徳源寺 ⓰
052-936-2698　〈M▶P.2,17〉 名古屋市東区新出来1-1-19 Ｐ
地下鉄東山線・名城線栄駅🚌引山・四軒家行山口町🚶3分

雲水が修行にはげむ道場 釈迦涅槃像をまつる寺

　バス停から東へ約300mいくと右側に徳源寺(臨済宗)がある。この寺は、織田信長の2男信雄が、1592(文禄元)年、熱田に宝泉寺を創建したことにはじまる。以後2度ほど移転したあと、1744(寛保4)年に現在の地に諸堂を構えた。その間に寺号が徳源寺と改められた。その後寺運の消長があり、1862(文久2)年、14代尾張藩主徳川慶勝の懇請をうけた蘇山玄喬禅師が復興につとめ、美濃・尾張両国の臨済禅の専門道場として整備した。現在も雲水の修行道場として知られ、一般の人も参加できる坐禅会が毎週土曜日の午後6時から2時間行われている。

　高麗門形式の山門をはいると、左側に宝形造の仏殿(釈迦堂)がある。堂内奥の石製の須弥壇のうえに丈約4mの金銅製の釈迦涅槃像が安置されている。境内の奥には桁行7間・梁間5間、入母屋造の堂々とした禅堂がある。このほかに鐘楼や唐門などが点在し、禅寺特有の閑寂なたたずまいをみせている。

徳源寺山門

尾張徳川家ゆかりのまち

徳川美術館と蓬左文庫 ❶❼❶❽
052-935-6262・052-935-2173

<M▶P.2,17> 名古屋市東区徳川町1017・1001 P
地下鉄東山線・名城線栄駅🚌引山・四軒家行新出来🚶3分

武家文化を伝える美術館
尾張の学術文化の宝庫

　バス停から北へ1筋はいったところに徳川園がある。2代尾張藩主徳川光友は、1693(元禄6)年に藩政をしりぞくと、ここに下屋敷を造営して隠居所とした。明治以降も徳川家の邸宅として使用されていたが、1931(昭和6)年に当主徳川義親(尾張徳川家19代・侯爵)から名古屋市に寄贈され、翌年徳川園と称して一般公開された。2004(平成16)年、あらたに池泉回遊式庭園が整備され、徳川美術館や蓬左文庫と一体となった近世武家文化発信の一大拠点となった。

　園の南東に徳川美術館がある。義親の寄贈によって開設された美術館で、尾張徳川家に伝えられてきた数多くの至宝、いわゆる大名道具を展示・公開している。収蔵品は徳川家康愛用の品をはじめ、

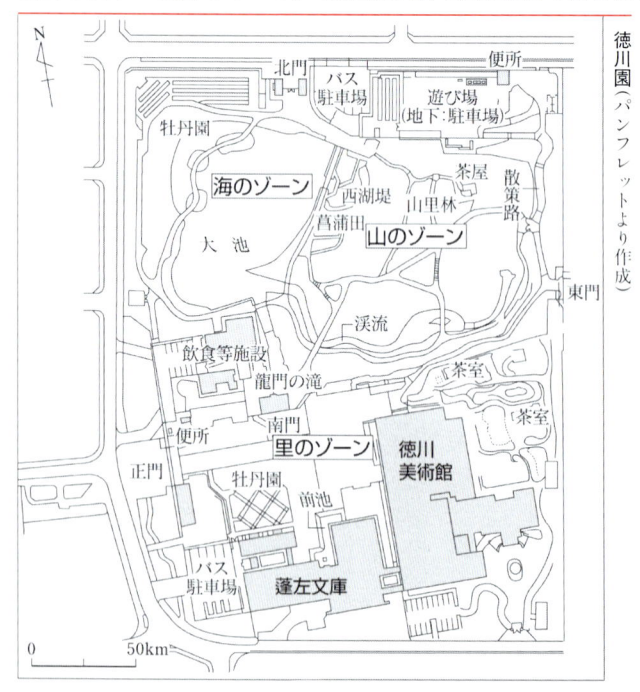

徳川園(パンフレットより作成)

徳川の城下町名古屋

> 徳川美術館所蔵のおもな文化財一覧
>
> [国宝]
> 紙本著色源氏物語絵巻, 短刀・銘吉光(名物後藤藤四郎), 太刀・銘来孫太郎作(花押), 太刀・銘国宗, 短刀・無銘正宗(名物包丁正宗), 太刀・銘正恒, 太刀・銘光忠, 太刀・銘長光(名物遠江長光), 婚礼調度類(徳川光友夫人千代姫所用, 初音蒔絵調度・胡蝶蒔絵調度など)
>
> [重要文化財]
> 紙本著色はつきの物語絵巻, 紙本著色西行物語絵巻, 紙本著色破来頓等絵巻, 紙本墨画寒山拾得図・松谿筆, 紙本墨画遠浦帰帆図・玉澗筆, 紙本金地著色四季草花図・田中訥言筆(六曲屛風), 紙本著色天皇摂関影図, 絹本墨画竜図・陳841筆, 紙本金地著色風俗図(二曲屛風, 伝本多平八郎姿絵), 紙本墨画布袋図, 紙本墨画朝陽対月図・無住子筆, 紙本金地著色豊国祭図(六曲屛風), 紙本著色はいすみ物語絵巻, 紙本金地著色遊楽図(相応寺屛風, 八曲屛風), 絹本墨画柳燕図, 絹本著色石清水八幡宮縁起絵(伝大山崎離宮八幡利益縁起), 紙本白描源氏物語絵(浮舟・蜻蛉巻残巻), 太刀・銘国綱, 太刀・菊御作, 刀・無銘(伝義弘), 太刀・銘備前国長船住守家, 刀・銘本作長義, 長生殿蒔絵手箱, 太刀・銘来国光, 刀・金象嵌銘正宗磨上(名物池田正宗), 短刀・銘正宗(名物不動正宗), 短刀・無銘伝正宗(名物一庵正宗), 短刀・無銘貞宗(名物物吉貞宗), 太刀・銘光忠, 太刀・銘備前国長船長光造, 太刀・銘備州長船住兼光, 太刀・銘国行, 太刀・銘来国俊, 刀・無銘助真, 刀・無銘一文字(名物南泉一文字), 刀・折返銘備中国住次直, 刀・無銘正宗, 白天目茶碗, 辻が花染紋小袖(楷梅葵紋散小袖・地紙形散葵紋小袖など), 金銀調度類, 朱漆七宝繋沈金花鳥漆絵御供飯, 刺繍阿弥陀三尊来迎図, 黒織部茶碗銘冬枯, 重之集, 紫紙金字金光明最勝王経巻第六, 虚堂智愚墨蹟, 古林清茂墨蹟, 法華経普門品(装飾経), 法華経・懐良親王筆, 藤原公経筆懐紙, 伏見天皇宸翰御歌集(六曲屛風貼付), 藤原定家自筆書状九月十二日, 水指(青海)備前, 白地葵紋染腰替辻が花染小袖, 紙本著色歌舞伎草紙, 紫地葵紋付葵葉文様辻が花染羽織, 浅葱地葵紋散文様辻が花染小袖

尾張藩主代々の遺愛品など１万数千点におよぶ。このなかには、「紙本著色源氏物語絵巻」など国宝９件、重要文化財56件が含まれている。展示されている数々の美術工芸品をとおして近世大名の美意識に思いをめぐらせたり、格式ある生活ぶりをしのぶことができる。

徳川美術館の西側に接して蓬左文庫がある。「蓬左」とは、江戸時代に使用された名古屋の別称で、名古屋城は蓬左城ともよばれた。

1616(元和２)年に徳川家康が没すると、収集されていた約１万冊の蔵書は、将軍家と尾張・紀伊・水戸の御三家に分配された。これが「駿河御譲本」とよばれるもので、尾張徳川家には約3000冊が

ゆずられ、これを機に初代藩主徳川義直は、城内に御文庫を創設した。その後も歴代藩主による収集が重ねられ、江戸時代をつうじて質量ともにわが国屈指の大名文庫となった。明治維新の混乱期に3分の1が流出したが、残された蔵書は現在、蓬左文庫に保管されている。『続日本紀』『河内本源氏物語』『侍中群要』『斉民要術』『太平聖恵方』『論語集解』『高麗史節要』（いずれも国重文）など、日本・中国・朝鮮の古典籍や尾張の資料・古絵図・古地図、また江戸文学書や浮世絵の研究で知られる尾崎久弥のコレクションなど多彩な資料群を含み、その数10万点を数える。

長母寺 ⑲
052-711-5636
〈M▶P.2,13,17〉 名古屋市東区矢田町字寺畑2161
名鉄瀬戸線矢田駅 🚶 7分

尾張万歳を教えた無住国師をしのぶ寺

矢田駅のすぐ西の瀬戸街道にかかる歩道橋を渡り、木ヶ崎公園に沿って150mほどいくと石段があり、そこをのぼると薬医門形式の山門がある。ここが長母寺（臨済宗）である。承久の乱（1221年）で後鳥羽上皇側に参加し、孤軍奮闘したことで知られる尾張の武士山田次郎重忠が、母の菩提をとむらうために1179（治承3）年に創建した寺といわれ、はじめは桃尾寺という天台宗の小寺であった。その後荒廃したが、1262（弘長2）年に無住国師（一円）が住持に迎えられ、臨済宗に改め再興した。無住は、以後50年間のほとんどをここですごし、民衆教化と寺院経営に専念した。その間に民衆への説法をもとにした仏教説話集『沙石集』をはじめ、『聖財集』『雑談集』などをあらわした。また無住は、味鋺村（現、名古屋市北区）の農民に万歳を教えたと伝えられ、これが尾張万歳の発祥とされている。

1343（康永2）年に足利直義の祈願所となり、足利尊氏から寺領の寄進をうけて繁栄した。その後衰退の時期が長く続いたが、1696（元禄9）年雪渓恵恭が2代尾張藩主徳川光友の命で再興

長母寺木造無住和尚坐像

徳川宗春と芸どころ名古屋

コラム 人

　尾張藩歴代藩主のなかでもっとも著名で異色の人物は、7代藩主徳川宗春(1696〜1764)であろう。1731(享保16)年、藩主となってはじめてのお国入りは、浅葱の頭巾に鼈甲づくりの唐人笠をかぶり、衣服は黒ずくめ、駕籠ではなく牛に乗っての姿であった。

　宗春は享保の改革で、緊縮財政政策をとった8代将軍吉宗の方針に反して、領内では積極的に財政支出を行い、芝居や祭りを盛んにし、遊郭を公認した。これによって名古屋の町は都市として大きく発展したといわれている。

　この時期、名古屋は消費都市としての傾向を強め、流通経済も「三都をしのぐほど」発達したという。「芸どころ名古屋」といわれる源流はこの宗春の時代にさかのぼることができる。

　また、宗春があらわした『温知政要』からは、封建時代にあって人間の個性や人間性を尊重するきわめて独創的ですぐれた思想家でもあったことがうかがわれる。

　ところが、宗春の経済政策の成功は長くは続かず、吉宗に藩主の地位を追われる9年間の治世のおわりごろになると、藩財政は多大な赤字をかかえ、その負債は明治維新を迎えるまで尾張藩に重くのしかかったという。

『享保尾事』の徳川宗春像

した。
　本堂は濃尾大地震の3年後、1894(明治27)年に再建された建物で、その東側には1828(文政11)年再建の禅宗様式の特徴をよく示す庫裏がある。本堂西隣の開山堂には、無住の自作と伝えられる頂相彫刻、木造無住和尚坐像(国重文)がまつられており、10月10日の開山忌に開帳されている。また自筆の「無住道暁筆文書」(国重文)も所蔵されている。なお本堂前に、異なる樹種の木々の枝にヒノキのような芽をだすといわれる無住伝説の宿り木がある。

尾張徳川家ゆかりのまち

尾張の教学

コラム

徳川家康の第9子で初代尾張藩主となった徳川義直は、父に似て学問好き、書物好きであった。駿府より名古屋に移ってまもない元和年間(1615〜24)ごろ、義直は家康からゆずられた「駿河御譲本」をもとに名古屋城内に御文庫を創設した。さらに儒教の始祖孔子をまつる聖堂を城内二之丸に建立し、儒学者を厚遇して文教の振興をはかり、教育機関の設立も構想していたといわれる。

その後8代藩主宗勝の時代に、蟹養斎が藩に創設を願いでて巾下学問所を開いた。宗勝はこの学問所を藩士教育の場として援助したが、長くは続かなかったようである。本格的な尾張藩の教育機関といえるものは、9代藩主宗睦の時代に設けられた藩校明倫堂である。当時、藩財政は窮乏し、封建秩序の動揺も深刻さを増していた。このような状況のなかで、藩政に役立つ人材の育成と綱紀の刷新をめざす藩政改革の一環として、米沢藩から尾張出身の細井平洲(1728〜1801)を初代督学に迎えて1783(天明3)年、明倫堂は開校された。ここでは他藩と異なり町人や農民にも聴講を許した時期があり、江戸後期には儒学以外に国学、さらに洋学も教授する総合的な教育機関に発展していった。東照宮・那古野神社(中区)の境内に「明倫堂址」の標柱がある。

庶民の子どもを対象とした寺子屋では、武士・神職・僧侶や庶民の有識者らが、読み・書き・そろばんなど日常生活に必要な教育を行った。名古屋城下では武士や商人の経営する寺子屋が多く、概して大規模であった。周辺の農村部では小規模のものが多くみられ、村役人が開校したものもあった。

現在の名古屋市域にあった寺子屋は277を数えた。2004(平成16)年現在、市内には小学校が262校あり、単純に比較することはできないが、人口規模からみて寺子屋の普及がめざましかったことが理解される。尾張地方全体でも江戸後期に急増し、就学率も高い水準にあった。

江戸時代もおわりに近づくにつれて、庶民層にも初等教育が必要なものと認められるようになり、寺子屋にかよう習慣が社会に根づいていった。

明倫堂の図(『小治田之真清水』)

古くて新しいまち大須

❸

大須界隈は、信仰と大衆娯楽が一体となって栄えた江戸時代の賑わいと、新しい町づくりが融合する町である。

若宮八幡社 ⑳　〈M▶P.2,26〉 名古屋市中区栄3-35-30 P
052-241-0810　地下鉄名城線矢場町駅 🚶 8分

城下町名古屋の総鎮守　三大祭の1つ若宮祭

　矢場町駅の4番出口から東西に走る若宮大通を西へ400mほどいくと、政秀寺(臨済宗)がある。若き日の織田信長の素行をいさめるために自害した後見人の平手政秀の菩提をとむらった寺である。ここから少し西にいくと若宮八幡社(祭神仁徳天皇ほか2柱)がある。社伝によると創祀は文武天皇のときと伝えられ、延喜年間(901～23)に再興された。戦国時代の争乱で焼失したが、1539(天文8)年、織田信秀によって再建され、さらに豊臣秀吉から社領200石を寄進された。1610(慶長15)年の名古屋城築城に際して、社地が城内にはいってしまうために現在地に遷座された。

　江戸時代、境内には常設の芝居小屋がたち、「芸どころ名古屋」の中心的な場所となっていた。またこのころの若宮祭は、東照宮祭・天王祭とともに名古屋三大祭りの1つに数えられ、天王社(現、那古野神社)への神輿の神幸は7台の山車が加わる壮麗なものであった。しかし第二次世界大戦の戦災で多くの山車が失われ、現在は、神輿と唯一現地に残る福禄寿車とよばれる山車による那古野神社への神幸が5月16日に行われている。

　若宮八幡社から西へ約900mいくと堀川にでる。そこに洲崎神社(祭神素戔嗚尊)がある。この神社は明治以前には、広井天王社・天王崎天王社などとよばれていた天王信仰の古い神社である。天王祭は1732(享保17)年にはじまったとされ、巻藁船を堀川に浮かべる船祭りの様子を『尾張名所団扇絵』の「天王崎祭礼」でみること

若宮八幡社

古くて新しいまち大須　25

ができる。

大須観音 ㉑
おおすかんのん
052-231-6525

〈M▶P.2, 26〉 名古屋市中区大須2-21-47　P
地下鉄鶴舞線大須観音駅　3分

　大須観音駅の2番出口から50mほど南にいくと，左側にあざやかな朱塗りの建物がみえる。大須観音の名で親しまれる真福寺（真言宗）である。正式には北野山真福寺宝生院という。建久年間(1190〜99)に尾張国中島郡大須荘(現，岐阜県羽島市)に観音堂がたてられたことにはじまる。その後，1324(元亨4)年に観音堂は北野社の神宮寺となり，宝生坊とよばれるようになった。このころ能信上人が宝生坊の住持となり1寺を建立して真福寺と称した。南北朝時代，真福寺には8坊の塔頭があり，宝生坊はそのなかの1坊にすぎなかったが，1371(応安4)年に宝生院に昇格した。

　その後いくたの変遷があり，とりわけ洪水の難がたえなかったため，徳川家康が1612(慶長17)年，真福寺宝生院のみ名古屋の現在地に移した。このとき伽藍の近くに文庫(通称，大須文庫)を建立した。江戸時代，寺は尾張藩主の崇敬をうけ，文庫も藩により保護されて

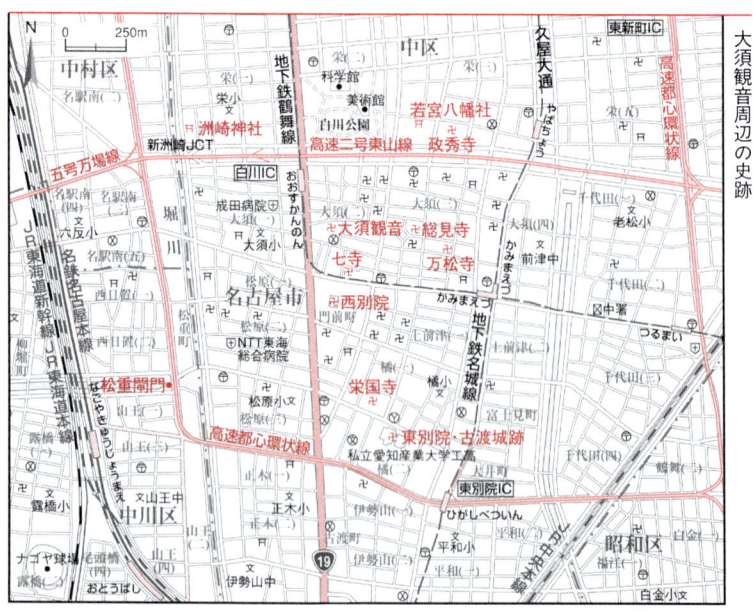

大須観音周辺の史跡

市民の憩の場 大須のシンボル
古典籍の宝庫

大須観音

きた。明治中期に隣家からの火災で類焼し、第二次世界大戦で再度炎上したが、文庫は難を免れた。戦後、本堂と仁王門があいついで再建され、名古屋における庶民信仰の中心の1つとして復活した。

現在、文庫は本堂下の1階部分に設けられており、開山の能信上人以来歴代の住持が収集した和漢の古典籍など約1万5000点がおさめられ、今も真福寺本として学界に寄与している。このなかには現存最古の『古事記』の写本をはじめ、『漢書食貨志』第4、『翰林学士詩集』『瑠玉集』巻第12・14（いずれも国宝）、『扶桑略記』『将門記』『尾張国解文』、「絹本著色仏涅槃図」（いずれも国重文）など数多くの貴重な文化財がある。また2002（平成14）年に、臨済宗の開祖栄西自筆の書状14点が発見され、話題となった。

大須観音の南東約100mのところに、735（天平7）年、行基の開創と伝えられる七寺（真言宗）がある。寺には1945（昭和20）年の空襲のとき、かろうじてもちだされた木造観音菩薩坐像、勢至菩薩坐像や七寺一切経、黒漆一切経唐櫃（いずれも国重文）がある。両菩薩像は寄木造で、玉眼をはめ込んだ仏像の古い例である。境内には

大須文庫所蔵のおもな文化財一覧

[国宝]
漢書食貨志第四、瑠玉集巻第十二・第十四、古事記賢瑜筆、翰林学士詩集
[重要文化財]
絹本著色仏涅槃図、日本霊異記巻中下、口遊・弘長三年二月五日書写奥書、本朝文粋巻第十二・十四、倭名類聚抄(抄本)、空也誄、熊野三所権現御記文、熊野権現蔵王殿造功日記、熊野三所権現金峯金剛蔵王降下御事、熊野王子眷属、続本朝往生伝、拾遺往生伝、後拾遺往生伝、三外往生伝、本朝新修往生伝、往生浄土伝、法花経伝、弘法大師伝(元暦元年)、弘法大師伝(応安八年)、弘法大師伝記、弘法大師行化記、高野大師伝、弘法大師御入定勘決記、弘法大師御入定勘決抄、高野口決、将門記残巻、尾張国解文残巻、七大寺年表、宋刊本玉編、宋刊本新雕雙金、宋刊本僧史略、宋刊本広韻上声、宋刊本礼部韻略、宋刊本紹聖新添周易神憨暦等残巻、紙本墨書扶桑略記巻第一残巻・巻第三、紙本墨書古事記上巻抄

江戸時代の青銅製大日如来坐像が安置されており，当時は広い境内で芝居や見世物などが興行されていた。

万松寺 ㉒
052-262-0735

〈M▶P.2,26〉 名古屋市中区大須3-29-12 P
地下鉄鶴舞線・名城線上前津駅 徒 5分

アーケード街の不動明王
信長ゆかりの寺

上前津駅の9番出口から北に進み，2筋目を左折して万松寺通商店街を100mほどいったところの交差点を再び北に少しいくと，左側に万松寺（曹洞宗）がある。織田信長の父で古渡城主の信秀が，大雲永瑞を開山として1540（天文9）年，現在の中区錦および丸の内の辺りに創建したのにはじまる。名古屋城築城に際し，1610（慶長15）年に現在地に移転した。江戸時代には尾張藩より寺領500石をあたえられた七堂伽藍の大寺であったが，第二次世界大戦で焼失した。

信秀の葬儀がこの寺で行われたとき，信長は荒唐無稽な姿でのぞみ，仏前に抹香を投げつけて列座のもののひんしゅくを買った話は

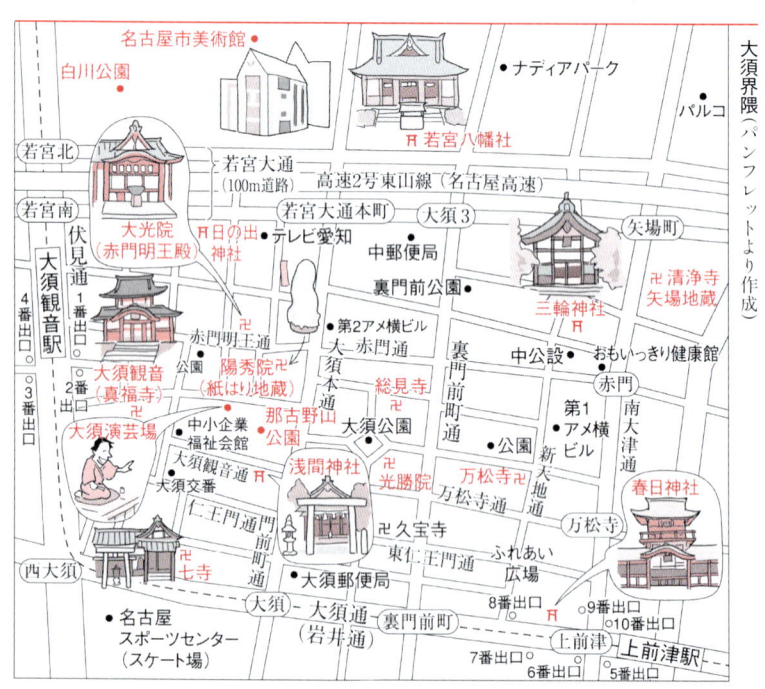

大須界隈（パンフレットより作成）

徳川の城下町名古屋

大須界隈

コラム

　江戸時代の名古屋城下の地図をみると、広小路と交差した本町通りを南に少しくだったところに大須観音、七寺、万松寺、東・西本願寺（別院）など数多くの寺が集められた地区がある。この一帯は江戸時代、城下一の芝居や見世物の興行地であった。『享元絵巻』には、江戸中期の7代尾張藩主徳川宗春治世下の本町通りの賑わいぶりが描かれている。

　若宮八幡社には常設の芝居小屋がおかれ、その南西の大乗院（現在は廃寺）では相撲が興行された。その南の清寿院（現在は廃寺）や大須観音・七寺・東本願寺（別院）の境内にも芝居や見世物の小屋があった。南寺町全体が信仰と結びついた遊興の場であった。そこでは、餅・饅頭・御手洗団子などが売られ、参詣や見物のついでに茶屋や屋台で飲食を楽しむという娯楽のスタイルが定着していった。明治の世となっても大須界隈は、芝居小屋・飲食店・遊技場などの店が並ぶ庶民の歓楽街であった。

　大正から昭和にかけて映画が大衆娯楽の花形になると、大須にも映画館が続々と開館し、最盛期には演芸場を含め22館を数え、「映画の街」の観を呈した。しかし、第二次世界大戦後は、戦災復興事業で建設された幅100mの若宮大通で都心の栄と分断され、さらに1957（昭和32）年の地下鉄名古屋駅・栄駅間の開通により、人の流れがかわり客足は遠のいた。昭和40年代には映画産業が斜陽となり、大須の映画館も廃館が続き人波はとだえた。このころが大須の最大の危機といわれている。

　1977年に地下鉄鶴舞線が開通し、学生の町八事方面とが直結したことや、パソコンなどの量販店や古着屋などの進出により、しだいに若者が集まるようになった。翌年からは、演芸・娯楽の拠点だったころの活気を取り戻そうと、商店街が主催して大須大道町人祭りが開かれている。当日は全国から集まった大道芸人が路上で妙技を披露し、大須一帯は終日大変な賑わいが続く。

　こうして大須界隈は東西約700m・南北約400mのなかに、名古屋仏壇などの伝統工芸の店からパソコンなどの量販店に至る約1000店舗が軒を連ね、老いも若きもつどう魅力ある多文化ゾーンとしてよみがえった。

城下本町通りの賑わい
（「享元絵巻」）

古くて新しいまち大須

よく知られている。その信長が1570(元亀元)年、越前の朝倉攻めを行ったとき、浅井長政の離反にあって逃げ帰る途中鉄砲で狙撃された。弾丸は懐中にあった万松寺の干し餅にあたり命拾いしたという。のちにこの話を聞いた加藤清正が、万松寺の不動明王を「身代わり不動」と命名したと伝えられている。現在、毎月28日に厄除けとして参拝者に身代わり餅がふるまわれている。

万松寺から200mほど西へいくと大須公園があり、その公園の北側に総見寺(臨済宗)がある。天正年間(1573〜92)、織田信雄が父信長の菩提をとむらうために、伊勢国大島村(三重県長島町)にあった安国寺を清洲(須)に移して総見寺と改めた。1610(慶長15)年に清洲越で現在地に移転し、初代尾張藩主徳川義直より寺領300石の寄進をうけた。総見寺には、織田信長公画像、旧清須城障壁画、伝虎関師錬頂相、長谷川宗宅筆蘇東坡杜少陵騎馬図、南蛮渡り金入織物紙入(伝信長公所用)、「延慶四(1311)年」銘の古喚鐘、堆烏・長方形の蓋、打刀拵、景川和尚墨跡(いずれも県文化)などの寺宝がある。

栄国寺 ㉓
052-321-5307

〈M▶P.2,26〉名古屋市中区橘1-21-38
地下鉄名城線 東別院駅 🚶 8分

東別院駅の4番出口の西、東別院の交差点を北へ進み、つぎの信号を左折して400mほど歩くと栄国寺(浄土宗)がある。この辺りは江戸時代初期には千本松原とよばれ、尾張藩の刑場があったところである。江戸幕府によるキリシタン禁制の強化につれ、尾張藩領でもキリシタンに対する取り締まりは厳しさを増していった。1664(寛文4)年にこの刑場で、隠れキリシタン200余人が斬罪に処せられた。翌年、2代尾張藩主徳川光友は、刑場を土器野(西春日井郡新川町土器野)に移し、その跡地に処刑者慰霊のための堂宇をたて清涼庵と名づけた。その後1686(貞享3)年に瑞雲山栄国寺と改め、さらにのちに山号を清涼山とした。

現在本堂に付随して切支丹遺跡博物館があり、踏絵・マリア観音・切支丹札などキリシタン関係の資料が展示されている。また本尊の木造阿弥陀如来坐像(県文化)が古くより「火伏せ(火防)弥陀」として伝えられてきたことから、博物館には火消しに関する展

切支丹遺跡博物館

示品も多い。

栄国寺から北西へ400mほど行くと、通称「西別院」とよばれている本願寺名古屋別院(浄土真宗)がある。明応年間(1492〜1501)に本願寺8世蓮如上人の6男蓮淳が、伊勢国長島に門徒の協力で創建した願証寺が当寺の始まりである。伊勢・尾張の浄土真宗の中心道場として発展したが、1574(天正2)年、織田信長に攻められて廃寺となった。その後清洲(須)に再興され、さらに名古屋城の築城に伴い城下の南寺町の現在地に移った。

インド風の近代的な本堂は、1972(昭和47)年にたてられたものである。本堂の前方に江戸時代初期の風格がただよう鐘楼がある。上下層からなるが、下層に鐘をつる珍しい形式の建物である。

東別院・古渡城跡 24・25
052-321-9201

〈M▶P.2,26〉 名古屋市中区橋2-8-55
P
地下鉄名城線東別院駅 3分

第1回県会会議場御坊さんとよばれる

東別院駅の4番出口から広い道路沿いに西へ200mほどいくと、右側に大きな山門がみえる。ここが「東別院」「御坊さん」と親しみをこめてよばれている真宗大谷派名古屋別院(浄土真宗)である。

当寺建立の気運は慶長年間(1596〜1615)にはじまり、1691(元禄4)年、2代尾張藩主徳川光友より名古屋城下最南端の古渡城跡地に1万坪(3万3000m²)の土地の寄進をうけて、1702年に建立された。東海道方面に対する城下防衛の砦としての役割もおわされていたと考えられている。その後手ぜまになったので、1805(文化2)年より18年の歳月をかけて壮大な本堂が再建された。

明治にはいり1874(明治7)年、愛知県主催の物産博覧会の会場となり、また同年から約2年半の間、境内に設けられた仮庁舎に愛知県庁がおかれ、1879年には第1回県会が、当寺を仮議場として開催された。第二次世界大戦の名古屋空襲で諸堂は灰燼に帰したが、1962(昭和37)年に鉄筋コンクリート造りの本堂が再建され、今も以

東別院山門

前に劣らぬ威容を誇っている。六曲一双の屏風「紙本墨画淡彩四季山水図」(国重文)がある。

山門をはいった左側に「古渡城址」の標柱がある。織田信秀は今川氏豊から奪った那古野城を子の信長にゆずり、その南約4kmの当地に1534(天文3)年古渡城を築き移った。東西140m・南北100mの平城で、2重に堀がめぐらされていたという。その後、信秀は末森城(千種区)を築いて移ったため古渡城は廃城となった。

松重閘門 ㉖ 〈M▶P.2,26〉名古屋市中川区松重町・山王1
名鉄名古屋本線ナゴヤ球場前駅 🚶 7分

近代化の遺産 / 2本の運河を結ぶ閘門

ナゴヤ球場前駅から北東へ7分ほど歩くと、4本の塔がみえてくる。これらが中川運河東支線と堀川を結ぶ水門、松重閘門である。

堀川は名古屋城築城のおりに開削された運河で、江戸時代より名古屋の物資輸送に大きな役割をはたしてきた。

1930(昭和5)年、堀川の船運が飽和状態になったために、あらたに中川運河がつくられた。中川運河は市南部の新興工業地帯をとおり、名古屋港と笹島の貨物駅とを結ぶ水路で、同年、閘門も建造された。こうして堀川と中川運河は市内の重要な幹線水路となったが、2本の運河は水位が異なっているため、航行する船はここでいったん通船路にはいり、入口側の閘門をとじて水位が調節されたのち、船は反対側の閘門をでて航行を続けた。通船路は幅8.5m・長さ90

松重閘門

32　徳川の城下町名古屋

食べる

コラム

ういろう(ういろ)

ういろう(外郎)の名は、中国でおもに薬剤をあつかう部署の官職名に由来する。室町時代に、元の外郎職にあった陳宗敬が日本に帰化し、外郎延祐と名乗って透頂香という頭痛などにきく薬を伝えたといわれる。それが菓子の名になったといわれているが、諸説あり定かではない。ういろうは全国にあるが、名古屋のものは米粉に白玉粉や砂糖などをまぜてむしたものである。

きしめん

きしめんの名前の由来は、キジの肉をいれた「きじめん」がなまったとか、紀州出身の人がつくった「きしゅうめん」からとか、中国福建省の「雉子麺」がなまったなど諸説がある。『庭訓往来』に、平たくのばした麺を碁石形に切ったものを「碁子麺」といったとあり、これが語源ではないかといわれている。碁子麺は小麦粉を水で練って薄くのばし、竹筒を使って碁石の形に切りとり、それをゆであげ、黄粉をつけたり汁で煮たりして食べていた。これがのびて現在のような平べったい麺(平打ち麺)になったといわれている。

味噌煮込みうどん

味噌煮込みうどんや味噌カツなど、味噌を使った料理は名古屋の食文化の特徴である。なかでも名古屋を代表するのは味噌煮込みうどんで、大正時代にはじまるといわれている。もともとは甲州(山梨県)の「ほうとう」のように野菜や肉を味噌で煮込み、そこにうどんをいれていたらしい。土鍋にいれてだされるが、生麺から煮込むもの、一度ゆでた麺を使うものがある。また、なかにいれる具もいろいろあり、味噌煮込みうどんも今ではさまざまなバリエーションがある。

---

mの大きなプールで、その両端に水門を設けている。2基1組の塔はそれぞれ水門の両脇にたっていて、門扉の昇降装置を取りつけた大きな鉄骨梁をささえている。

その後閘門は、産業経済の発展とともに陸上輸送の比重が大きくなったため、1968年に閉鎖されたが、名古屋の発展を記念する近代化遺産として保存された。現在では松重閘門公園として整備され、そのライトアップされた異国風な姿が、ひときわ水面に映えている。

4 熱田神宮と宮宿

神話と歴史のふるさと熱田神宮と、旧東海道の面影をしのぶ七里の渡し場跡など、神宮周辺の史跡と文化財をめぐる。

熱田神宮 ㉗
052-671-4151
〈M▶P.2,35〉 名古屋市熱田区神宮1-1-1 P
名鉄名古屋本線神宮前駅 🚶 1分

名刀の宝庫 名古屋第一の大神宮

　神宮前駅の改札口をでると、道路をはさんでほぼ正面に東門がみえる。東門から境内にはいると、「熱田の森」とよばれるうっそうとした緑につつまれ、厳粛で荘厳な気分になる。ここが、昔から「熱田さん」として親しまれ、年間800万人を数える参拝者で賑わう熱田神宮である。境内地は19万m²の広さがあり、静寂にみち、市民の心のオアシスとして親しまれている。クスの巨木が多く、樹齢1000年前後と推定されるものも数本ある。

　熱田神宮は古来より篤い崇敬を集めてきた宮であるが、全国的に有名になったのは、江戸時代末期からである。明治以後は別格の社として造営が行われ、勅祭社に列せられた。祭神は三種の神器の1つである草薙剣、相殿に天照大神以下草薙剣とゆかりの深い5柱がまつられている。別宮八剣宮のほか、摂社12社・末社31社が境内外にある。

　参列・拝観ができる祭典や神事が数多くあるが、神宮としてもっとも重要かつ荘厳な祭礼は、熱田祭りの名で知られる6月5日の例祭である。以前は堀川に5艘の巻藁船がでたが、現在は東・西・南の3カ所にある鳥居前広場に屋形をかざっている。それを「献灯巻藁」とよんでいる。また、初詣・1月5日の初えびす・5月8日からの花のとう・七五三参りなどは参拝者の多い祭礼である。

熱田神宮

熱田神宮見取図（パンフレットより作成）

① 一之御前神社
② 下知我麻神社
③ **本宮**
④ 清水社
⑤ 拝殿
⑥ 土用殿
⑦ 神楽殿
⑧ 御田神社
⑨ 龍神社
⑩ 勅使館
⑪ 神宮会館
⑫ 神社会館
⑬ 第三鳥居
⑭ 西八百万神社
⑮ 西楽所
⑯ 斎館
⑰ 宮庁
⑱ **龍影閣**
⑲ 宝物館別館
⑳ 東八百万神社
㉑ 大幸田神社
㉒ 内天神社
㉓ 清雪庵
㉔ 千秋閣
㉕ 大楠
㉖ 六末社
㉗ 宝蔵
㉘ 蓬庵
㉙ 蓬乾亭
㉚ 手水舎
㉛ **宝物館**
㉜ 西門
㉝ 菅原社
㉞ **又兵衛**
㉟ 第二鳥居
㊱ 文化殿
㊲ 緑化駐車場
㊳ 勅使門
㊴ 庭園
㊵ 二十五丁橋
㊶ **佐久間灯籠**
㊷ 徹社
㊸ 東門
㊹ 能楽殿
㊺ **別宮**
㊻ 楠之御前社
㊼ 清雪門
㊽ 熱田神宮学院
㊾ 南新宮社
㊿ 上知我麻神社
㊑ 孫若御子神社
㊒ 社務所
㊓ 第一鳥居
㊔ 日割御子神社
㊕ 松姤社

熱田神宮周辺の史跡

　本宮前の鳥居の手前にある築地塀は信長塀とよばれるもので，織田信長が桶狭間の戦いへの出陣の際に戦勝祈願をし，大勝したお礼として奉納したといわれる。土・石灰・油で練りかため瓦を厚く積み重ねてある。

　ここから２分ほど参道を南に歩くと，佐久間灯籠とよばれる石造りの高さ8.25mにおよぶ巨大な灯籠がたっている。尾張御器所の城主佐久間盛次の４男勝之が，海難

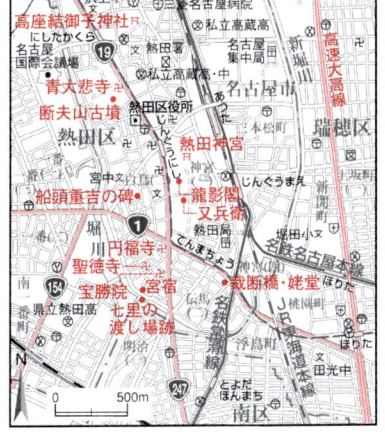

熱田神宮と宮宿　35

を免れたお礼として1630(寛永7)年に寄進したものである。

　この近くに、板石が25枚並んでいるところから二十五丁橋とよばれる花崗岩製の反り橋がかかっている。現在は渡ることができないが、『尾張名所図会』や「名古屋甚句」で名高い橋で、名古屋では最古の石橋という。

　ここから1分ほど参道を北に歩くと、東側に校倉造風の外観の文化殿がある。1階にある<u>熱田神宮宝物館</u>には、皇室をはじめ、室町・江戸両幕府の将軍、戦国武将、尾張藩主の奉納品や一般の篤志家からの献納品など、4000点余収蔵されている。収蔵品は、書跡・絵画・彫刻・工芸・和鏡など多彩であり、ことに草薙神剣をまつる神宮であることから刀剣類が多く、名刀の宝庫として著名である。収蔵品のうちとくに有名なものとしては、国宝の<u>来国俊の短刀</u>があげられる。重要文化財は、<u>古神宝類・木造舞楽面</u>(12面)・<u>菊蒔絵手筥</u>・『<u>日本書紀</u>』(熱田本)・<u>金銅装唐鞍紙本著色法華経涌出品</u>など90点余ある。さらに、県指定文化財が80点余ある。これらの収蔵品は、種別ごとの平常展示とテーマを設けたコーナー展で順次入れ替え、一般公開されている。

<u>又兵衛</u>・<u>龍影閣</u> 28・29

〈M▶P.2,35〉名古屋市熱田区神宮1-1-1
名鉄名古屋本線神宮前駅 🚶 1分

最古級の合掌造建物／明治の博覧会会場

　熱田神宮境内の西門近くに、合掌造としては最古に属する<u>又兵衛</u>(国登録)とよばれる江戸時代前期の建物がある。この建物は、岐阜県吉城郡古川町の坂上家の住宅であったが、1936(昭和11)年に名古屋市昭和区川名山町に茶室として移築され、さらに1957年に熱田神宮の現在地に再移築された。坂上家は代々「又兵衛」と称していたので、このように名づけられた。入母屋造平屋建てで、茅葺きの屋

又兵衛

36　徳川の城下町名古屋

龍影閣

根は鉄板でおおわれている。各部の材木には手斧仕上げの特色がみられ、内部は広間を中心に東側に3室、西側に2室と馬屋が設けられている。現在は、熱田神宮のさまざまな催しに利用されており、希望者は拝観もできる。

　又兵衛の100mほど北に龍影閣（国登録）とよばれる建物がある。この建物は、1878(明治11)年、現在の名古屋市中区大須に名古屋博物館の品評所（博覧会場）として建設された。落成記念として博覧会が開催されたが、明治天皇の天覧に際し2階は便殿（御休憩所）として使われた。1932(昭和7)年に西区庄内町に移築され、その後1968年に明治100年を記念して熱田神宮境内の現在地に再移築された。木造2階建て瓦葺きで、一部増改築されているが、おおむね原形を良好に保持している。現在は1階が錬成道場として使われており、希望者は拝観もできる。

船頭重吉の碑 ㉚
052-671-2344(成福寺)　〈M▶P.2,35〉名古屋市熱田区白鳥2-7-16
地下鉄名城線神宮西駅 🚇 4分

　神宮西駅の3番出口から国道19号線を南へ2分ほど歩き、歩道橋の手前の道を右折して2分ほど歩くと、白鳥小学校の西側に成福寺（曹洞宗）があり、境内に船頭重吉の碑がある。

　1813(文化10)年、名古屋紺屋町の豪商小嶋屋庄右衛門の持ち船督乗丸200石が江戸に米を運搬しての帰路、伊豆沖で嵐のため遭難した。乗組員は14人で、船頭は知多郡半田村の小栗重吉であった。督乗丸は太

船頭重吉の碑

熱田神宮と宮宿

平洋を17カ月間漂流した末，重吉ら3人はカリフォルニア沖でイギリス船に救助された。重吉らはカリフォルニアからアラスカのシトカ，カムチャツカ半島を経由し，4年ぶりに生還した(うち1人死亡)。帰国後，重吉は苗字帯刀を許され，尾張藩に召し抱えられて，ロシア人との生活で知った異国文化を「ヲロシア言」にまとめ紹介した。やがて，重吉は資金を集めて，1824(文政7)年ごろに石塔を笠寺観音前に建立した。1853(嘉永6)年に成福寺に移された石塔は，千石船の帆柱をかたどったもので，台石が船形になっている珍しい石碑である。

> 船頭重吉の足跡
> 珍しい船形の石碑

裁断橋と姥堂 ㉛　〈M▶P.2.35〉名古屋市熱田区伝馬2-5
地下鉄名城線伝馬町駅 🚶 3分

> 亡き子を思う母の心情
> 「どといつ節」発祥の地

伝馬町駅の3番出口から南東へ3分ほど歩くと，裁断橋と姥堂がある。現在，裁断橋は利用されていないが，姥堂の建物の1階に，3分の1に縮小して復元された橋がある。裁断橋は，もとは宮宿(熱田宿)の東のはずれを流れていた精進川(今は新堀川となり，名前も流路もかわった)にかかっていた橋である。

1926(大正15)年に川が埋め立てられたとき，橋は撤去されたが欄干の青銅の擬宝珠4基は道路脇に保存され，1953(昭和28)年には地元の有志により姥堂境内に移設・保存された。しかし，擬宝珠の腐食が進んだため，1992(平成4)年に名古屋市博物館で保存されることになった。現在のものは，円福寺が翌年架設したものである。

裁断橋を有名にしたのは擬宝珠に彫られている銘文である。1590(天正18)年の豊臣秀吉の小田原の陣に，18歳で出征し戦死した堀尾金助の三十三回忌に，金助の母はその追善供養のために橋をかけかえた。この架橋の趣旨が4つの擬宝珠にきざまれており，その1つの仮名書きの銘文には，亡き子を思う母の心情が切々と込められており，多くの人に感銘をあたえた。

裁断橋の名は，すでに

> てんしやう十八ねん二月
> 十八日にをだはらへの
> 御ちんほりをきん助と
> 申十八になりたる子を
> たゝせてより又ふため
> ともみすあまりにかな
> しくしてこのはしをた
> てるなり　はゝのこし
> ん母のしるし
> ふしんなる成共心にま
> かせ給へ　此かきつけ
> を見る人はねんふつ申
> 給へやちやうし給よと
> のくやうにきかせゆ人と後
> 念仏申給へやらしあまゆ人みる人は　此
> 年の仏くやう也

裁断橋擬宝珠の銘文

1509(永正6)年の『熱田講式』にみられる。1567(永禄10)年に熱田を訪れた連歌師の里村紹巴の記録にも、その名があり、熱田神宮を閻魔王宮にみたてて精進川が冥土に渡る三途の川とされ、橋のたもとに死者の衣服を奪いとる奪衣婆をまつる姥堂があったことが記されている。

姥堂の2階にあがると、姥堂の本尊である姥像を拝観することができる。もとは高さ8尺(約3m)の坐像で、熱田神宮にあったものをここに移したと伝えられる。戦災で堂宇・本尊ともに焼失し、現在のものは1993(平成5)年に、焼失前の写真をもとに2分の1に縮小して復元した像である。また、宮宿の飯盛女のなかからのちに「どどいつ節」がうまれ、江戸でも評判になるほど広く愛唱されたが、裁断橋の横に「都々逸発祥之地」の石碑がある。

円福寺 ㉜
052-671-5662

〈M▶P.2, 35〉 名古屋市熱田区神戸町301
地下鉄名城線伝馬町駅🚶4分

足利将軍ゆかりの地
歌舞伎芝居興行の地

伝馬町駅の4番出口から国道1号線を西に4分ほど歩くと、国道19号線との交差点の南西角に円福寺(時宗)がある。亀井山と号すため亀井道場とも称した。もとは天台宗で、最澄が熱田神宮に参詣したおりに創建したと伝えられる。この辺りは洲崎とよばれたので、洲崎の毘沙門堂ともいわれてきた。1319(元応元)年に足利氏の一族とされる厳阿が時宗に改め、道場をたてて開基となった。室町幕府初代将軍の足利尊氏も祈願所として堂宇を建立したと伝えられる。

1432(永享4)年6代将軍足利義教は、富士山遊覧と称して駿河まで東海道を旅したが、その途中にこの寺に立ち寄り連歌会をもよおしている。寺にはそのときの記録である連歌懐紙や、尾張守護代織田達勝はじめ、織田氏関係の古文書を多く含む1巻34通の「尾張円福寺文書」、東山文化の粋をあらわす伝小栗宗湛筆紙本墨画豊干禅師図(いずれも県文

円福寺山門

化・非公開)などが保存されている。

また,熱田は江戸初期から歌舞伎芝居興行が行われた地で,とくに亀井道場は有名であった。やがて芝居の中心地は,熱田から城下町名古屋に移っていった。

円福寺から南へ3分ほどのところに宝勝院(浄土宗)がある。本尊の木造阿弥陀如来立像(国重文・非公開)は,第二次世界大戦後,近所の高仙寺と合併したおりに移された鎌倉時代の仏像である。

宝勝院から北西2分ほどのところに聖徳寺(浄土宗)がある。境内にたつ太子堂の本尊木造聖徳太子立像(県文化)は,この地の漁師助太夫が海辺で拾った太子像を,文禄年間(1592~96)に堂をたてて安置したと伝える。

宮(熱田)宿と七里の渡し ㉝

<M ▶ P.2, 35> 名古屋市熱田区神戸町(宮の渡し公園内) P
地下鉄名城線伝馬町駅 10分

東海道唯一の海上路城下町名古屋の玄関口

伝馬町駅の4番出口から南西へ6分ほど歩き,内田橋北の交差点を右折して4分ほどいくと,宮の渡し公園がある。公園の西端に七里の渡し(宮の渡し)場跡がある。江戸時代,東海道41番目の宿駅であった宮(熱田)から桑名までの海上路は,約7里(約27.5km)あることから七里の渡しといわれた。75艘前後の船が備えられたが,渡海者が多いときには,桑名や佐屋,そのほか近村から船を借りた。

桑名までの所要時間は通常4時間程度で,条件の悪いときには6時間かかることもあったという。歌川(安藤)広重の「東海道五十三次」や『尾張名所図会』のなかにも船着場や周辺の光景が描かれており,当時の様子を知ることができる。

往時の名残りをとどめる建造物として,公園内に常夜灯が復元されている。1625(寛永2)年,尾張藩の付家老犬山城主成瀬正房(のち正虎)が,熱田須賀浦の太子堂(聖徳寺)の隣地に常夜灯を建立した。今あるものは,1955(昭和30)年に地元の

宮の渡し公園の常夜灯

名古屋港今昔

コラム

　名古屋港は，名古屋市をはじめ中部地方の産業と物流をささえる港湾施設として大きな役割をになっている。

　名古屋港の誕生は明治時代にさかのぼる。もともと江戸時代，尾張藩の海の玄関口は宮(熱田)宿の七里の渡しであったが，水深が浅く航行が困難であった。明治政府が進めた殖産興業政策により，紡績・織物・陶磁器などの産業が発展すると，地域の人びとの新しい港への期待は増すばかりとなった。1896(明治29)年に愛知県会で熱田湾築港計画が可決され，ようやく愛知県の事業として着工がはじまった。暴風雨や県財政の逼迫などの困難を克服し，1907年10月に熱田港は名古屋港と改称，同年11月には開港場に指定され，国際貿易港としての第一歩をふみだした。

　名古屋港は，貿易額では2001(平成13)年度に国内第1位となり，今に至っているが，この国際競争力をさらに高めるため，着々と整備が進められている。

　かつては神戸港や横浜港とくらべ「一般市民に向けた顔がない」といわれた名古屋港だが，近年では市民に親しまれる親水空間にするため，ワイルドフラワーガーデン「ブルーボネット」などの緑地や名古屋港水族館などのアミューズメント施設，マリンスポーツ基地などの整備にも力がそそがれている。名古屋のシーフロントは今，名港トリトンとよばれる3つの美しい橋を境界に，南は物流の拠点，北は親水空間として，バランスのとれた整備計画が進められている。

有志により再建されたものである。もともと常夜灯は，夜間に出入りする船の安全をはかるために設けられたものであるが，1651(慶安4)年の由井正雪や丸橋忠弥らが企てた慶安事件(由井正雪の乱)を契機に，夕方酉の刻(午後6時前後)から翌朝卯の刻(午前6時前後)まで夜間航行が禁止されるようになり，その間航行禁止の標識として点灯した。

　宮宿は1843(天保14)年の『東海道宿村大概帳』によれば，人口1万342人，本陣2軒(赤本陣・白本陣とよんで区別した)，脇本陣1軒，旅籠248軒となっている。城下町名古屋の玄関口として，人と物資の輸送の面で重要な役割をはたし，その繁盛ぶりは『尾張名所図会』に「駅路には諸侯をはじめ，旅客ひまなく群行し，あしたには，七里の渡り一番船をあらそひ，船場には商売の荷物つどひて山のごとく」と記されている。また，1826(文政9)年には名古屋の

本草学者水谷豊文とその門下生伊藤圭介らがこの地でシーボルトと会見し、教えをうけている。

断夫山古墳 ㉞

〈M ▶ P.2,35〉 名古屋市熱田区旗屋1-10(熱田神宮公園内) P
地下鉄名城線神宮西駅🚶5分

東海地方最大の古墳 尾張氏の墳墓

神宮西駅の4番出口から北へ5分ほどのところに、熱田神宮公園がある。公園の南東側一帯が**断夫山古墳**(国史跡)である。全長約150m、東海地方最大の前方後円墳である。築造年代は6世紀初頭と推定され、台地の西端に位置し、海をみおろすような場所にあることから、被葬者は海上交通路を掌握していた人物であった可能性が高い。最近では、尾張南部に勢力を張った尾張連草香(娘の目子姫は継体天皇の妻)の墳墓ではないかという説が有力である。

熱田神宮公園のすぐ北側に**青大悲寺**がある。1756(宝暦6)年にこの地で生まれた女性「きの」が開いた如来教の本山で、尼寺である。境内の地蔵堂に室町初期造立の**鋳鉄地蔵菩薩立像**(県文化)が安置されていて、歩道からも拝観できる。この地蔵はもと旗屋町の地蔵堂にあった3体のうちの1体で、ほかの2体(いずれも県文化)は、熱田区金山町の月待供養碑で有名な観聴寺(浄土宗)に移された。

青大悲寺から北へ4分ほどの西高蔵の交差点を右折し、3分ほど歩くと、北側に昔から「高蔵の森」として知られる大きな森が広がっている。ここに、子育ての神として篤い信仰をうけている熱田神宮の摂社で、『延喜式』式内社の**高座結御子神社**がある。毎年6月1日には、境内末社の御井社の前の井戸を子どもにのぞかせ、水をもらって帰ると虫封じになるという「井戸のぞき」の神事が行われ、今も多くの参詣者で賑わっている。

断夫山古墳

5 戦国武将ゆかりの地

名古屋市西部地域に残る織田信長・前田利家・加藤清正ら，戦国武将ゆかりの史跡や文化財をめぐる。

豊国神社 ㉟
052-411-0003
〈M▶P.2,43〉 名古屋市中村区中村町木下屋敷 P
地下鉄 東山線中村公園駅 🚶10分

秀吉をまつる神社

　中村公園駅の3番出口をでると，目の前に地元の人びとが「赤鳥居」または「中村の大鳥居」と親しみをこめてよんでいる鉄筋コンクリート製の朱塗りの鳥居がみえる。鳥居は，1921(大正10)年にこの中村の地が名古屋市に編入されたのを記念して，地元の人びとが豊国神社(祭神豊臣秀吉)の目印になる大鳥居をたてる計画をたて，8年後の1929(昭和4)年に完成したもので，大きさの点では日本有数である。

　ここから参道を北へ10分ほど歩くと中村公園にでる。この公園は，豊臣秀吉の出生地と伝えられるこの地に，1885(明治18)年秀吉の遺業をしのんでつくられたものである。公園内の中央に，有志が発案し当時の県令(県知事)国貞廉平の尽力を得て創祀された豊国神社がたっている。5月18日の例祭(太閤祭)前の日曜日には，秀吉の出世にちなんで，子どもの成長を願う稚児行列が繰り広げられる。社殿の東側には「豊公誕生之地」碑があるが，出生地については異説もある。

　豊国神社の約100m東に常泉寺(日蓮宗)がある。太閤山と号し，慶長年間(1596〜1615)に加藤清正一族の円住院日誦上人が創建したとい

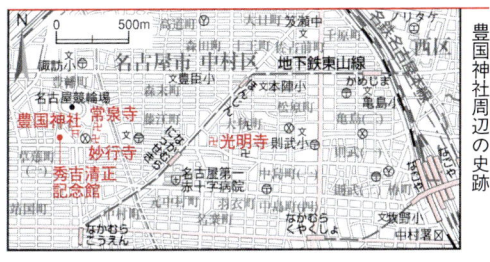

豊国神社周辺の史跡

豊国神社

戦国武将ゆかりの地　43

う。境内には，秀吉誕生のときに使われたと伝えられる産湯の井戸や秀吉の手植えと伝えられるヒイラギがある。

　常泉寺の南隣に妙行寺(日蓮宗)がある。もともと現在地より100mほど東にあったが，1610(慶長15)年にはじまった名古屋城築城のとき，普請を請け負った加藤清正が自分の生誕の地に，城の余材を寄進して移築・再建したという。清正は幼少より同郷の秀吉につかえ，数々の武功をあげたが，とくに賤ヶ岳の戦いでの功績は，七本槍の1人として有名である。境内には加藤清正像や「加藤肥後侯旧里碑」「清正公誕生之地」の石碑が並んでいる。加藤肥後侯旧里碑は，もと常泉寺の西の八幡社境内(現，中村公園内)にあったもので，1870(明治3)年に清正の出生地は妙行寺内であるとされ，移建された。寺宝に絹本著色加藤清正画像と紙本著色一尊四菩薩画像(ともに県文化・非公開)がある。

　中村公園駅隣の中村日赤駅2番出口から北へ1分，鳥居通3丁目の交差点を東へ3分ほど歩くと，光明寺(浄土宗)にでる。1418(応永25)年に愛知郡中村に創建された寺で，その後3回移転し，第二次世界大戦後になって現在の地に移った。寺宝として東京の増上寺に伝わる法然上人絵伝の模本(県文化・非公開)がある。原本の大和絵の画風を十分にいかした模本のなかでも，群をぬいた作品である。

秀吉清正記念館 ㊱
052-411-0035

〈M▶P.2,43〉名古屋市中村区中村町字茶ノ木25
P
地下鉄東山線中村公園駅 🚶10分

秀吉と清正関連の資料を展示

中村公園駅の3番出口から北に10分ほど歩くと中村公園に着く。ここを左折して100mほどいくと中村公園文化プラザがある。ここの2階が秀吉清正記念館である。

尾張中村出身の豊

秀吉清正記念館のある中村公園文化プラザ

44　徳川の城下町名古屋

臣秀吉と加藤清正に関する美術工芸品や古文書類などを中心に，彼らの生きた時代の関連資料を常設展示している。「信長と秀吉」「秀吉の天下統一」「関ヶ原の戦い」「清正と尾張の武将」「太閤記の世界」の5つのコーナーに区分し，ほぼ3カ月ごとに展示替えがなされている。そのほか，「絵解き関ヶ原合戦」「戦国の城」などのビデオ作品のあるビデオコーナーも利用できる。また，尾張徳川家の家臣兼松家に代々伝来した「兼松家文書」も収蔵されている。

荒子観音 ㊲
052-361-1778

〈M▶P.2, 45〉名古屋市中川区荒子町字宮窓138 P
地下鉄東山線高畑駅🚶15分・名古屋臨海高速鉄道あおなみ線荒子駅🚶7分

円空ゆかりの寺　多宝塔は市内最古の木造建築

　高畑駅の4番出口から，「犬千代ルート」（犬千代とは前田利家の幼名）の案内標識に沿って南東へ15分ほど歩いたところに，浄海山円龍院観音寺（天台宗），通称荒子観音がある。利家は1538（天文7）年当地に生まれ，織田信長の御近習衆としてつかえ，その後激動する乱世を生きぬき，加賀100万石の礎を築いた武将である。

　寺伝によると，荒子観音は，729（天平元）年の創建当初は現在の高畑1丁目付近に所在し，七堂伽藍十二坊を備えた大きな寺であった。その後衰退したが，永禄年間（1558～70）に現在地に移して再興され，荒子城主であった前田利家により，1576（天正4）年に本堂の改修が行われた。江戸時代になると尾張藩主の帰依をうけ，笠寺・竜泉寺・甚目寺と並んで，尾張四観音の1つとして栄えた。

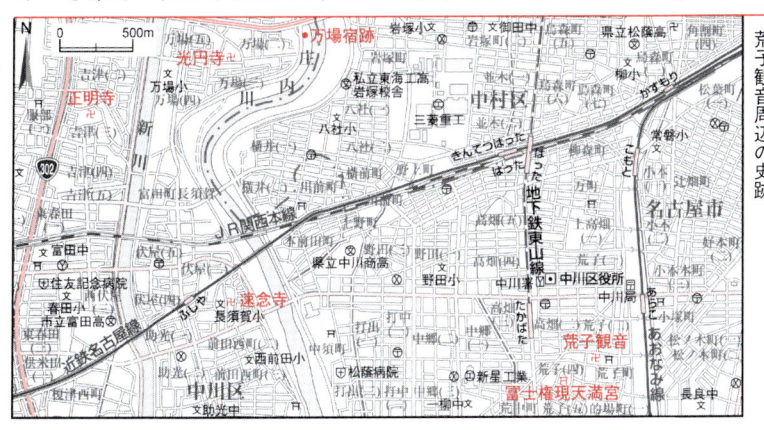

荒子観音周辺の史跡

戦国武将ゆかりの地

荒子観音多宝塔

本堂については，1815(文化12)年に再建された記録があるが，現在の本堂は1997(平成9)年に再建されたものである。

境内にある多宝塔(国重文)は，1536(天文5)年に再建された名古屋市内最古の木造建築物である。高さは約13m，下層は方形で和様，上層は円形で唐様と和漢折衷の優美な姿で，室町時代末期の建築様式の特色をよく伝えている。2001(平成13)年に屋根が銅板から杮葺きに，相輪が鉄から銅製になり，解体・復元修理が完成した。

当寺は漂泊の僧円空ゆかりの寺でもある。円空は23歳から全国行脚の旅にでて，64年の生涯に約12万体の仏像を彫ったといわれ，全国各所に荒削りながら素朴で親しみのある木彫仏を残している。円空は住職の10世円盛と親しく，1680年前後(延宝・貞享の頃)たびたび寺を訪れ，一心不乱に仏像を彫ったという。山門のなかにおさめられた3mをこす2体の仁王像は，円空最大の作品と伝えられ，1973(昭和48)年，その仁王像をつくった木片で彫ったという1000体をこえる木っ端仏が多宝塔の内部から発見され，大きな話題となった。それらは現在，ほかの円空仏とともに毎月第2土曜日の午後に一般公開されている。

観音寺から南西へ5分ほど歩くと冨士権現天満宮がある。この辺りは天文年間(1532～55)に，利家の父利昌が築城した荒子城の跡地と伝えられている。利家は1569(永禄12)年荒子城主となり，城の鎮守神として冨士権現を勧請したという。現在は城跡を示すものはなにもなく「前田利家卿誕生之遺址」ときざまれた石碑がたつのみである。

冨士権現天満宮から「犬千代ルート」の案内標識に沿って西へ40分ほど歩くと，速念寺(浄土真宗)がある。ここは，前田城の跡地で前田氏発祥の地と伝えられている。境内には前田氏先祖の墓があり，

ノリタケの森と産業技術記念館

コラム

　名古屋駅の北に世界的にも有名な陶磁器メーカーであるノリタケが，創業100周年を記念してつくったノリタケの森がある。都会の一角にもかかわらず，園内は豊かな木々の緑と色あざやかな草花であふれ，明治の末に建築された赤レンガ造りの工場の一部も保存されており，目を楽しませてくれる。

　クラフトセンターでは，生地(きじ)の製造から絵付けまでの製造工程の熟練した技術を見学できる。有料だが，席があいていれば予約なしで絵付けを実際に体験できるコーナーがある。

　「オールドノリタケ」とよばれる歴史的・文化的価値の高い初期の作品を鑑賞できるミュージアムもある。また，最高級のものからアウトレットの商品まで購入できるショップや，料理をノリタケ食器で味わえるレストランも完備し，家族連れでも十分に楽しめる。

　ノリタケの森の北に隣接して産業技術記念館がある。ここは「モノづくり」と，それに必要な「研究と創造の精神」の大切さを理解してもらうねらいで，トヨタグループ13社が共同で設立した博物館である。旧豊田紡織本社工場に残されていた赤レンガ造りの工場を建物として活用しており，産業遺産の保存という点でも貴重である。

　正面入口からはいると，まずエントランスロビーにある豊田佐吉(さきち)が発明した巨大な環状織機(けんいん)に目を奪われる。日本の近現代産業を牽引してきた繊維産業と，自動車産業の歴史と技術の発展を展示する目的で，記念館内は繊維機械館と自動車館の2つの主要なゾーンに分かれている。

　繊維機械館では，初期の道具から最新の繊維機械までが展示され，技術の進歩がわかりやすく紹介されている。自動車館では，車の基本的な仕組みと構成部品や自動車生産技術の変遷が展示されている。

　両館とも道具や機械をたんに外からみるだけではなく，さまざまなものを実際にさわったり動かしたりすることができ，大型機械の実演時間も設定されているので，体験的に学ぶことができる。ときにはベテランの係員に詳しく解説をしてもらいながら展示品をみてまわることもできる。

ノリタケの森

あちこちに前田家家紋の梅鉢紋(うめばち)をみることができる。また，本尊の阿弥陀如来尊像(あみだにょらい)は利家の寄進と伝えられている。

戦国武将ゆかりの地

万場宿跡と佐屋街道 ❸

〈M▶P.2,45〉名古屋市中川区万場1
地下鉄東山線中村公園駅🚌戸田荘行万場大橋
🚶 7分

海路を避けた脇街道　万場の渡し

　バス停から東へ5分ほど歩き、庄内川にかかる万場大橋のたもとの道を2分ほど南にいくと、右岸堤防上に佐屋街道の万場宿跡(万場の渡し)の立て札がたつ。佐屋街道は「八剣の　宮を渡らず佐屋廻り」と川柳にうたわれたように、東海道を旅する人が熱田の七里の渡しからの海路をさけてとおった脇街道で、佐屋路ともよばれた。万場の渡しには4艘の渡船と1艘の召船があり、船頭をつとめる6軒が渡河にあたった。船賃は人1人2〜3文で出水時は5〜6文、馬は1頭5文で出水時は8文にあがった。『尾張名所図会』に描かれた渡し船には、馬2頭・旅人9人・駕籠・船頭2人が乗っている。

　万場宿は、万場の渡しをはさんで岩塚宿(中村区)と向かいあっており、1634(寛永11)年御伝馬所に指定され宿場がおかれた。2宿で1宿分の役割をはたす特異な宿で、月の前半15日は万場宿が、後半15日は岩塚宿が人馬継立などの役をつとめ、万場の渡しに関しては、すべて万場宿で管理するものとされていた。1843(天保14)年の『佐屋路宿村大概帳』によれば、当時の万場宿内の人口は672人で、本陣1軒・旅籠屋10軒があったという。

　万場宿跡から旧佐屋街道を西へ7分ほど歩くと、山号「臥龍山」の豪華な金字額がかかる光円寺(浄土真宗)の山門がある。寺宝に本願寺由緒の志津三郎兼氏作の短刀、蓮如上人真筆六字名号などがある。光円寺から西へ6分ほど歩くと、新川にかかる万場黒橋に着く。橋を渡って南西へ10分ほど歩くと、「松下の蓮如さま」として

旧佐屋街道の町並み

知られる正明寺(浄土真宗)がある。寺宝には蓮如上人作と伝えられる木像があり，旧暦3月24日から3日間開帳される。また，寺の裏に近代七宝焼きの祖梶常吉の墓がある。

清洲(須)城跡 ㊴

〈M▶P.2,49〉 西春日井郡清洲町朝日字城屋敷1-1 P
名鉄名古屋本線新清洲駅🚶15分

織豊期の石垣復元 織田氏の拠点

新清洲駅から，五条川に沿って北へ500mほどいくと，五条橋にでる。川沿いにさらに進むと清洲(須)城址公園に着く。公園や川沿いには桜並木が続き，彩りをそえる。清洲(須)城は，応永年間(1394～1428)に尾張国守護斯波義重により築造されたといわれる。城下町は1476(文明8)年に尾張守護所が下津(現，稲沢市)から移り，1555(弘治元)年，織田信長が主家を破って入城して以来，1610(慶長15)年の「清洲越」まで，尾張の中心都市として栄えた。清洲城は信長の拠点であり，本能寺の変後の，織田家の相続をめぐる「清須会議」や，小牧・長久手の戦いの際の信雄の本陣などとして，戦国史の転換点に重要な役割をはたした。

織田信長の銅像がある公園付近には本丸の中心部が，線路をはさんで北側には天守閣があったと推定されている。1989(平成元)年，五条川対岸に天守閣を模した建物がつくられた。この建物の展望台にのぼると，総堀で囲まれていた城跡全体を見渡すことができる。

旧天守閣跡から現代の城へと渡る五条川の橋のたもとには，創建当時の石垣が移築復元されている。これは1997年の五条川改修工事に伴う発掘調査で右岸の河川敷から出土したもので，石垣をささえ

清洲城石垣遺構

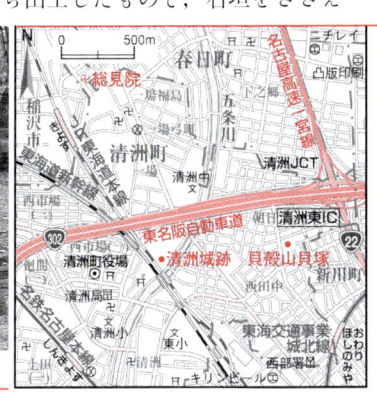

清洲城跡周辺の史跡

戦国武将ゆかりの地　49

る木組みも確認されている。

　五条橋から西へ進み、最初の交差点を右折すると、旧美濃路にでる。道は本陣跡から稲沢市へと続いている。

総見院 ㊵
052-400-3322
〈M▶P.2,49〉西春日井郡清洲町一場大島37　P
JR東海道本線清洲駅 🚶 5分

亀姫が贈った紫衣
初代藩主徳川義直開基

　清洲駅前の道を北に進み、踏切の手前を右折して200mほど進むと、信号交差点南側に総見院(臨済宗)の看板がみえてくる。寺は旧美濃路の西100mにあり、清洲(須)宿や長光寺(稲沢市)から美濃路をたどってくるのもよい。当寺は最初織田信雄が信長追善のために建立したが、清洲(須)越によって大須(名古屋市中区)へ移転し総見寺となった。現在の寺は、1644(正保元)年初代藩主徳川義直の開基で、3世住職永屹闓山の隠居所としてはじまったと伝える。ここには平安時代の木造観音菩薩立像(県文化)と、義直の異母姉、亀姫寄進と伝える唐絹織紫衣一襲(県文化)がおさめられている。

朝日遺跡 ㊶
〈M▶P.2,49〉西春日井郡清洲町朝日ほか
東海交通事業城北線尾張星の宮駅 🚶 10分

東海地方屈指の弥生集落
銅鐸・巴形銅器出土

　尾張星の宮駅西側の道を北西に約10分いくと貝殻山貝塚(国史跡)があり、指定地内に愛知県清洲貝殻山貝塚資料館がある。また、この貝塚から東へ約300mいくと朝日交差点があるが、その南西かどに検見塚(県史跡)がある。1971(昭和46)年からの国道302号線建設に伴う一連の緊急発掘調査の結果、一帯が朝日遺跡という巨大な集落遺跡であることが判明した。

　朝日遺跡では、古くから貝塚が分布することが知られていたが、1929(昭和4)年にはじめて発掘調査が行われ、1970年代から大規模

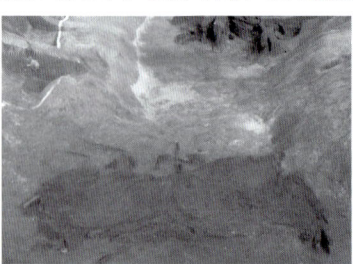

総見院

朝日遺跡出土のヤナ

清洲(須)越

コラム

　現在の名古屋の町は、「清洲(須)越」によってつくられたといっても過言ではない。

　清洲は戦国時代に、織田信長・信雄、豊臣秀次、福島正則を城主に迎えて、尾張の中心として栄えてきた。関ヶ原の戦い後、支配が徳川家に移ると様相がかわった。

　1609(慶長14)年、幼少の徳川義直が城主となったときに、義直の家臣山下氏勝が五条川の氾濫などを理由に、城の移転を建議し、町ぐるみでの名古屋台地への移転となった。これは大名の勢力削減に心をくだいた家康が、移転に伴う莫大な費用を諸大名に負担させ、きたるべき大坂の陣に備えたためともいわれている。

　清洲越は1610年にはじまり、1613年には終了したらしい。城はもちろんのこと、屋敷・町屋までの大移転で、名古屋城の御深井丸西北隅櫓(国重文、別名清須櫓)には、清洲城の古材が使われたといわれている。

　名古屋市西区の堀川沿いに続く四間道周辺の町は、清洲商人が店を開いた場所であった。清洲の面影は、堀川にかかる五条橋の名からもしのぶことができ、当時の欄干の擬宝珠は名古屋城に展示されている。

　「思いがけない　名古屋ができて　花の清須は　野となろう」と当時の臼挽き歌にうたわれたように、以後清洲は多くが田畑となり、美濃路の宿場になっても、往時の繁栄は戻らなかった。

な発掘調査が実施されはじめた。遺跡の範囲は、清洲町朝日を中心に、西春日井郡新川町・春日町、名古屋市西区平田町など1市3町にまたがり、東西1.4km・南北0.8kmにおよんでいる。現在も発掘調査が継続され、これまでの調査の結果、弥生時代前期から古墳時代初頭にかけての拠点的な集落であることがあきらかになった。集落は弥生前期から中期にかけて巨大化し、多重の環濠や、逆茂木・杭列帯などの防御施設もつくられた。しかし、後期になると集落の規模は縮小していった。そのほか遺構としては、ヤナ(魚をとる装置)などの施設、300基をこす方形周溝墓、玉造工房跡、多数の竪穴住居跡が発見されている。遺物では、水田農耕の伝来を示す遠賀川式土器、パレス式土器とよばれる朱で美しく彩色された土器、銅鐸・巴形銅器・銅鐸鋳型などが出土している。

戦国武将ゆかりの地

6 鶴舞公園から笠寺観音へ

名古屋台地には, 縄文時代から近代までのさまざまな遺跡や街道などが残る。

鶴舞公園 ㊷　〈M▶P.2.52〉 名古屋市昭和区鶴舞1　P
052-751-5128　JR中央本線・地下鉄鶴舞線鶴舞駅 🚶 1分

近代建造物が残る, 名古屋市民憩いの場

　鶴舞駅の4番出口のすぐ東にある鶴舞公園は, 4月のさくら・チューリップまつりにはじまり, 5月のつつじ・バラまつり, 6月のしょうぶ・あじさいまつりまで続く「花まつり」や, 秋の日本庭園の紅葉など, 四季折々の花や樹木にふれることのできる公園である。

　公園の歴史は古く, 1905(明治38)年に精進川(現在の新堀川)の改修工事ででた土を埋め立ててつくり, 1910年には第10回関西府県連合共進会の会場になった。公園全体の設計は, 東京の日比谷公園の設計者である本田静六と鈴木禎次である。中心部にある噴水塔とその東の奏楽堂は共進会当時の様子を伝える建物で, 噴水塔は, 地下鉄鶴舞線の建設工事のため解体されたが, 1978(昭和53)年に共進会当時の姿で復元された。奏楽堂は円形のステージにドーム状の屋根をもつルネサンス風のものである。1934(昭和9)年に室戸台風の被害をうけたため取りこわされ, その後異なる形のものがたてられたが, 1997(平成9)年に当初の姿に戻された。公園の東部, 日本庭園の中心にあたる胡蝶ヶ池も共進会時につくられたものである。

　共進会開催後, 運動場・動物園・図書館・公会堂などがつくられ, 公園として整備された。噴水塔の西南にある普選壇とよばれる野外ステージは, 1925(大正14)年の普通選挙法成立を記念してつくられ

鶴舞公園

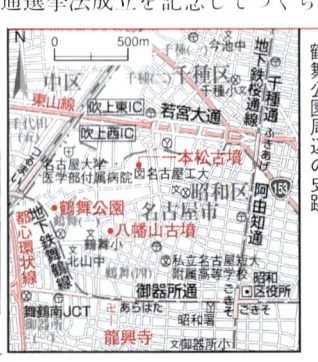

鶴舞公園周辺の史跡

52　徳川の城下町名古屋

鶴舞公園噴水塔

たもので、五箇条の誓文が掲げられている。1918(大正7)年に動物園がつくられ、1937(昭和12)年に東山動物園として千種区東山の地に移ったが、当時の門柱が図書館の南にある児童園のなかに残っている。

　公園の東南端、鶴舞小学校の東に八幡山古墳(国史跡)がある。直径約82mの大きさは、円墳としては東海地方最大で、5世紀前半に名古屋台地を支配した豪族の墓とされる。また、八幡山古墳の北450mにある名古屋工業大学の学生会館の南には一本松古墳があり、出土した円筒埴輪は名古屋市博物館に保管されている。

龍興寺 ㊸
052-881-9650

〈M▶P.2,52〉名古屋市昭和区御器所3-1-9 P
地下鉄鶴舞線荒畑駅 🚶 3分

本堂は昭和初期の和風建築

　荒畑駅の4番出口から西へ100mほどいくと龍興寺(曹洞宗)の北側入口にでる。寺伝によれば、この寺は1539(天文8)年に御器所城主佐久間盛次が創建した寺院である。境内でひときわ目につくのは、白壁3階建ての楼閣である。この楼閣と東側にある書院は、実業家藤山雷太が、1932(昭和7)年に東京目黒の自邸内にたてたもので、1975年に本堂として龍興寺に移築された(旧藤山家住宅日本家・県文化)。

　書院は木造平屋建てで、楼閣は1・2階は鉄筋コンクリート造り、3階は木造で高欄をめぐらし花頭窓をつけるなど、近代和様建築の特徴をよくあらわしている。

龍興寺本堂(旧藤山家住宅日本家)

名古屋市博物館 ㊹
052-853-2655

〈M▶P.2,57〉名古屋市瑞穂区瑞穂通1-27-1 P
地下鉄桜通線桜山駅 🚶 3分

　桜山駅の4番出口から南へ150mほどいくと名古屋市博物館がある。館内2階の常設展示では、名古屋市ばかりでなく尾張地方の原始から現代までの歴史を学ぶことができ、そのほかにビデオルーム

鶴舞公園から笠寺観音へ

東山荘　　　　　　　　　名古屋市博物館

尾張の歴史はここで学習

　やぶれてみる学習室もある。また，1階では年に数回，特別展や収蔵品展が開催され，国内外のすぐれた文化遺産や尾張地方を代表する収蔵品などをみることができる。

　博物館東隣の瑞穂図書館の東にある道を南へ500mほど進むと，汐路町2丁目交差点にでる。この交差点の約50m東，南北にとおる幅のせまい道が塩付街道である。塩付街道は江戸時代に南区星崎町一帯で生産された塩を千種区古出来町辺りまで運んだ道である。交差点近くにマツの大木が3本あり，名残りの松とよばれている。

　名残りの松を左手にみながら東へ坂道をくだると，石川大橋がある。橋の北東約250m，丘陵上に東山荘がある。名古屋市旧鉄砲町で綿布商を営んだ伊東信一の別荘で，大正初年から十数年かけてつくられたものである。入母屋造・茅葺きの門をはいると回遊式庭園，数寄屋造の母屋や茶室など，さまざまな様式の建物が配置されている。

　東山荘の東約200mに暮雨巷（県文化）とよばれる数寄屋風の書院がある。江戸時代にこの建物は名園として知られた龍門園（名古屋

名古屋市博物館所蔵のおもな文化財一覧

［国指定重要文化財］
金地著色秋草鶉図六曲屏風，太刀銘国泰，古瀬戸黄釉魚波文瓶，彩牋墨書三宝絵残巻

［県指定文化財］
紙本金箔地著色相応寺襖絵，紙本著色四季花鳥図屏風，紙本著色築城図屏風，楽々園四季真景図巻，山水図押絵貼屏風，灰釉魚波文四耳壺，尾張藩領産物帳，岩倉市大地遺跡出土の弥生式壺形土器，西春日井郡師勝町伝馬塚出土の弥生時代壺棺，東海市兜山古墳出土の三角縁神獣鏡および六神鏡，横矧板鋲留短甲

徳川の城下町名古屋

市中区)にあったが、その後俳人久村暁台(1732〜92)が修復し住んだという。そのため暁台の号である幕雨巷が建物の名前になった。大正初年に現在地に移され、そのとき茅葺きから桟瓦葺きになったが、尾張を代表する俳人の住宅として貴重なものである。毎月第2・第3水曜日に公開されるが、見学には予約が必要である。

大曲輪貝塚 ㊺

〈M▶P.2,57〉 名古屋市瑞穂区山下通5-1 P
地下鉄桜通線瑞穂運動場西駅 徒12分

名古屋随一の縄文遺跡 埋葬人骨出土

瑞穂運動場西駅の2番出口から東へ600mほどいくと、野球場・陸上競技場・プールなどが集まる瑞穂公園がある。公園の中央を流れる山崎川の堤防には桜並木が続き、サクラの名所として有名である。

公園のほぼ中央にある陸上競技場の北西部に大曲輪貝塚(国史跡)がある。1982(昭和57)年の競技場改築に伴い発掘調査が行われ、縄文時代前期の貝塚のなかから、ほぼ完全な形の人骨が手足をおりまげて埋葬された状態で発見された。この人骨は身長約160cm、30歳前後の男性で、抜歯が行われていた。胸上から犬骨1頭分がみつかり、犬を胸にだきかかえて葬られたようである。人骨の模型が陸上競技場スタンドの北西脇に、出土資料は名古屋市博物館に展示されている。

陸上競技場の西には三つ塚とよばれる3基の古墳があったが、現在2基が残っている。野球場の南にある木々がしげる高まりがそのうちの1つ、直径14mの円墳である。もう1つは公園の西、豊岡小学校内にある。また、陸上競技場の東約100m、住宅地に囲まれた雑木林のなかにある井戸が、『万葉集』の歌に詠まれた「小治田の年魚道の水」にあたるという説がある。

大曲輪貝塚の約2km西、地下鉄堀田駅のすぐ北に浜神明社(祭神天照大神)がある。境内には名古屋市内最古の月待供養碑があるが、月待とは二十三夜や二十六夜などに人びとが集ま

大曲輪貝塚

鶴舞公園から笠寺観音へ

り，願をかけ月の出を待つ行事である。境内にはまた，西行の和歌を愛した人びとがつくったという西行腰掛石もある。

富部神社 46
052-821-2909
〈M▶P.2,57〉 名古屋市南区呼続町4-13-38 P
名鉄名古屋本線桜駅 5分

桜駅西口から南に100mほどいくと，車窓からもよくみえる桜神明社古墳がある。かつて比米(姫)塚とよばれ，周濠の一部が残っている。そこを右折し，西に約300mいくと富部神社(祭神素戔嗚尊ほか)がある。別名を蛇毒神天王という。創建は定かではないが，1603(慶長8)年，清洲(須)城主松平忠吉が西方にあった祠を現在地に移し，1606年に本殿・幣殿・回廊・拝殿をたてた。一間社流造，檜皮葺きの本殿(国重文)は，1995(平成7)～96年に半解体修理が行われ，弁柄漆の朱色があざやかな建立当時の姿によみがえった。また境内の山車蔵には，1727(享保12)年作の高砂車が保存されている。本来は，3層上に屋形をすえて尉と姥の人形をかざったが，現在は曳行されることはなく，10月第2日曜日の秋例大祭に公開される。

富部神社から東へ150mほどいくと旧東海道にでる。北へ折れ旧東海道を600mほど進むと斜めに交差する道がある。この道が中世の鎌倉街道といわれている道である。交差点北東角に地蔵院(真言宗)がある。安置されている湯浴地蔵は，鎌倉時代につくられた鋳鉄の地蔵であるが，第二次世界大戦と伊勢湾台風の被害をうけ，頭部と両掌しか残っていない。

交差点を西におれ，鎌倉街道を250mほどいくと白毫寺(曹洞宗)がある。境内には1919(大正8)年に建立された「年魚市潟勝景」の碑がある。『万葉集』に「年魚市潟 汐干にけらし 知多の浦に 朝漕ぐ船も 沖に寄る見ゆ」と詠まれた年魚市潟は，白毫寺境内か

富部神社本殿

松平忠吉建立の本殿

ら見渡すことができる南西方面の低地一帯をさすといわれている。現在は陸地となっているが、かつては干潟が広がっていた。

笠寺観音 ㊼
052-821-1367
〈M ► P.2,57〉 名古屋市南区笠寺町上新町83　P
名鉄名古屋本線本笠寺駅 🚶 3分

　本笠寺駅の東約150m、笠寺西門の交差点を東西にとおる道が旧東海道である。旧東海道を東へ100mほど進むと笠覆寺(真言宗)がある。一般に笠寺観音とよばれ、尾張四観音の1つとなっている。もとは小松寺といい、現在地の南約700mのところにあった。天平年間(729～749)に善光上人が開いて十一面観音像を安置したが、その後寺は荒廃し、仏像が雨露にさらされているのをみた土地の娘が自分の笠をかぶせた。この娘がのちに藤原兼平の妻となった玉照姫である。兼平はその縁によって堂舎を再興し笠覆寺とした。

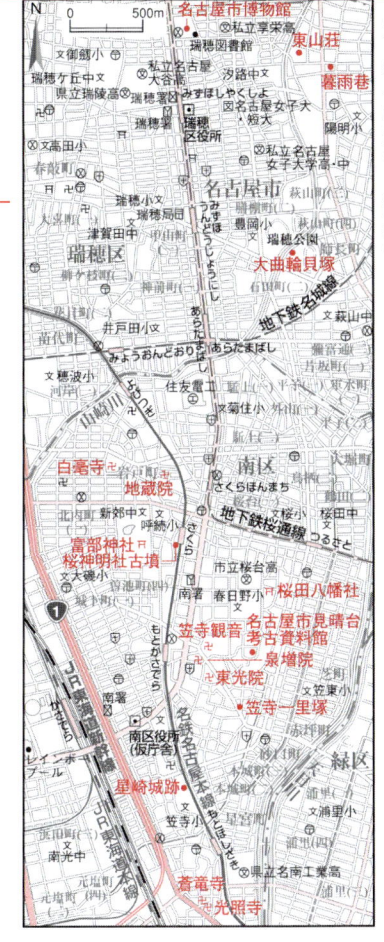

　境内には正保年間(1644～48)建立の多宝塔や、1763(宝暦13)年建立の本堂など江戸時代の建物がたち並び、密教寺院の雰囲気を味わうことができる。また、松尾芭蕉関係の笠寺千鳥塚や春雨塚、久村暁台の笠寺暁台塚、1744(延享元)年武蔵百年忌にたてられた宮本武蔵の碑、織田信長の家臣山口道林の墓などがある。

　本尊の木造十一面観音菩薩立像(県文化)は、全体に豊満で平安時代貞観文化の特色をもち、故事のとおり今も笠をかぶっている。秘仏とされ8年ごとに開帳されており、次回の開帳は2007年4月で

名古屋市博物館から星崎城へ

尾張四観音の1つ 笠をかぶる十一面観音

鶴舞公園から笠寺観音へ　　57

笠寺観音　　　　　　　　　　　　　　　　　　　　　笠寺一里塚と東海道

ある。このほかに色紙墨書妙法蓮華経(国重文)をはじめ「建長三(1251)年」銘の梵鐘や銅造十一面観音像、六稜式厨子・古甕、「笠覆寺文書」(いずれも県文化)などの文化財を所蔵している。

当寺の南にある塔頭の1つ泉増院には、玉照姫の像が安置され、宮本武蔵が滞在したという東光院は、さらに南約100mにある。

また、笠寺観音の仁王門前の旧東海道を東へ400mほどいくと、左側に笠寺一里塚がある。名古屋市内に残る唯一の一里塚で、直径10m・高さ3mほどの塚のうえに、エノキの大樹がしげっている。

名古屋市見晴台考古資料館 ❹❽
052-823-3200

〈M▶P.2.57〉名古屋市南区見晴町47 P

名鉄名古屋本線本笠寺駅 🚶10分

弥生時代の環濠集落遺跡　市民参加で調査の遺跡

本笠寺駅から東に約150m進み、笠寺西門の交差点を左折、100mほど北の笠寺西門北の交差点を右折し、400mほどいくと左手に常晴寺がある。そこを南に150mほどいくと見晴台遺跡がある。深さ約4mの濠が周囲をめぐる弥生時代後期の環濠集落遺跡である。1964(昭和39)年から今日まで市民参加による発掘調査が行われている。現在、笠寺公園として史跡整備され、公園中央にある名古屋市見晴台考古資料館には見晴台遺跡をはじめ、市内各遺跡の出土品が展示されている。竪穴住居を復元した住居跡観察舎もある。この地は第二次世界大戦時に高射砲陣地があった場所でもあり、資料館東の広場には高射砲の台座が残っている。

見晴台遺跡の北約350mにある桜田八幡社(祭神応神天皇)境内には「桜田勝景」の石碑がたっている。『万葉集』に「桜田へ　鶴鳴き渡る　年魚市潟　汐干にけらし　鶴鳴き渡る」と詠まれた桜田

は，境内から見渡すことができる東側の低地一帯にあたるといわれている。

星崎城跡 ㊾

〈M▶P.2, 57〉 名古屋市南区本星崎町字本城
名鉄名古屋本線本星崎駅 🚶 5分

織田家重臣岡田氏の城
織田軍に攻められ落城

本星崎駅から線路に沿って北へ250mほど歩くと，左手に笠寺小学校がみえる。小学校一帯が星崎城跡である。築城年は不明であるが，戦国時代末には岡田重孝が城主であった。織田信雄の重臣であった重孝は，1584(天正12)年，豊臣秀吉への内通を疑われて伊勢国長島城で自害した。その後，星崎城は織田軍に攻められ落城し，この事件が小牧・長久手の戦いの引き金になった。古城図によると，東西約350m・南北450mの惣構えの城であったが，現在は堀や土塁などは残っていない。しかし，主郭にあたる笠寺小学校は周囲を見渡すことができる高台にある。

本星崎駅の改札口前から南西に続く道は知多郡道とよばれ，江戸時代から笠寺と知多方面とを結ぶ道であった。石を御神体とする石神社を左手にみながら南へ進み，名南工高西交差点をこえると光照寺百観音がある。星崎2丁目交差点の北約100mにある蒼竜寺(浄土宗)の本堂は，名古屋市東区の建中寺から尾張徳川家の御霊屋をゆずりうけたものである。

蒼竜寺の西南約800mにある鳴尾公会堂は，明治時代の第31番小学鳴尾学校の校舎である。木造平屋建てで，寄棟造の質素な建物である。

7 旧東海道の鳴海宿と桶狭間の戦い

江戸時代の情緒と技術を今に伝える有松・鳴海と、織田信長と今川義元が覇権をかけた桶狭間の戦いゆかりの地をめぐる。

鳴海宿 ㊿ 〈M▶P.2,60〉 名古屋市緑区鳴海町
名鉄名古屋本線鳴海駅 徒 3分

東海道の宿場町 芭蕉門人の集う町

　鳴海駅から北へ50mほどいくと本町交差点がある。ここは「札の辻」とよばれる鳴海宿の高札場であった。この交差点を東西にとおる道が旧東海道で、本町とその西の根古屋町が鳴海宿の中心であった。鳴海宿は東海道第1宿の品川から40番目の宿場である。町並みは約1.8km続き、東西の宿場入口に建立された常夜灯が今も残っている。天保年間(1830～44)には、本陣1軒・脇本陣2軒・旅籠68軒があり、問屋場は本町と花井町に1カ所ずつあって、半月交代で業務を行った。1811(文化8)年の大火で本陣をはじめ多くの建物が焼失したが、その後復興された町屋が今もところどころに残り、北側の丘陵地にある寺院とともに宿場の面影をとどめている。

　江戸時代以前は、本町交差点の北にある丘陵上の城跡公園一帯に鳴海城があった。応永年間(1394～1428)に安原宗範が築城し、桶狭間の戦い前には今川義元の部将岡部元信が在城した。織田信長は鳴海城を包囲するため、中島砦・善照寺砦・丹下砦を築いた。

有松・鳴海周辺の史跡

本町交差点の北約50mに誓願寺(浄土宗)がある。鳴海の豪商下郷家の菩提寺で、境内に芭蕉供養塔と芭蕉堂がある。芭蕉供養塔は松尾芭蕉が没した1694(元禄7)年に、下郷知足ら鳴海の芭蕉門人が鳴海宿内の如意寺(曹洞宗)で追悼会をもよおしたときにたてられたもので、のちに如意寺から誓願寺に移された。芭蕉堂は1858(安政5)年に、永井荷風の祖父士前が建立したものである。

　本陣は、本町交差点から西へ50mほどいった辺りの道路南側にあったが、当時の建物はまったく残っていない。鳴海宿の本陣は、はじめ本町にたてられ浅岡吉右衛門が本陣職をつとめ、その後根古屋町のこの地に移り、西尾家ついで下郷家が経営した。

　さらに西へ進み、作町交差点を北に折れ350mほどいくと三皿交差点がある。花井町の問屋場があった場所である。この北約250m、光明寺(曹洞宗)の北辺りに丹下砦があった。その北約450mにある千句塚公園には芭蕉の生前にたてられた千鳥塚がある。

瑞泉寺 ㊿
052-621-0041

<M▶P.2,60> 名古屋市緑区鳴海町字相原町4 **P**
名鉄名古屋本線鳴海駅 🚶 8分

　鳴海駅から北へ50mいった本町交差点の東南角に銭屋新四郎の脇本陣、そこから東へ6軒目に大和屋佐七の脇本陣があった。今は、店舗や民家になっている。交差点の東約150mの緑生涯学習センターが、本町の問屋場のあったところである。その東の2度直角にまがる「かぎのて」をとおり300mほどいくと瑞泉寺(曹洞宗)がある。1381(永徳元)年大徹宗令が鳴海の平部山に庵を結んだのが始まりとされ、1501(文亀元)年に現在地に移り、1755(宝暦5)年に法堂(本堂)や総門(県文化)が再建された。総門は京都の万福寺を模したものである。

　瑞泉寺の東にある中島橋の南、扇川と手越川の合流地点に中島砦があった。砦跡は明確ではないが、民家の庭先に1927(昭和2)年建立の碑がある。善照寺砦はその北東約550mにあり、現在は砦公園になっている。

京都万福寺を模した切妻屋根の総門

瑞泉寺総門

旧東海道の鳴海宿と桶狭間の戦い　61

鳴海宿の祭礼は，表方(作町・根古屋町・本町・相原町・中島町)の鳴海八幡宮例大祭が10月16日にもっとも近い日曜日に，裏方(丹下町・北浦町・花井町・山花町，現在は三皿と城之下に分離)の鳴海神社秋例大祭が10月第2日曜日に行われる。

大高城跡 ❺❷　〈M▶P.2,60〉 名古屋市緑区大高町城山
JR東海道本線大高駅 🚶10分

桶狭間の戦いゆかりの地域　織田・今川両軍激戦の地

大高駅を西にでて大高駅西交差点を左折し，大高川にかかる大橋を渡り突き当りのT字路を左折する。そこから50mほど進み，つぎのT字路を右折して70mほどいくと，左手に大高城跡への案内板がある。それにしたがい左折し，幅のせまい道を100mほど進むと大高城跡(国史跡)に着く。

大高城は，永正年間(1504～21)に花井備中守が築城し，その後，水野忠氏などが居城とした。1559(永禄2)年に今川義元の手におちたため，織田信長はこれに対抗し鷲津砦・丸根砦を築いた。翌年の桶狭間の戦いのときには松平元康(徳川家康)がまもっていたが，義元の敗死後，元康は三河へ戻り廃城になった。江戸時代には尾張藩の重臣志水氏が城跡に屋敷を設けた。城の規模は，東西106m・南北32mで2重の堀に囲まれていたという。現在も主郭をはじめ曲輪のほとんどが残り，外堀もほぼたどることができる。

城跡から南へ向かうと，大高保育園の西約150mに春江院(曹洞宗)がある。1556(弘治2)年，大高城主水野大膳が創建した寺院で，書院は有松の豪商竹田庄九郎宅から移したものである。

大高駅を東にでて南へ250mほどいくと，鷲津砦公園がある。公園内の丘陵をのぼると，頂上近くに鷲津砦跡の碑などがたつ辺りが鷲津砦跡(国史跡)であるが，砦跡の境は明確ではない。砦は桶狭間の戦いの緒戦に，今川方

大高城跡

有松・鳴海絞り

コラム

産

江戸時代，有松や鳴海で生産・販売された絞りは，有松絞りまたは鳴海絞りとよばれ，東海道を代表する名物であった。歌川(安藤)広重が描いた「東海道五十三次」をはじめ，鳴海宿を紹介した浮世絵の多くには，鳴海や有松の町並みとともに絞りが描かれ，人びとの絞りへの関心の高さがわかる。

有松・鳴海絞りの生産の由来は，知多郡英比から有松に移住した竹田庄九郎が，慶長年間(1596～1615)に築城工事のため名古屋へきていた豊後(現，大分県)の人が着用していた絞り染めから九々利染めを考案したのが始まりとされる。その後明暦年間(1655～58)に豊後高田藩主の侍医三浦玄忠の妻が豊後絞りの技法を指導したという。また，鳴海宿で病気になった玄忠との生計をささえるため，妻が絞り染めを村人に教えたので鳴海に絞りが広がったともいう。

東海道沿いという好条件のほか，知多・三河という絞りの原材料である木綿を生産する地域が近くに所在したこと，尾張藩が有松の絞り問屋に販売独占権をあたえたことなどによって，絞り業は当地で発展していった。

絞りは，木綿の生地を糸で括って藍で染め，糸抜きをしたのち湯のし仕上げをして完成する。その作業は工程ごとに細かい分業で行われ，括り作業は近隣農村の婦女の内職仕事でもあった。藍染めは有松や鳴海で行われ，絞り問屋に引きとられて販売された。しかし，庶民には高価で，十返舎一九の『東海道中膝栗毛』では，冷やかし気分で有松の絞りの店にはいった弥次郎兵衛(弥次さん)は，手ぬぐいしか買えなかった。

1975(昭和50)年，「有松・鳴海絞り」として国の伝統的工芸品に指定され，1984年に建設された有松・鳴海絞会館では，実演をみながら絞りの歴史や技術を学ぶことができる。6月の第1土・日曜日に有松絞りまつりが開催される。

の朝比奈泰能に攻められて陥落し，守将の飯尾定宗は討死した。

丸根砦跡(国史跡)はその南方約400mの丘陵上にある。現在も曲輪と堀の一部が残っている。佐久間盛重がまもっていたが，桶狭間の戦いのときに松平元康の攻撃をうけ落城した。

有松の町並み (53)

〈M►P.2,60〉 名古屋市緑区有松町
名鉄名古屋本線有松駅🚶3分

有松駅の南約50mにある交差点を東西にとおる道が江戸時代の東海道である。街道沿いに，東は松野根橋から西は祇園寺までの約800mにわたって江戸時代の面影を残す有松の町並みは，1984(昭和

59)年に名古屋市の町並み保存地区に指定された。

　有松の町は1608(慶長13)年、尾張藩の命によって東海道の鳴海宿と池鯉鮒(知立)宿との間に開かれた町である。住民の生業として導入された絞り染は、藩の庇護もあって有松絞りの名で名物となり、有松の町も大いに繁栄した。1784(天明4)年の大火によって町のほとんどが焼失したが、復興にあたって多くの家が瓦葺き・塗籠造りの防火構造にし、現在みられる町並みが形成された。

　町並みの西端にある祇園寺(曹洞宗)から東に向かって歩くと、小塚家・岡家・竹田家など塗籠壁の町屋が続き、さらに服部家住宅(県文化)がある。この住宅は江戸時代末期から明治初年にかけて整備されたもので、木造2階建ての1階には大戸と格子がはいり、2階には塗籠の格子窓がつき、卯建が設けられている。

　服部家住宅の斜め向かいに有松・鳴海絞会館があり、さらに東へ100mほどいくと有松山車会館がある。有松では東町の布袋車、中町の唐子車、西町の神功皇后車の3台の山車が、10月第1日曜日の天満社秋季大祭に旧東海道を曳行され、からくり人形が演じられる。山車は各町に設けられた山車蔵に保管されているが、1台ずつ交代で山車会館に展示されている。

桶狭間古戦場伝説地 54　〈M▶P.2,60〉豊明市栄町南舘11
名鉄名古屋本線中京競馬場前駅 徒歩5分

　中京競馬場前駅を南へでて、国道1号線を横切り200mほど南にいくと、桶狭間古戦場伝説地(国史跡)がある。1966(昭和41)年に整

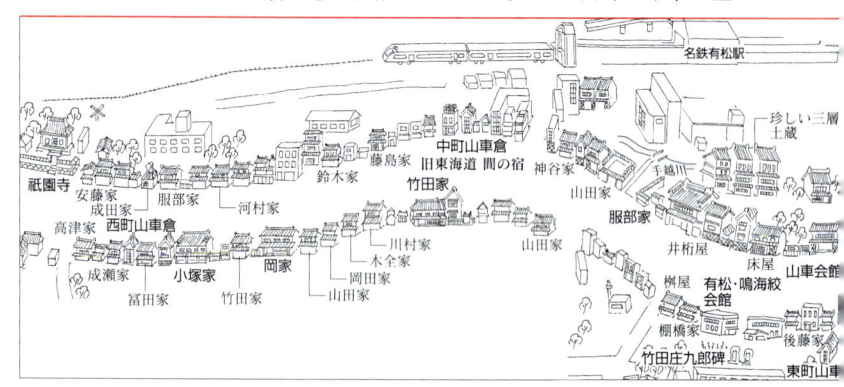

今に残る江戸時代の町並み　絞りは特産品

徳川の城下町名古屋

服部家住宅 桶狭間古戦場伝説地

備された公園とその西にある高徳院境内に、桶狭間の戦いで討死した今川義元らを供養するためにたてられた石碑がある。この戦いは、1560(永禄3)年駿河・遠江・三河を制し尾張に進出した義元と、それを阻止しようする尾張の織田信長の戦いである。戦いのさなか、沓掛城に退却しようとした義元が戦死した場所がこの地である。

織田信長と今川義元決戦の地　義元この地に倒れる

　数多くある石碑のうち、ひときわ小さい柱状の石碑が7基ある。1771(明和8)年に塚のうえにたてられたもので、七石表とよばれる。公園内にある1号碑に「今川上総介義元戦死所」、高徳院の墓地隅にある2号碑には、「松井八郎塚或云五郎八」ときざまれている。公園内にある残りの碑には「土隊将塚」ときざまれている。

　桶狭間古戦場伝説地の約1.3km東、住宅地のなかに戦人塚(国史跡)がある。桶狭間の戦い後、曹源寺の快翁龍喜和尚が僧明窓に命じ、戦死者をとむらった塚である。塚のうえにたつ「戦人塚」ときざまれた石碑は、1739(元文4)年の百八十回忌供養祭にたてられた。

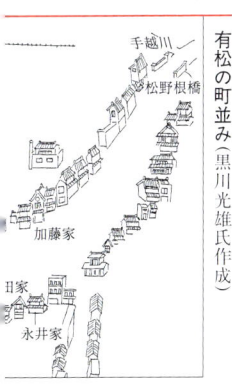

有松の町並み(黒川光雄氏作成)

沓掛城跡 55

〈M▶P.2〉豊明市沓掛町東本郷34ほか 🅿
名鉄名古屋本線前後駅🚌藤田保健衛生大学病院行二村台7丁目🚶20分

今川義元決戦前夜宿泊の城

　バス停のすぐ南、皿池交差点をとおり南へ800mほどいき、沓掛交差点を左折して550mほど歩いたところに、沓掛城跡が公園整備された城址公園への案内板がある。それにしたがい左折350mほどで公園に着く。

　沓掛城は、1560(永禄3)年の桶狭間の戦い

旧東海道の鳴海宿と桶狭間の戦い

沓掛城跡

の前夜に今川義元が宿泊したことで有名である。城主は戦いの前は近藤景春であったが、戦いのあとは織田信長の家臣簗田出羽守となった。1981(昭和56)～84年に発掘調査が行われ、「天文十七(1548)年」と墨書された木製品や土器などが多数出土している。

城址公園の北650mほどのところに豊明のナガバノイシモチソウ(県天然)の自生地がある。全国的にも珍しい赤花を咲かせるモウセンゴケ科の一年生食虫植物で、開花する8月に一般公開される。

また城址公園の北西約1.5kmのところには、標高72mの二村山がある。二村山は、中世鎌倉街道の景勝地であった。山頂近くの地蔵堂の南から北西に向かってくだる山道は街道の跡といわれ、街道の面影を今も残している。

阿野坂と一里塚 56

〈M▶P.2〉 豊明市阿野町
名鉄名古屋本線前後駅 🚶 5分

東海道に残る一里塚

前後駅の北を東西にとおる江戸時代の東海道は、駅前交差点の東約150mを最高所として、東に向かってくだる坂道となる。ここが阿野坂で、現在は坂の両側に住宅や店舗がたち並ぶが、豊明小学校前にマツの大木1本とその西に三田家住宅が残っている。参勤交代の大名や朝鮮通信使などが立ち寄った三田家には、1848(嘉永元)年にたてられた破風つきの玄関をもつ母屋が残る。

阿野坂をくだり、県道瀬戸大府東海線の高架橋をくぐる手前約100mに阿野一里塚(国史跡)がある。街道の両側に塚が残っており、塚上やその周囲に

阿野一里塚

桶狭間の戦い――2つの古戦場

コラム

　桶狭間の戦いのゆかりの地には、豊明市栄町の桶狭間古戦場伝説地のほかに、名古屋市緑区有松町にも桶狭間古戦場とされる場所がある。名鉄名古屋本線有松駅の南約1300m、市バス停留所幕山の東約100mに桶狭間古戦場公園がある。公園内には、1816(文化13)年にたてられた石碑や今川義元の馬をつないだネズノキなど、公園の近くにあったものが集められている。また、公園の南約200mにある長福寺(浄土宗)には、義元の位牌や木像が安置され、同寺から西へ200mほどの市バス停留所桶狭間寺前には「戦評の松」の石碑がある。マツ1959(昭和34)年のは伊勢湾台風によって枯死したが、戦いの際今川軍の瀬名氏俊がその下で部将を集め、戦いの評議を行ったとされる。

　緑区有松町の古戦場公園は豊明市の古戦場伝説地と直線距離にして約1kmほどしか離れていない。地元では古戦場の本家争いともいうべき論争が現在も続いている。

　従来、桶狭間の戦いは、織田信長軍が今川軍の目をそらすため、善照寺砦(名古屋市緑区)から迂回路を進み、太子ヶ根(名古屋市緑区)という丘陵上から、谷間に陣を構えた義元軍に奇襲攻撃をしたと考えられてきた。しかし、近年の研究では、信長の家臣であった太田牛一があらわした『信長公記』などをもとに、善照寺砦から中島砦(名古屋市緑区)を経て、最短距離の直線路をたどった信長軍が「おけはざま山」の義元軍を攻撃したという、今までとは違った合戦像もだされている。

　「おけはざま山」は豊明市の古戦場伝説地の南方にある丘陵地(豊明市新栄町)に比定されている。この地を中心に2万をこえる今川軍が展開したため、豊明市西部から名古屋市緑区におよぶ広範囲に、戦いに関する遺跡や伝承が残ったのであろう。

緑区有松町桶狭間古戦場公園

はさまざまな樹木が植えられている。1752(宝暦2)年の「東海道分間絵図」には「あの一里塚両方共榎二」とあり、江戸時代は塚上にエノキが植えられていた。

　阿野一里塚の南約600m、皆瀬川にかかる梶田橋の西に大脇神明社(祭神天照大神)がある。10月第2日曜日の祭礼には、大脇の梯子獅子(県民俗)が演じられる。

旧東海道の鳴海宿と桶狭間の戦い　67

8 覚王山から八事へ

織田・徳川氏ゆかりの史跡が残る名古屋市東部は，今は若者から老人まで多くの人びとを引きつける魅力ある地域である。

日泰寺 (57)
052-751-2121

〈M►P.2,68〉名古屋市千種区法王町1-1 [P]
地下鉄東山線覚王山駅 徒歩 8分

釈迦の遺骨が納められている超宗派の寺院

覚王山駅の1番出口から西に歩くと，すぐに覚王山日泰寺の参道にでる。500mほど続く参道の両側には，飲食店や雑貨店など多くの店が軒を連ねており，店をみながら歩くのもよい。山門をくぐると正面に本堂，右手に五重塔がある。また，本堂の左手奥に茶色の屋根の塔がみえるが，これが東山配水場の給水塔である。

1898(明治31)年，インド北部ピプラーワーで釈迦の遺骨がイギリス人ウィリアム・ペッペによって発見された。その遺骨がタイ王室に寄贈され，分骨として仏教国に分与されることになり，日本は1900年，タイ国王より遺骨を賜与された。遺骨を奉安する寺院を超宗派で建立することとなったが，候補地は意見が分かれてなかなか決まらず，ようやく1904年，名古屋に新寺院を建立することが決まった。これが覚王山日泰寺である。覚王山とは覚りの王，つまり釈迦のことであり，日泰とは日本とタイという意味から覚王山日泰寺となった。

五重塔近くの東門からでて，八十八所霊場の札所を左手にみながら少し歩き姫

覚王山から八事へ

日泰寺本堂 城山八幡宮

池通を渡ると,仏舎利をまつる奉安塔(県文化)がある。また,境内には中区の長栄寺にあった茶室を移した草結庵(県文化・非公開)がある。

末森城跡 ❺⃣⃝

〈M▶P.2,68〉 名古屋市千種区城山町2 P
地下鉄東山線・名城線本山駅 🚶 8分

織田信長の父信秀の居城跡
空堀が残る平山城

本山駅の1番出口から末盛通を西に300mほど歩き,城山八幡宮前の交差点を右におれると城山八幡宮(祭神誉田別 命ほか7柱)の鳥居がみえる。石段をのぼると赤い橋があるが,そこが末森城のかつての空堀の跡である。さらに石段をのぼると城山八幡宮の本殿が目にはいる。

末森城は1548(天文17)年,織田信秀(信長の父)によって築かれた。ここは名古屋市の東部丘陵地帯に属し,城はその丘陵末端部に築かれた平山城である。信秀は古渡城(現,名古屋市中区)からここに移り住んだが,そのことからも,この地が東方の今川義元に対する防衛上の重要な拠点であったことをうかがうことができる。信秀の死後,その子信行(信長の弟)が城主となったが,信行は信長と対立し,清洲(須)城で信長に殺された。その結果,1558(永禄元)年,築城以来わずか10年ほどで廃城となってしまった。本丸は駐車場の辺りにあったが,現在は境内の南隅に「末森城址」の石碑を残すのみである。

1912(明治45)年,末森城跡は現在の城山八幡宮の所有地となった。そのため八幡宮の境内はほぼ末森城跡と重なっている。

境内の南西に八角形の塔を中心に三方にのびた建物がある。これが昭和塾堂で,1928(昭和3)年に愛知県が青年の教育を目的として

覚王山から八事へ

建設した施設である。現在は愛知学院大学の研究所となっている。

城山八幡宮の南東１kmほどのところに桃巌寺(とうがんじ)(曹洞宗(そうとう))がある。この寺は1555(弘治(こうじ)元)年に信行が父信秀の菩提(ぼだい)をとむらうためにたてた。当時は末森城の南にあったが，江戸中期に現在の地に移った。信秀・信行父子の墓があり，また，1987(昭和62)年に建立された名古屋大仏があるため，訪れる人も多い。

東山公園(ひがしやまこうえん) (59)

052-782-2111

〈M►P.2,68〉名古屋市千種区東山元町(もと)３-70 P
地下鉄東山線東山公園駅 徒歩２分

名古屋市民憩いの場
動物園はコアラで有名

東山公園駅の３番出口から150mほど南に歩くと，東山動植物園の正門に着く。東山公園には，動物園・植物園のほか，遊園地や東山スカイタワーなどの施設があり，愛知県内はもとより県外からも多くの行楽客を集めている。園の入口は正門のほか，星が丘門・スカイタワー門・北園門など何カ所もあり，星が丘門へは地下鉄星ケ丘駅が便利である。

東山動物園の前身は1890(明治23)年，中区前津(まえづ)に開園した浪越(なみこし)教育動物園にはじまる。その後，1918(大正７)年に鶴舞(つるま)公園内に名古屋市立鶴舞公園付属動物園として開園，市民の人気を博したが，公園内では手ぜまとなったため，1937(昭和12)年に東山動物園として現在の地に開園した。

1984年の日本で最初のコアラの来園，1989(平成元)年の自然動物館の開館，1993年の世界のメダカ館の開館など，動物の種類や施設なども充実し，日本で有数の総合動物園となっている。

東山動植物園正門

正門左手の道を約700mいくと植物園門に着く。なかにはいると，植物会館・温室・洋風庭園がみえる。約27haの園内には5500種類におよぶ植物が集められており，園内の万葉(まんよう)の散歩道や東海の森・薬草の道などの散

策路をたどると、四季折々に咲き誇る植物を楽しむことができる。また、江戸末期から明治にかけて活躍した植物学者伊藤圭介の蔵書や遺品を展示した伊藤圭介記念室や、俳文集『鶉衣』で有名な俳人横井也有をしのんだ日本庭園の也有園などもある。さらに公園のほぼ中央にある、名古屋市制100周年を記念して建設された地上134mの東山スカイタワーからのパノラマもすばらしく、1日ゆっくりと東山公園を楽しむのもよい。

伊勝八幡宮 ⓬
052-763-1195

〈M▶P.2, 68〉名古屋市昭和区伊勝町2-99 P
地下鉄名城線名古屋大学駅 🚶12分

室町時代中期の陶製狛犬

名古屋大学駅の1番出口から約200m南に進み、山手通1丁目の交差点を右折し、10分ほど西に歩くと伊勝八幡宮(祭神品陀和気命ほか)がある。創建年代は不明であるが、『尾張志』では、御器所八幡社の故地にあたるとしている。ここには陶製の狛犬が数点所蔵されている。現在、名古屋市博物館に寄託されている瀬戸鉄釉狛犬一対(県文化)は、台座に「応永 廿五戊歳(1418)十二月朔日、熊野願主浄通」と墨書されており、焼物の狛犬としてはこの地方最古のものである。また、当社では正月にはカシの木でつくられた簡素な門松がかざられる。

伊勝八幡宮と道路をはさんで南にある仙松院(浄土宗)は、慶長年間(1596〜1615)に名古屋市内旧白川町にたてられ、1943(昭和18)年に現在地に移転した寺院である。山門は棟門構造の門の屋根側面に唐破風がつく平唐門という珍しい構造で、18世紀後半にたてられた。

東隣にある伊勝小学校の東の道を南へ650mほどいくと南山大学がある。学内にある人類学博物館には、考古学・民族学・民俗学に関する資料が展示されている。なかでも大須二子山古墳(名古屋市中区)から出土した鏡・甲冑や、高蔵遺跡(同市熱田)・瑞穂遺跡(同市瑞穂区)出土の弥生土器などはみごたえがある。

伊勝八幡宮の瀬戸鉄釉狛犬一対

覚王山から八事へ

興正寺 ⑥

052-832-2801

〈M▶P.2,68〉 名古屋市昭和区八事本町78 P
地下鉄鶴舞線・名城線八事駅 3分

県内唯一の五重塔　壮大な規模の尾張高野

　八事駅の1番出口から飯田街道(国道153号線)を西へ200mほどいくと興正寺(真言宗)がある。尾張高野ともよばれる興正寺は、1686(貞享3)年に天瑞和尚がこの地に草庵を結んだのが始まりとされ、1688(元禄元)年に2代尾張藩主徳川光友から寺院の建立が許された。境内は東西の二山に分かれ、東山を遍照院、西山を普門院という。この地が尾張と三河を結ぶ飯田街道の名古屋への東南入口にあたるため、尾張藩は興正寺を防御拠点にしようとしたともいわれ、かつて街道沿いには堀があった。

　東山の入口である黒門は名古屋城から移築したと伝えられ、門の両側に続く塀は、弓矢や鉄砲を撃つために格子になっている。その西約200mに西山の入口である総門がある。西山は総門・五重塔・本堂が一直線上に並ぶ伽藍配置である。江戸時代後期につくられた総門をくぐり参道を進むと五重塔(国重文)がある。1808(文化5)年に建立された高さ30mの塔で、五重塔としては県内で唯一現存のもの。塔の奥にある本堂は1751(寛延4)年に建造され、阿弥陀如来坐像が安置されている。西山には、享保年間(1716〜36)の能満堂、1727(享保12)年の経蔵、1857(安政4)年の観音堂など、江戸時代にたてられた建物が多く残っている。

　本堂の東にある能満堂から墓地のなかの道を北へ進むと、女人門跡の石碑がある。かつて、西山は自由に参拝ができる信仰の場であったが、東山は学問・修行の場として女人禁制であった。そのため、東山と西山の境にたてられた門が女人門である。現在、女人門は五重塔の前に移築されている。女人門跡から東山にはいり、さらに進むと標高約80mの山内最高峰である呑海峰にたつ大日堂に着く。大日堂の本尊は、光友が母の供養のため1697(元禄10)年

興正寺五重塔

に鋳造させた銅製の大日如来坐像である。高さ3.6mの巨大な坐像で，名古屋三大仏の１つに数えられている。

興正寺の縁日は毎月５日と13日で，７カ月続けて参詣すると満願成就するとされ，七月参りといわれている。

八事駅の南西約550mにある雲雀ヶ丘交差点からさらに西へ300mほどいくと半僧坊新福寺(臨済宗)がある。境内には武蔵百四十九年忌の1793(寛政５)年に建立された宮本武蔵の碑がある。

昭和美術館 (62)

052-832-5851

〈M►P.2,68〉名古屋市昭和区汐見町４-１ P
地下鉄鶴舞線いりなか駅 徒歩15分

尾張藩重臣渡辺家の書院と茶室

いりなか駅の２番出口のすぐ東の道を南西に約15分歩くと昭和美術館に着く。ここでは，紙本墨書源家長筆熊野懐紙・紙本墨書宇多院歌合・紙本墨書永久四年四月四日院北面和歌合(いずれも国重文)などの美術工芸品や茶道具を展示している。また，敷地内にある旧渡辺家書院及び茶室(県文化)は，名古屋市中川区尾頭の堀川端にあった，尾張藩家老渡辺規綱の下屋敷の一部を移築したものである。規綱は三河奥殿藩主４代松平乗友の２男に生まれたが，３歳のときに渡辺家の養子になった。規綱の実弟は，裏千家11代家元になった玄々斎宗室で，この茶室と書院も玄々斎の好みといわれている。茶室は，堀川の流れにあわせたため書院と斜めに接続しており，捻駕籠の席とよばれている。

美術館の東約１kmにある隼人池は，江戸時代に犬山城主成瀬隼人正がつくった農業用ため池で，現在では散策路が整備され，サクラの名所になっている。隼人池の東南にある宝珠院(浄土宗)の境内にある２本のイヌナシはマメナシともいい，１cmほどの果実をつける東海地方のみに自生する樹木である。かつて宝珠院周辺は隼人池から続く湿地であり，その湿地にあったイヌナシの群落の名残りといわれている。

旧渡辺家書院・茶室

⑨ 小牧・長久手の戦いゆかりの地

家康軍と秀吉軍が衝突した仏が根（現在の古戦場公園一帯）を中心に，小牧・長久手の戦いの跡が各地に残る。

色金山歴史公園 ⑥

〈M▶P.2,74〉愛知郡長久手町岩作字色金37-1 P
地下鉄東山線藤が丘駅🚌赤津行，菱野団地行，農業試験場前行岩作🚶5分

徳川家康が腰をかけたと伝える山頂の床机石

バス停の西，早稲田の交差点を右におれて200mほどいき，さらに右におれて150mほどいくと右手が色金山（国史跡）である。

1584（天正12）年，小牧山で豊臣秀吉と対峙していた徳川家康は，岡崎奇襲を企てて先行した秀吉方の池田恒興・之助親子，森長可の別動隊を追って4月9日早朝色金山に着いた。そして，四方の眺望のきくこの山上に金扇の馬標をたて，石に腰かけて軍議をめぐらせたと言い伝えられている。今も大きな石が山頂に残っており，逸話にちなんで床机石とよばれている。山頂の展望台からは長久手の町並みを眺めることができる。

公園内には，小牧・長久手の戦いで戦死した家康方の伴若狭守盛兼の墓碑や，家康が戦勝を祈願して詣でたと伝えられる八幡社旧蹟碑がある。

古戦場公園周辺の史跡

床机石

74　徳川の城下町名古屋

また、早稲田の交差点の100mほど南東に首塚(国史跡)がある。1584年4月9日、小牧・長久手の戦いの舞台となったこの付近一帯は戦死者の山となった。岩作村安昌寺(曹洞宗)の和尚雲山は、この惨状に心を痛め、村人たちとともに戦死者を埋葬し、塚を築いて供養した。今も毎年4月9日には法要が営まれている。なお、岩作バス停の目の前が安昌寺である。

御旗山 ❻❹

長久手の戦いのときの家康陣の一つ

〈M▶P.2,74〉 愛知郡長久手町長鍬字富士浦41
地下鉄東山線藤が丘駅 🚌 赤津行、菱野団地行、農業試験場前行
東長久手 🚶 4分

バス停から東に300mほど歩くと富士社の鳥居がみえる。鳥居をくぐり、階段をのぼると頂上に小さな社がある。社に向かって右手に御旗山(国史跡)の碑がある。

1584(天正12)年4月9日、色金山に進軍した家康は、味方の大須賀康高・榊原康政らの先遣隊が、白山林(現、尾張旭市)で秀吉方の三好秀次の軍を破ったものの、その後、檜が根で秀吉方の堀秀政の軍に敗れたことを知った。そこで急遽救援を決めた家康は、秀吉方の動向をうかがいながらこの御旗山に軍勢を進め、頂上に金扇の馬標をたてた。後年、地元の人びとが御旗山に富士社をまつるようになったため、御旗山は富士が根ともよばれるようになった。

御旗山の南400mほどの住宅街のなかに血の池公園がある。今は池もなく公園の名から往時をしのぶのみである。血の池の名は、家康方の渡辺半蔵などの武将が血糊のついた槍や刀をその池で洗ったことからつけられたといわれる。公園の東の端には、池で槍や刀を洗う際に鎧をかけたと語り伝えられている鎧掛けの松がある。また、血の池公園の北西100mほどのところに、「長久手城趾」の碑がある。岩崎城主丹羽氏次の義兄加藤太郎右衛門忠景の居城であった。長久手の戦いのとき、忠景は岩崎城の留守をまもり、戦死した。城もそのとき焼

富士社

小牧・長久手の戦いゆかりの地

失したといわれており、今は碑を残すのみである。

古戦場公園 ⑥⑤ 〈M▶P.2,74〉 愛知郡長久手町武蔵塚204 P
東部丘陵線長久手古戦場駅🚶3分

> 長久手の戦いの激戦地 池田恒興・森長可の塚

駅のすぐ西の古戦場南の交差点を右に折れ、100mほどいくと左手に古戦場公園の南の入口がある。入口のすぐ西、公園の南端に庄九郎塚がある。池田元助(幼名庄九郎)は池田恒興の長男で、岐阜城主であった。1584(天正12)年、秀吉に味方し、父や義兄の森長可とともに小牧・長久手の戦いに参戦し、家康の本拠岡崎の奇襲を企てたが失敗し、この地で戦死したと伝えられている。

公園北寄り、駐車場北側の木立のなかに勝入塚がある。池田恒興は美濃大垣城主で、1580(天正8)年に入道し、勝入斎と名乗ったのでこの名がついた。岡崎攻めを秀吉に進言し、みずから軍を率いて岡崎に進攻したが、途中で岩崎城(現、日進市)攻撃に手間どり、結局仏が根(現在の古戦場公園周辺一帯)で戦死した。

公園のほぼ中央に、小牧・長久手の戦い400年を記念して1985(昭和60)年に開館した長久手町郷土資料室がある。この資料室は2階建てで、1階の小牧・長久手の戦いに関するコーナーでは、地形の模型やパネルなど、関係資料が展示されている。2階には岩作のオマント、長久手の棒の手(ともに県民俗)などの民俗資料や古墳・古窯などからの出土品が展示されている。

また、古戦場公園の西400mほどのところに武蔵塚がある。本能寺の変で信長とともに死んだ森蘭丸の長兄で、美濃金山城主であった森長可の塚である。舅の池田恒興らとともに岡崎奇襲を企てたが

勝入塚　　　　　　　　　古戦場公園と長久手町郷土資料室

オマントと棒の手

コラム 芸

　オマント（馬の塔）は、尾張東部から西三河にかけて広く行われている祭礼行事で、豪華な馬具でかざり、標具（ダシ）とよばれる札や御幣などをたてた馬を寺社に奉納するものである。

　オマントは、氏神様に雨乞いの成就や豊作のお礼として行われるばかりでなく、多くの村々が合同で猿投神社や熱田神宮などの有力寺社に奉納するオマントもあった。これをガッシュク、ガッショク（合宿、合属）などといった。オマントは神輿や山車とくらべると道路の条件に制約されることがなく、また、長距離の移動が可能であったため、多くの村々で行われていたと考えられる。

　棒の手も愛知県の代表的な民俗芸能の1つで、オマントと同様尾張東部から西三河にかけてみられる。検藤流、源氏天流、神影流など多くの流派があり、各地区の保存会では各流派の継承・保存を積極的に進めている。棒の手はオマントの行列に警固の部隊として加わることが多く、10月に行われる長久手の警固祭（県文化）では、下図のように鉄砲隊も加えた、オマントの隊列をみることができる。

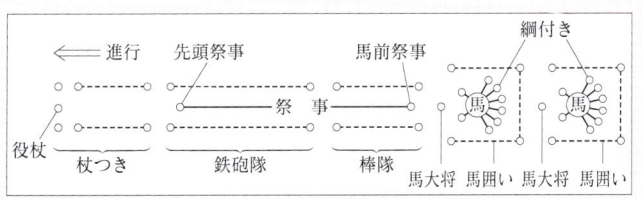

オマントの隊列（長久手町教育委員会編『長久手の馬の塔と棒の手』による）

オマント　　　　　　　　　　棒の手

失敗し、4月9日仏が根で戦死した。長可が武蔵守であったことから名づけられた。

小牧・長久手の戦いゆかりの地

岩崎城址公園

丹羽氏の居城
日進市民憩いの場

岩崎城址公園 66

〈M▶P.2,74〉日進市岩崎町市場67 P
地下鉄東山線星ヶ丘駅🚌五色園行，長久手車庫行岩崎御岳口🚶3分

　バス停のすぐ東，岩崎の交差点から東に50mほど歩くと，「岩崎城跡入口」の石柱がある。その石柱のところで左折し，100mほど坂をのぼると城門に着く。岩崎城は1538(天文7)年から，4代城主丹羽氏次が戦功により三河伊保(現，豊田市)に転封となり，廃城となるまでの約60年間，丹羽氏の居城であった。城門をくぐり石段をのぼると，目の前が岩崎城歴史記念館である。館内には城址模型を中心に，小牧・長久手の戦いの模様から民話，古墳，古窯に至るまで，日進市の歴史・文化が展示されている。

　公園内には，1985(昭和60)年に発掘調査された際に発見された数々の遺構がみられる。建物の遺構のなかで唯一礎石を有した隅櫓跡は調査後埋め戻されたが，現在，記念館の東側に礎石の様子が復元されている。礎石は1間間隔で4個あり，隅櫓は4間四方の建物であったことがわかる。

　そのほか，井戸跡・やぐら台跡・空堀跡などの遺構がみられる。また，発掘調査の際に土塁の下から古墳が発見された。直径12mの円墳で，出土品の須恵器の特徴から6世紀前半につくられたものと推定されている。

　城は丘陵南の突端部に築かれたため，現在も公園からの眺めはよく，眼下には岩崎川を，さらに日進市街を眺望することができる。公園の東，岩崎橋付近の岩崎川はサクラの名所で，春には花見客で賑わう。

　公園の北東500mほどのところに妙仙寺(曹洞宗)があるが，ここが丹羽氏の菩提寺である。境内には樹齢約300年と推定される黒松があるが，枝ぶりが，竜が身体をふせているようにみえるところか

ら臥龍の松とよばれている。

祐福寺 ⑥⑦ 〈M▶P.2〉愛知郡東郷町春木屋敷3417 P
0561-39-0069　地下鉄鶴舞線赤池駅🚌三好車庫前・祐福寺行祐福寺🚶5分

後奈良天皇の勅願寺

バス停から県道名古屋岡崎線を西へ100mほどいくと、道路北側に、祐福寺の参道入口の目印である一対の細長い石の門柱がたっている。ここを右折し、参道を200mほどいくと祐福寺本堂に着く。
祐福寺(浄土宗)は、源 頼朝につかえた宇都宮頼綱がこの地に草庵を結んだのが始まりという。その後堂宇が荒廃したため、1388(嘉慶2)年に傍示本城(現,東郷町)の加藤空明と明知城(現,三好町)の小野田阿願が達智上人を招き、七堂伽藍を完成させたという。室町時代には後奈良天皇の勅願寺となり、足利氏の帰依もうけた。その当時をしのぶ建物に中門がある。中門は1528(大永8)年に勅使藤原経広が当寺に参向する際に造立されたため、勅使門(県文化)とよばれる。現在は前後に支柱をいれているが、本来はこの地方には珍しい棟門という本柱一対のみの構造である。後世の手が加えられているが、檜皮葺きの屋根や木彫の菊花紋が朱塗りの扉につけられるなど、都風の優雅さを今に伝えている。

境内にある観音堂は、嘉慶年間(1387～89)に明知村(現,三好町)から移されたもので、もとは多宝塔であった。しかし、1902(明治35)年に上層が焼失したため修理し現在の形態になった。そのほかの建物は江戸時代に再建されたものが多く、本堂は1702(元禄15)年、阿弥陀堂は明和年間(1764～72)、庫裏は1806(文化3)年の建立である。また、絹本著色円光大師画像・絹本著色遣迎二尊画像

祐福寺勅使門　　　　　　　　　　　　　　　　　祐福寺一里塚

小牧・長久手の戦いゆかりの地

(ともに県文化)など多くの宝物を所蔵している。

　祐福寺から県道名古屋岡崎線をさらに西進すると，700mほどのところに，祐福寺一里塚(県史跡)がある。県道名古屋岡崎線は，平針街道(岡崎街道)とよばれてきた。1612(慶長17)年の名古屋城築城とともに，名古屋と岡崎を結ぶ近道として開かれた道で，岡崎市宇頭で東海道に合流した。この街道は女子の通行が多く，姫街道ともよばれた。一里塚には，直径8〜9m，高さ1.2mほどの塚が道の両側に残っている。両塚上の現在のエノキは，1995(平成7)年に植樹されたものである。

観音寺 ⑱
0561-39-0205

〈M▶P.2〉愛知郡東郷町諸輪字観音畑13　P
名鉄豊田新線日進駅🚌豊田行諸輪🚶5分

　バス停から南へ350mほどいくと，左手に観音寺(浄土宗)がある。917(延喜17)年に慈眼上人によって創建された寺で，はじめは常楽寺(真言宗)と称した。境内の観音堂に安置された聖観音菩薩坐像(県文化)は南北朝時代の作で，寄木造，彫眼着彩の仏像である。江戸時代に改めて彩色されたが，宝珠形の光背は制作当初のままである。毎年，春の彼岸と8月9日夜の囃太鼓奉納祭に開帳される。

　諸輪交差点から北へ1kmほどいく愛知池の堤防南側にあるT字路を右折し1.5kmほどいくと，尾三衛生組合東郷美化センターがある。センター内には，黒笹7号窯跡(県史跡)が発掘されたままの状態で保存されている。この辺りは奈良・平安時代に日本の窯業の中心となった猿投山西南麓古窯跡群のほぼ中央にあたり，質のよい須恵器や灰釉陶器を焼いた地域である。1974(昭和49)年に発掘調査が行われた黒笹7号窯跡は，8世紀末ごろに丘陵斜面に溝を掘ってつくられた窖窯で，須恵器と灰釉陶器が多量に出土した。出土遺物は東郷町役場の北東にあるイーストプラザいこまい館内の郷土資料館に展示されている。

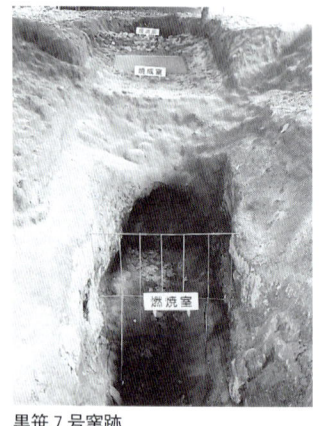

黒笹7号窯跡

南北朝時代の仏像

Inuyama・Seto

犬山から瀬戸へ

春の犬山城

瀬戸市街のせともの祭り

◎犬山から瀬戸散歩モデルコース

古墳と古城跡をめぐる　　名鉄犬山線犬山遊園駅 19 犬山城 40 東之宮古墳 10 妙感寺古墳 40 木ノ下城跡 7 名鉄犬山線犬山駅 7 名鉄小牧線楽田駅 5 楽田城跡 30 青塚古墳 25 名鉄楽田駅 12 名鉄小牧線小牧駅 25 小牧山 25 小牧駅 12 名鉄小牧線味鋺駅 9 味美古墳群(二子山古墳など) 10 名鉄小牧線味美駅

瀬戸物と古窯跡をめぐる　　名鉄瀬戸線尾張瀬戸駅 10 窯神神社 12 深川神社 10 窯垣の小径資料館 10 瀬戸市マルチメディア伝承工芸館 6 瀬戸市新世紀工芸館

① 犬山城
② 有楽苑
③ 東之宮古墳
④ 薬師寺
⑤ 天道宮神明社
⑥ 博物館明治村
⑦ ヒトツバタゴ自生地
⑧ 大縣神社
⑨ 青塚古墳
⑩ 顕宝寺
⑪ 長泉塚古墳
⑫ 薬師寺
⑬ 余野神社
⑭ 長松寺
⑮ 宮後八幡社
⑯ 曼陀羅寺
⑰ お釜地蔵・生駒屋敷跡
⑱ 大山廃寺跡
⑲ 高根遺跡
⑳ 清流亭のフジ
㉑ 熊野神社の五枚岩
㉒ 小牧山
㉓ 宇都宮神社古墳
㉔ 正眼寺
㉕ 賢林寺
㉖ 大地遺跡
㉗ 平田寺
㉘ 全昌寺
㉙ 高田寺
㉚ 延命寺
㉛ 常安寺
㉜ 春日井市道風記念館
㉝ 竜泉寺
㉞ 密蔵院
㉟ 瑞雲寺
㊱ 林昌寺
㊲ 白鳥塚古墳
㊳ 内々神社
㊴ 味美古墳群
㊵ 林昌院
㊶ 麟慶寺
㊷ 瀬戸蔵
㊸ 深川神社
㊹ 小長曽陶器窯跡
㊺ 愛知県陶磁資料館
㊻ 定光寺

_3_ 瀬戸蔵 _1_ 記念橋 _20_ 愛知県陶磁資料館 _25_ 地下鉄東山線藤が丘駅

犬山市内をめぐる　名鉄犬山線犬山遊園駅 _10_ 有楽苑 _9_ 犬山城 _2_ 犬山市文化史料館 _2_ からくり展示館 _10_ 町並み見学 _5_ どんでん館 _15_ 愛宕神社・木ノド城跡 _4_ 薬師寺 _9_ 名鉄犬山線犬山駅

1 城下町犬山から明治村へ

尾張北部の犬山は、初期古墳の東之宮古墳をはじめ大規模古墳が多い。明治村は近代文化財の宝庫である。

犬山城 ❶
0568-61-1711
〈M▶P.82,84〉 犬山市犬山北古券65-2 P
名鉄犬山線犬山遊園駅🚶19分

犬山遊園駅から北へいき、木曽川にかかるツインブリッジの手前から西へ桜並木に沿って1.5km進むと、断崖上に白亜3層の犬山城天守(国宝)がみえてくる。犬山城は別名亀甲城とか白帝城とかよばれている。なお、白帝城については、荻生徂徠が、李白の詩(早発白帝城)「朝辞白帝彩雲間　千里江陵一日還(後略)」にある長江上流の城にちなんで白帝城と名づけたといわれる。

城の造営年代は、1961(昭和36)年にはじまった解体工事によって、何度も改築されていることがあきらかとなった。1・2階の下層は、木ノ下城(犬山市の愛宕神社境内に城跡碑がある)を織田信康が移築したといわれる、1537(天文6)年ころのものと考えられている。3・4階の上層は、1618(元和4)年に尾張徳川家の付家老成瀬正成が3万5000石の城主となり、その2年後に望楼部分が増築され、唐破風が付加されたといわれている。城の主要部分の構造・形態は室

人災と風雪に耐えた国宝の名城

犬山市街の史跡（パンフレットより作成）

犬山城

町期のものであり,現存する城のなかでもっとも古いものといわれている。城主は幕末まで成瀬家9代が世襲した。

小高い丘陵を利用した山城と平城の中間型の平山城で,町割は防衛のためのT字型や鉤型の街路を今日に伝え,城下町の典型をみることができる。町内には当時の町並み,町屋の奥村家住宅(国登録)などが保存されている。町並みを説明する立て看板もみられ,城下町研究の格好の対象でもある。

1871(明治4)年廃藩置県によって廃城と決定し,城の大半が取りこわされたが,天守閣は当時の区長をはじめ有志の人びとの熱心な政府への陳情によって,県立公園として残された。1891年の濃尾地震で天守閣が大破し,修理のための予算不足から旧城主成瀬正肥に譲渡され,全国で唯一の個人所有の城となった。しかし個人での維持が困難となり,2004(平成16)年財団法人犬山城白帝文庫となった。欄干をめぐらせた望楼からの眺めは雄大で,サクラの季節は格別であり,とくに夕方西方にみられる伊木山は「夕暮れ富士」として名高い。

天守閣前に「涼しさを 見せてやうごく 城の松」の句碑がある。これは犬山出身で,松尾芭蕉の弟子の内藤丈草の句である。

有楽苑 ❷
0568-61-4608

〈M▶P.82,84〉 犬山市犬山御門先1 P
名鉄犬山線犬山遊園駅🚶10分

大名茶人有楽斎の境地を楽しむ茶室

犬山遊園駅から犬山城をめざして800m進むと,城の手前に有楽苑がある。有楽苑の由来は織田信長の実弟,織田有楽斎(長益)にちなむもので,彼は兄の覇業を助けていたが,信長の死後,豊臣秀吉にしたがい,如庵有楽と号し,その御伽衆となった。秀吉没後は徳川家康につき,摂津・大和に3万石を知行した。彼は武将というよりも茶匠として力量を発揮し,千利休からも大いに信頼された大名茶人であった。大坂冬の陣では豊臣秀頼を補佐したが,夏

城下町犬山から明治村へ

如庵

の陣直前に京都の東山に隠棲し，茶事三昧の余生を送った。晩年京都に住み，建仁寺の塔頭を再興して，隠居所を設け，そのなかに茶室をたてた。それが有楽苑にある茶室如庵・露地(ともに国宝)と旧正伝院書院(国重文)である。これらの建造物は多くの変遷を経て名古屋鉄道(名鉄)が買いとり，現在地に移築したものである。

　書院の内部には長谷川等伯・狩野山雪らの襖絵があり，貴重な資料となっている。如庵の内部は壁の腰に暦がはってあったことから，「暦張りの席」とよばれた。さらに床脇に三角の地板(鱗板)をいれて壁面を斜行させ，室を広くみせる効果をねらったとされる有楽囲や，窓に竹をつめ打ちし，障子に映る陰影の効果をねらった有楽窓，そのほか落とし掛など，随所に独特の工夫がこらされ，ほかの茶人の好みとは異なる世界をつくりだしている。特別公開の3・11月には如庵や旧正伝院内を見学でき，呈茶会も催される。

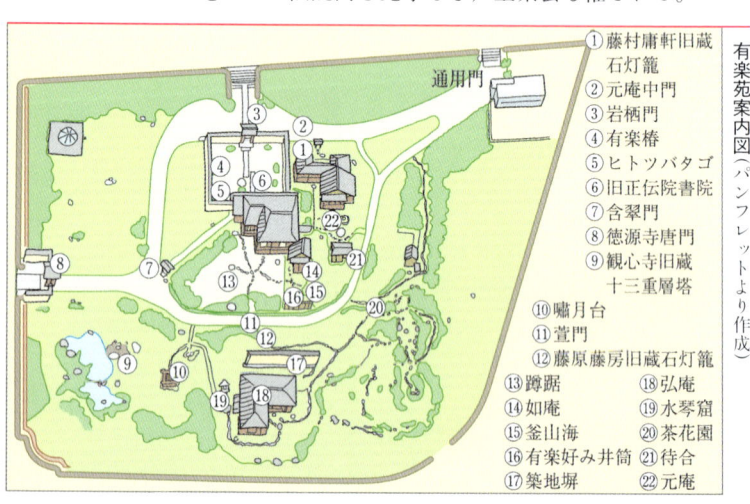

有楽苑案内図(パンフレットより作成)

① 藤村庸軒旧蔵石灯籠
② 元庵中門
③ 岩栖門
④ 有楽椿
⑤ ヒトツバタゴ
⑥ 旧正伝院書院
⑦ 含翠門
⑧ 徳源寺唐門
⑨ 観心寺旧蔵十三重層塔
⑩ 嘯月台
⑪ 萱門
⑫ 藤原藤房旧蔵石灯籠
⑬ 蹲踞
⑭ 如庵
⑮ 釜山海
⑯ 有楽好み井筒
⑰ 築地塀
⑱ 弘庵
⑲ 水琴窟
⑳ 茶花園
㉑ 待合
㉒ 元庵

コラム

犬山祭り

祭

　犬山祭りは針綱神社(祭神尾治針名根連命ほか)の祭礼である。この神社は尾張氏の祖先をまつる『延喜式』式内社であり，もともと犬山城本丸の位置にあったが，築城とともに東方の白山平に，ついで1606(慶長11)年名栗町に遷座し，1882(明治15)年に現在の城の南斜面に遷座した。それにしたがって祭りの中心もかわっていった。祭りは1634(寛永11)年，城下に大火があり，その翌年復興祈願のためにはじめられたとされる。魚屋町の茶摘みの練り物と下本町の馬の塔がその始まりであった。犬山城主が尾張藩の付家老であったこともあり，当時名古屋の東照宮祭でみられた山車による祭りが犬山でもはじめられ，1641(寛永18)年，下本町が馬の塔を車山(犬山ではこのようによぶ)にかえて，車山のうえでの人形からくりを奉納するようになった。1650(慶安3)年，2代目城主成瀬正虎の沙汰で，城下のほかの町村も車山をだすようになり，現在13台の犬山祭りの山車(県民俗)が犬山祭保存会によってまもられ，うけつがれている。

　車山の形態は新町の船形を除いていずれも3層の犬山型である。奉納からくりの人形は当初は素人の手づくりであったが，安永年間(1772～81)には竹田藤吉作の咸英，1827(文政10)年玉屋庄兵衛作の梅梢戯など，名古屋の専門細工師作による精巧なものとなった。

　祭りの見どころは，針綱神社前に13台の車山が並ぶ壮観な「車山ぞろえ」や，ほほえましい人形からくり，車山に乗る子供連の華麗な金襦袢，道の辻で車山の進行方向を一気にかえる勇壮な車切，神社前で180度方向転換する「どんでん」，提灯の明かりが夜桜に映える夜車山の巡行などである。祭礼は4月の第1土・日曜日にもよおされる。

　針綱神社の鳥居から南へ100mほどいくと，車山に関する資料を展示している犬山市文化史料館とからくり展示館がある。さらに100mほど南方に本町の車山蔵(国登録)さらに100m南方に車山の展示館であるどんでん館がある。

犬山祭り

城下町犬山から明治村へ

ロマン漂う初期古墳　今も昔も信仰の山

東之宮古墳 ❸　〈M▶P.82,84〉犬山市犬山白山平7　P
名鉄犬山線犬山遊園駅🚶20分

　犬山遊園駅から東の階段をのぼり，臨渓院の土塀に沿って南へ進み，犬山城主成瀬家の墓石がたち並ぶ廟所を左手にみてさらに50mほど南進すると，瑞泉寺(臨済宗)の境内へでる。京都の妙心寺の末寺で，本山の復興に尽力した日峰宗舜によって開かれた古刹である。さらに階段をのぼると，成田山名古屋別院大聖寺(真言宗)の裏にでる。そこから白山平の山頂(標高141m)に向かうと，東之宮社(祭神尾治針名根連命)がある。新緑のころは辺り一面がまばゆいほどの緑の丘陵で，心地よいハイキングコースになっている。

　この境内裏手が東之宮古墳(国史跡)である。4世紀初頭に造営された，全長78mの前方後方墳である。石室内部をみることはできないが，竪穴式石室がある。尾張の古墳文化発生の様相を知るために重要で，被葬者は尾張北部地方に君臨した古墳時代初期の首長邇波縣主と考えられている。出土品はすべて初期古墳のもので，三角縁神獣鏡や最古の仿製鏡(いずれも国重文)など京都国立博物館に保存されている。

　成田山大聖寺の山門から東へ100mのところに，犬山焼の窯元尾関家住宅(国登録)がある。また南へ40m坂道をくだった右手に，うっそうとした木立の丘を背後にして新築の妙感寺(日蓮宗)がある。この寺は下大本町にあった天岳寺(曹洞宗)が無住であったため，1640(寛永17)年松樹院日用が再興して改宗し，現在地に建立したもので，山寺ともいわれる。円空仏や江戸期の俳人白梵庵馬州の墓

三角縁神獣鏡(東之宮古墳出土)　　　　　　　　　　　妙感寺

日本ラインと鵜飼い

コラム

　木曽川は飛騨高地や木曽山脈を流れくだって、愛知と岐阜の県境で峡谷をきざみ、飛騨木曽川国定公園となっている。ドイツのライン川に似ているところから、愛知県出身の地理学者志賀重昂によって「日本ライン」と命名された。その記念碑が名鉄犬山線犬山遊園駅から上流に向かって1.5kmほどのところにある。両岸にはチャートの奇岩やポットホール(甌穴)などが分布し、ライン下りによってこの風光明媚な峡谷美や急流のスリルを楽しむことができる。またサクラの名所でもあり、この辺りの木曽川(国名勝)は景勝地として有名である。

　犬山橋付近では夏に鵜飼いがもよおされる。鵜飼いは犬山城主3代成瀬正親によってはじめられたという。仏教を篤く信仰した6代城主正典は殺生を禁じ鵜飼いを禁止したため中断されたが、1902(明治35)年には水産会社の手によって再開された。しかし近年は観光客ものびなやみ、ライン下り・鵜飼いともにあらたな努力で活気を取り戻そうとしている。夏のひととき、川面に映る鵜飼い船の篝火と鵜匠にあやつられる鵜の動きを眺めながら、くみかわす酒の味には格別なものがある。

　木曽川の上流の美濃は、木曽檜の名産地であった。尾張藩は官材を上流の錦織湊(現、岐阜県)で筏にして流し、犬山で筏の編成替えをして、下流の熱田白鳥の木場へと輸送していた。また川の横断には渡し船が利用され、栗栖渡し・内田渡しや鵜飼渡しなどの渡し場があった。近年、木曽川では若者たちによるカヌーやラフティングなどの新しいスポーツが行われるようになってきている。

鵜飼い船

と句碑がある。
　寺の背後の丘が妙感寺古墳(県史跡)である。全長95mの前方後円墳で、段築され、後円部の頂上は平らになっており、小さい祠が2社ある。前方部は墓地で南半が改変され、くびれ部に稲荷社がある。この古墳は5世紀半ばの築造とみられ、埴輪は発見されていない。

薬師寺 ❹　〈M▶P.82〉 犬山市犬山薬師26 Ｐ
0568-61-2362　名鉄犬山線犬山駅 🚶 9分

　犬山駅から県道(旧国道41号線)を南へ700m進むと、左側に新築

薬師寺

の薬師寺（真言宗）がある。本尊は木造薬師如来坐像（国重文・非公開）である。薬師如来にきざまれた沿革によると、諸国行脚中の行基が、網で拾いあげたものを漁夫からもらいうけて開眼供養したものである。734（天平6）年、聖武天皇の勅命によって犬山に七堂伽藍の薬師寺を建立し、本堂におさめたといわれている。像の高さ82.1cmの寄木造で、全体に金箔が貼ってあり、平安時代末期のものである。以後、1149（久安5）年に本堂・三重塔が焼失したが、この像だけは無事に運びだされ現在に至っている。

行基ゆかりの寺　国重文の薬師如来坐像

天道宮神明社 ❺　　〈M▶P.82〉犬山市前原字天道新田1　P
名鉄犬山線犬山駅🚌明治村行前原🚶7分

バス停から500m北進するとシイの木立に囲まれた天道宮神明社（祭神高皇産霊命ほか）がある。

　神社の創建は安閑天皇が入鹿屯倉をおいたとき、勅願によって奥入鹿村（現、犬山市）に建立されたと伝えられている。江戸時代以前は天道社とか天道宮と称し、別当白雲寺が奉仕する神仏習合の神宮寺であった。1605（慶長10）年に時の犬山城主小笠原吉次から寄進をうけ、翌年、白雲尼がそれまで焼失していた白雲寺と天道宮を再建した。1633（寛永10）年入鹿池築造の際、村人は福昌寺（臨済宗）をはじめ、白雲寺や天道宮の神殿・拝殿・楼門・灯籠などを当地に移築した。また40戸あった家のうち24戸も当地に移転したといわれている。1868（慶応4）年の神仏分離令によって天道宮の世話をしていた白雲寺が廃寺となったため、天道宮の末社の神明社と合祀され、天道宮神明社となった。現在境内にある大日如来・薬師如来・観音菩薩などの石仏や、灯籠・墓地・古井戸などは、その名残りである。

　東西の参道の途中に神明社楼門（県文化）がある。楼門は桟瓦葺き2階建てであったが、1998（平成10）年に県道用地にかかり西方に

子どもら追いまわす鬼祭り　神仏習合の神宮寺

入鹿池と新田開発

コラム

　江戸時代の初期は社会の安定とともに人口が増加し，新田開発が諸藩で盛んに行われた。入鹿池が築造された1633(寛永10)年のころは，全国的にため池を水源とする新田開発の隆盛期であった。まだ牢人が多くいて世情も安定せず，各藩では，牢人対策や在地の土豪対策など，政治的配慮が必要であった。また彼ら自身が新田開発を推進しうる実力者でもあったので，こうした牢人や在地の土豪たちが開発請負人や推進者となった例が多い。

　入鹿池の場合も，江崎善左衛門ら6人のいわゆる入鹿六人衆が，小牧原台地の灌漑を目的に，入鹿池の築造計画案を犬山城主成瀬正虎に取りつぎを依頼し，尾張藩主徳川義直に願いでて許可された。1634年入鹿六人衆のうち3人に命じて新田開発の指揮をとらせた。入鹿村住民は移転料をあたえられて入鹿出新田(現，小牧市内)，前原新田・奥入鹿村(現，犬山市内)へ移り，新しく土地を開いて住み着いた。堤防工事には土木技術にすぐれた河内の甚九郎が招かれ，河内屋堤が築かれた。

　その後入鹿池は，1868(明治元)年に河内屋堤が決壊し，未曽有の災害をもたらし，多くの悲話や記録などが伝わっている。

入鹿池

移転した。このとき柿葺き型銅板葺きに復することとなり，なくなっていた左・右大臣の像も復元された。祭礼は10月の第1日曜日で，神社の境内では鬼祭りがもよおされ，この祭りには神楽のほかに子どもたちを追いまわす鬼，そのあとにお宝獅子などが続いて，興味深い祭りである。

天道宮神明社楼門

城下町犬山から明治村へ

博物館明治村 ❻
0568-67-0314

⟨M▶P.82⟩ 犬山市内山1 🅿
名鉄犬山線犬山駅🚌明治村行終点🚶1分、または中央自動車道小牧東ICから北西へ1km

日本の近代化は和洋折衷 明治の文化財の宝庫

バス停の目の前に、明治建築を保存展示する野外博物館として1965(昭和40)年に開村した、博物館明治村がある。100万m²の丘陵地に移築復元された建造物は60棟以上にのぼる。第二次世界大戦後の高度経済成長によって、古い建造物がしだいに姿を消していくなか、取りこわされていく文化財を惜しみ、その保存を考えたのが、のちに初代館長となった建築家谷口吉郎と名鉄会長土川元夫であった。建造物の配置には、周囲の環境・風光などに工夫をこらし、村内には路面電車・蒸気機関車や馬車を走らせるなど、明治時代を体感できるようにした。まさに、土川が計画した「生きている村」そのものである。建造物内にも当時使用されていたさまざまな分野の資料が展示され、明治の文化を知るうえで貴重な博物館である。ここでは所要時間約1.5時間、距離約2kmの行程の重要文化財を中心としたコースを紹介したい。

明治村の正門は第八高等学校正門(国登録)であるが、ここから右へ森の小径をのぼっていくと、旧日本聖公会京都聖約翰教会堂(聖ヨハネ教会堂・国重文)がみえてくる。この教会堂は1907(明治40)年、京都の河原町通りにたてられたプロテスタントの一派日本聖公会の京都五條教会であった。中世ヨーロッパのロマネスク様式を基調に、細部にゴシックのデザインをまじえた外観で、左右に高い尖塔、奥に十字形大屋根がかかる会堂が配されている。

右に入鹿池をみながら坂をくだっていくと旧西郷従道住宅(国重文)へでる。この建物は西郷隆盛の弟従道が、明治10年代の初め、東京上目黒

旧日本聖公会京都聖約翰教会堂(聖ヨハネ教会堂)

犬山から瀬戸へ

旧西郷従道住宅　　　　　　　　　　　　　　　　旧伊勢郵便局舎(宇治山田郵便局舎)

にたてたものである。在日中のフランス人建築家J・レスカスの設計と考えられ，半円形に張りだしたベランダのデザインだけでなく，彼の得意な耐震性にすぐれた銅板葺きや，建物の浮きあがりを防ぐために壁の下方にレンガを重しがわりに埋め込む工法など工夫がこらされている。この辺りは紅葉が美しく，秋に訪れると格別である。

　偉人坂をくだり，市電乗り場から京都市電に乗り終点でおりると，旧品川燈台(国重文)や旧菅島燈台付属官舎(国重文)があり，眼下には入鹿池が眺められ心がなごむ。馬車乗り場をとおって旧名古屋衛戍病院(県文化)を経て坂道をくだっていくと，鉄道寮新橋工場・機械館(国登録)に着く。この工場内には明治の産業界で活躍した機械類が展示されている。英国製のリング精紡機や菊花御紋章付平削盤(いずれも国重文)などが展示されている。

　北方の丘に旧伊勢郵便局舎(宇治山田郵便局舎・国重文)がみえてくる。1909(明治42)年伊勢外宮前の角地にたてられた郵便局で，木造平家建て・銅板葺きで，中央に円錐ドームの屋根，正面左右にある小ドームの角塔が特徴的である。入口をはいるとホールになっており，カウンターがめぐらされている。丸天井には明かりとりがついていて，シャンデリアがさがっている。現在も，この郵便局では実際の郵便業務を行っており，絵はがきなど郵便物を発送できる。北へ坂道をくだると広場にでる。そこに旧呉服座(国重文)がある。

　ここから引き返して市電乗り場から市電に乗り，京都七條お休み処で下車して踏切をこえると，右手に旧札幌電話交換局舎(国重文)がある。1890(明治23)年に東京・横浜間で電話交換業務が開始され，1898年に札幌交換局が竣工し，翌年開局した。

城下町犬山から明治村へ　　93

文化財名は明治村の案内名称，本文は指定名称である。
＊＊は重要文化財，＊は国登録文化財，△は鉄道記念物を示す。

〔1丁目　　　1番地〜13番地〕
＊①第八高等学校正門
＊②大井牛肉店
＊③三重県尋常師範学校
　　蔵持小学校
＊④近衛局本部付属舎
＊⑤赤坂離宮正門哨舎
＊＊⑥聖ヨハネ教会堂
＊⑦学習院長官舎
＊＊⑧西郷従道邸
＊⑨森鷗外・夏目漱石住宅
＊⑩東京盲学校車寄
＊⑪二重橋飾電灯
＊⑫鉄道局新橋工場
△　明治天皇・昭憲皇太后御料車
＊＊⑬三重県庁舎

〔2丁目　　　14番地〜23番地〕
＊⑭千早赤阪小学校講堂
＊⑮第四高等学校物理化学教室
＊＊⑯東山梨郡役所
＊⑰清水医院
＊＊⑱東松家住宅
⑲京都中井酒造
＊⑳安田銀行会津支店
＊＊㉑札幌電話交換局
△㉒蒸気動車
＊㉓京都七條巡査派出所

〔3丁目　　　24番地〜33番地〕
㉔京都市電
＊㉕北里研究所本館（医学館）
＊㉖幸田露伴住宅「蝸牛庵」
＊㉗西園寺公望別邸「坐漁荘」
＊㉘茶室「亦楽庵」
＊＊㉙品川灯台
＊＊㉚菅島灯台付属官舎
㉛長崎居留地二十五番館
＊㉜神戸山手西洋人住居
＊㉝宗教大学車寄

〔4丁目　　　34番地〜50番地〕

94　　　犬山から瀬戸へ

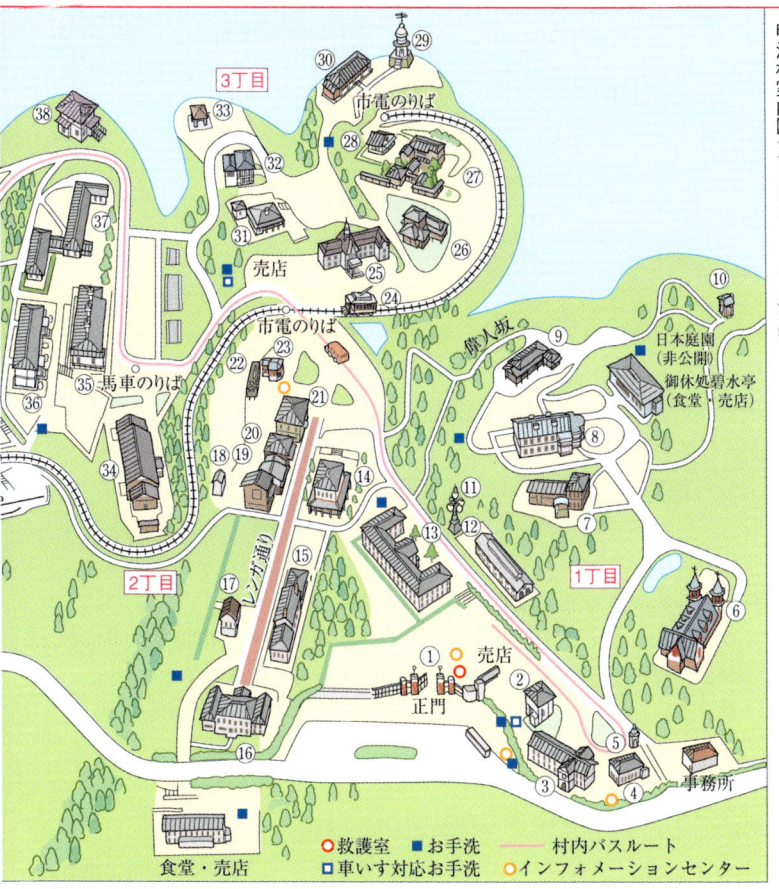

明治村案内図（パンフレットより作成）

○救護室　■お手洗　　　村内バスルート
□車いす対応お手洗　○インフォメーションセンター

㉞第四高等学校武術道場「無声堂」
㉟日本赤十字社中央病院病棟
㊱歩兵第六連隊兵舎
㊲名古屋衛戍病院（県文化）
㊳シアトル日系福音教会
㊴ブラジル移民住宅
㊵ハワイ移民集会所
㊶六郷川鉄橋
㊷尾西鉄道蒸気機関車1号
㊸蒸気機関車12号・9号・
　三等客車
㊹鉄道寮新橋工場（機械館）
＊＊リング精紡機

＊＊　菊花御紋章付平削盤
㊺工部省品川硝子製造所
＊＊㊻宇治山田郵便局
㊼本郷喜之床
㊽小泉八雲避暑の家
＊＊㊾呉服座
㊿半田東湯
〔5丁目　51番地～67番地〕
㉛聖ザビエル天主堂
㉜金沢監獄正門
㉝小那沙美島灯台
㉞天童眼鏡橋
㉟隅田川新大橋

㊶大明寺聖パウロ教会堂
㊷川崎銀行本店
＊㊸皇居正門石橋飾電灯
㊹内閣文庫
㊺東京駅警備巡査派出所
㊻前橋監獄雑居房
㊼金沢監獄中央看守所・監房
㊽宮津裁判所法廷
㊾菊の世酒蔵
㊿高田小熊写真館
㊱名鉄岩倉変電所（岩倉ホール）
㊲帝国ホテル中央玄関
　　ポーツマス条約調印テーブル

城下町犬山から明治村へ　　　95

旧東松家住宅

　さらにレンガ通りを進むと、木造3階建ての町屋旧東松家住宅(国重文)がある。この建物は名古屋市中村区船入町に油問屋としてたてられたもので、奥行きは深いが間口はせまく、正面に石の腰壁があり、ビル化する商店建築のさきがけといえるものである。突き当りには、地方役所の代表的な官庁建築である旧山梨県東山梨郡役所(東山梨郡役所・国重文)がある。レンガ通りの角から南へ坂道をのぼり、正門に向かう右手に白亜の旧三重県庁舎(国重文)がみえてくる。東山梨郡役所と同じように正面側にベランダをめぐらせ、中央棟と左右対称の翼屋で構成する形式は、当時の官庁建築の特徴である。

　このほかさまざまな文化財や見学コースがあるが、明治村ではそのときどきで季節感あふれる催しが行われるので、事前に調べてでかけるとよい。

ヒトツバタゴ自生地 ❼　〈M▶P.82〉犬山市西洞41 P
名鉄犬山線犬山駅🚌明治村行終点🚶23分

5月に雪とみまごう花ナンジャモンジャ

　明治村の正門から南へ500m坂道をくだると、入鹿池の堤防にでる。さらに南へ1.3km進むと、本宮山の東山麓の谷口にヒトツバタゴ自生地(国天然)がある。1822(文政5)年、名古屋の本草学者水谷豊文が発見し、命名したといわれている。ヒトツバタゴはモクセイ科の落葉樹で、単葉のトネリコという意味で

ヒトツバタゴ自生地

全市博物館構想

コラム

　犬山市は「犬山らしさ」をつくりだす町づくりをめざして、「全市博物館構想」を打ちだした。市内の文化財や自然資源を有効に生かす方法として、全市を博物館に見立て、地域を7つに分け、博物館とした。

　それぞれ発見の小径の見学コースが設けられ、自由に学習できるようにした。各博物館について、生涯学習センターが全体の核となって、歴史・文化や自然という地域資源の情報を保管し、研究するための生涯学習環境を整えている。

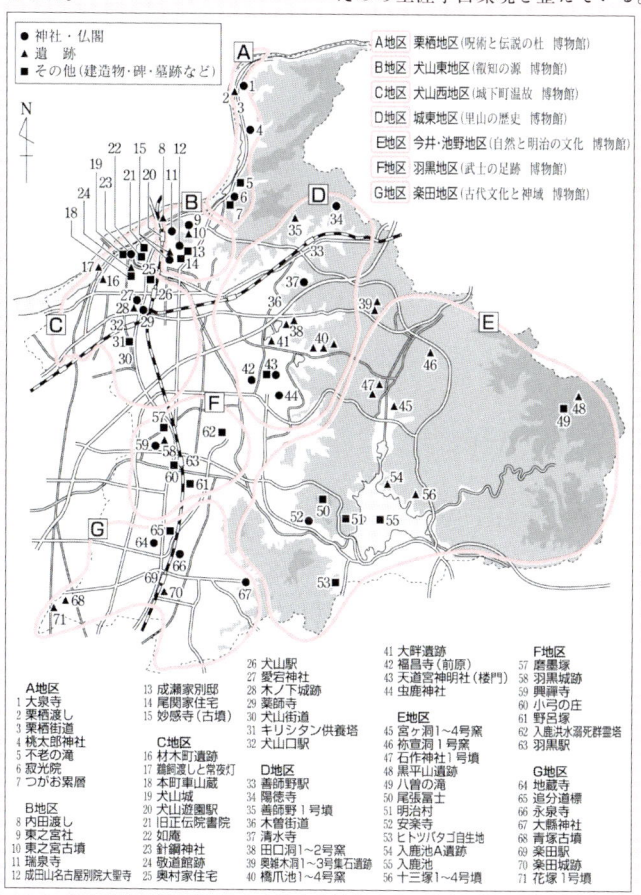

凡例
- ● 神社・仏閣
- ▲ 遺跡
- ■ その他（建造物・碑・墓跡など）

A地区　栗栖地区（呪術と伝説の杜　博物館）
B地区　犬山東地区（尾張の源　博物館）
C地区　犬山西地区（城下町温故　博物館）
D地区　城東地区（里山の歴史　博物館）
E地区　今井・池野地区（自然と明治の文化　博物館）
F地区　羽黒地区（武士の足跡　博物館）
G地区　楽田地区（古代文化と神域　博物館）

A地区
1 大泉寺
2 栗栖渡し
3 栗栖街道
4 桃太郎神社
5 不老の滝
6 寂光院
7 つがお累層

B地区
8 内田渡し
9 東之宮古墳
10 東之宮古墳
11 瑞泉寺
12 成田山名古屋別院大聖寺
13 成瀬家別邸
14 奥関家住宅
15 妙感寺（古墳）

C地区
16 材木町遺跡
17 鵜飼渡しと常夜灯
18 本町車山蔵
19 犬山城
20 犬山遊園駅
21 旧正伝院書院
22 如庵
23 針綱神社
24 敬道館跡
25 栗栖家住宅
26 犬山駅
27 愛宕神社
28 木ノ下城跡
29 薬師寺
30 犬山街道
31 キリシタン供養塔
32 犬山口駅

D地区
33 善師野駅
34 陽徳寺
35 善師野1号墳
36 木曽街道
37 清水寺
38 田口洞1〜2号窯
39 奥雑木洞1〜3号集石遺跡
40 橋爪池1〜4号窯
41 大畔遺跡
42 福昌寺（前原）
43 天道宮神明社（楼門）
44 虫鹿神社

E地区
45 宮ヶ洞1〜4号窯
46 祢宜洞1号窯
47 石作神社1号墳
48 黒平山遺跡
49 八曽の滝
50 尾張富士
51 明治村
52 安楽寺
53 ヒトツバタゴ自生地
54 入鹿池A遺跡
55 入鹿池
56 十三塚1〜4号墳

F地区
57 磨墨塚
58 羽黒城跡
59 興禅寺
60 小弓の庄
61 野呂塚
62 入鹿洪水溺死群墓塔
63 羽黒駅

G地区
64 地蔵寺
65 追分道標
66 永泉寺
67 大縣神社
68 青塚古墳
69 楽田駅
70 楽田城跡
71 花塚1号墳

全市博物館構想図（犬山市教育委員会編『全市博物館構想』より作成）

城下町犬山から明治村へ

ある。別名ナンジャモンジャとかアンニャモンニャとよばれている。この植物の分布は木曽川の中流域にかぎられ、この自生地は標高90mの谷間で、低木層の間に7〜8本混生している。樹高は10m内外、幹の直径20〜30cm、開花期は5月で、小枝のさきに細長い約10cmの白い花が房になって咲き、小豆大の実がなる。花は清楚で雪がふり積もったようにみえる。

大縣神社 ❽
0568-67-1017 〈M▶P.82〉犬山市宮山3 P
名鉄小牧線楽田駅 🚶19分

外国人見物客の多い豊年祭り
尾張北部の祖先神

楽田駅から東へ1.5kmいくと、正面の本宮山西山麓に、大縣神社(祭神大縣 大神ほか)がある。二宮大明神ともいう。この地方の開拓の祖神邇波縣主の祖大荒田命をまつっている『延喜式』式内社である。社領の記録は確実なものとしては徳川家康の寄進にはじまり、初代尾張藩主徳川義直そして2代藩主光友が加増し、社領200石の黒印地となった。現在の社殿は、光友が1660(万治3)年に再建したものである。

本殿(国重文)は桃山時代の建築様式で、当社では大縣造と称し、正之御殿・渡殿と内院とが1つの建物となっているため三棟造ともいう。本殿の前には祭文殿と東西回廊(ともに国重文)がある。このほか境内には大国恵比寿神社、姫の宮(祭神大縣大神の御子玉比売命)が併祀されている。

女性器をまつる姫の宮の豊年祭り(3月15日の前の日曜日)は田県神社(小牧市)の男茎形(男性器)をまつる豊年祭りと並んで天下の奇祭として有名である。

この地方一帯は小牧・長久手の戦いの古戦場で、羽黒駅から西へ500mいくと、興禅寺庫裏(国登録)があり、その東側に羽黒城跡がある。この城は源頼朝の御家人梶原景時ゆかりの城で、名馬磨墨

大縣神社

の墓も寺の北の公園内にある。さらに南へいくと、小牧・長久手の戦いの激戦地であった八幡林古戦場があり、壮絶な戦死をとげた野呂助左衛門之碑がある。楽田駅より南へ500mのところにある楽田小学校の校庭には「楽田城址」の石碑があり、ここで小牧山城の徳川方と犬山城の豊臣方が対峙した。

青塚古墳 ❾
0568-68-2272(まほらの館)　〈M▶P.82〉 犬山市青塚22-3　Ⓟ
名鉄小牧線楽田駅🚶25分

復元整備された古墳

　楽田駅から西方へ2kmいくと、左手の小牧原台地の端に青塚古墳(国史跡)がある。辺り一帯は整備され、青塚古墳史跡公園となっている。この古墳は古来より大縣神社の社地としてうけつがれ、別名茶臼山古墳または王塚古墳ともよばれる前方後円墳である。周辺には数基の小規模古墳があり、青塚古墳群を形成している。

　古墳は全長123mの県内2番目の大きさで、墳丘の形状は後円部は3段、前方部が2段に築造され、1995(平成7)～98年の調査によって、各段には基石列が配され、これに沿って壺形埴輪が約2m間隔でめぐらされていることがあきらかとなった。また前方部頂上には方形壇状遺構が存在する。古墳の築造時期は、4世紀中頃と推定されている。

　犬山市は、古墳の保存・活用をはかるため、1996～99年度に保存整備事業を実施し、ガイダンス施設「まほらの館」を開設して、出土品や古墳の解説をパネルや映像にして公開している。研修室では、窓外に青塚古墳を眺めながら、考古学の学習ができる。

　1584(天正12)年の小牧・長久手の戦いのとき、この古墳の頂上から織田信雄・徳川家康連合軍が本陣を構えた小牧山が目の前にみえるので、ここに豊臣秀吉方の森長可が陣をおいたといわれている。

青塚古墳

城下町犬山から明治村へ

❷ 扶桑から藤のまち江南へ

木曽川がつくった犬山扇状地上にあるこの地方は、織田信長や蜂須賀小六など戦国武将ゆかりの地が多い。

顕宝寺（けんぽうじ） ❿　〈M▶P.82,100〉　丹羽郡扶桑町南山名寺前28　P
0587-93-2971　名鉄犬山線扶桑駅（めいてつ いぬやません ふそうえき）徒歩19分

妙心寺派のおわす誕生仏の寺院

　扶桑駅から南にある交差点を西へ町役場を経て1.1kmほどいくと、誕生仏安置の標識がある。そこから左折して小道を西方に300mほど進むと、左手に寺がみえてくる。これが顕宝寺（臨済宗）である。

　この寺は多和田七右門 尉（たわだしちえもんのじょう）が両親の菩提をとむらうために、1301（正安3）年に開基した浄土宗の寺であった。1415（応永22）年、顕宝寺の北方1kmのところにある悟渓寺内の悟渓屋敷とよぶ地に生まれた悟渓宗頓（ごけいそうとん）が、10歳で得度して犬山の瑞泉寺（ずいせんじ）に入山し、のちに大興心宗禅師号（だいこうしんそうぜんじ）をうけて東海派の祖となり、この尾北（びほく）地方から美濃（みの）地方にかけて臨済宗妙心寺派の勢力を広めた。その悟渓和尚（おしょう）が1500（明応9）年、顕宝寺の中興開山（かいさん）となり、臨済宗に改宗した。

　寺には、鋳造誕生仏立像（ちゅうぞう）（県文化）が安置されている。この像は扶桑町南山名字道下（みちした）の畑より出土したもので、10世紀の作と考えられている。高さ8.9cmの金銅（こんどう）鋳造仏で、左肩から袈裟（けさ）をかけた珍しいものである（公開日は4月の第1日曜）。

扶桑駅周辺の史跡

顕宝寺

みやげと産物（守口漬と端折傘） コラム

守口大根と守口漬

　木曽川の左岸に発達した犬山扇状地は乏水性の砂質土壌で、畑作中心であったが、幕末の横浜開港による生糸の輸出ブームに乗って養蚕業が発達し、1930（昭和5）年ごろには養蚕の最盛期を迎えた。製糸業も明治期から発達し、製糸工場が立地するようになった。しかし、第二次世界大戦後になると、養蚕の不振や食料の確保などから、農家はゴボウや宮重大根などを栽培・出荷し、現金収入を得ようと模索した。扶桑町では、山那4Hクラブ（農業改善クラブ）が新しい農業経営をめざして、木曽川河川敷内の砂質土壌で守口大根の栽培を試みた。今日では「守口漬」などの加工業者との取引や、耕耘のためのトレンチャー導入による作業の省力化によって成果をあげている。

　「守口漬」の名は、1585（天正13）年に豊臣秀吉が河内国の守口で休憩したとき、だされた漬け物を大いに賞賛して命名したことにはじまるといわれる。明治になってから愛知・岐阜でも生産が盛んになった。山那には販売店があり、地元では格好のみやげや贈答品として人気がある。

儀典用端折長柄傘

　『延喜式』式内社山那神社（祭神須佐之男命ほか）の東に儀典用端折長柄傘を製造している尾関家がある。文政年間（1818～30）の創業といわれ、その技法を今日に伝えている。この傘は神社や寺院の儀式祭典用として使用されるもので、傘の骨の端が屈曲しており、全体に大きく、従者が僧侶などに傘をさしかけて歩くときに使うものである。今日では日除けや雨除けとして傘を庭園にたて、野点の茶会やガーデンパーティなどの催しにも利用されている。風情のある大傘の下、赤い毛氈をしいて、野点でいただく一服はまた格別である。

守口大根の収穫

長泉塚古墳 ⓫

〈M▶P.82,100〉丹羽郡扶桑町高雄中屋敷37　P
名鉄犬山線扶桑駅 🚶13分

隠れキリシタンの殉教地

　扶桑駅から東へ1km直進すると、高雄住宅の西端に標識がある。そこを左折すると、一角に小高い丘があり、これが古墳時代後期の円墳の長泉塚古墳（県史跡）である。東側には周濠の跡があり、墳丘に2～3mの段を2段にめぐらした古墳である。地方豪族を埋葬

扶桑から藤のまち江南へ

長泉塚古墳 　　　　　　　　　　　　　　　　　　　　　　　　　　薬師寺

した古墳と伝えられるが，被葬者は不明である。

　長泉塚の名は，寛文年間(1661〜73)長泉院九郎右衛門なる人物が当地に在住し，土地の人びとが長泉院に近寄るのをこばんだという伝承による。また，この古墳の周囲は近世の長泉院と称するキリスト教の教会堂の遺跡で，宣教師イルマンおよび隠れキリシタンの殉教地ともいわれている。扶桑町から大口町にかけては，1661(寛文元)年にはじまった，尾張藩のキリシタンの弾圧に関する悲話を伝える遺跡が多く残っている。

薬師寺 ⑫
0587-96-1096
〈M▶P.82,100〉 丹羽郡大口町上小口1-335 Ｐ
名鉄犬山線扶桑駅 🚶25分

珍しい銅造千体地蔵

　扶桑駅から東へ1km直進し，高雄住宅の東の端から1km南進すると，白山神社(祭神菊理姫 命ほか)がある。神社の北側を西へ50mほど進むと，薬師寺(臨済宗)がある。明治初年に，それまで白山神社の境内にあったものを現在地に移転し，寺号を現在名に改めたといわれる。本尊は薬師如来像で，小口城主織田広近が守り本尊として3体の薬師如来をまつったなかの1体と言い伝えられている。この寺には，ほかに鎌倉時代の作と推定されている高さ5cmの銅造聖徳太子立像(県文化)や，江戸期の作といわれ，銅製の遺存例はほかになく，非常に珍しく貴重なものといわれる銅造千体地蔵(県文化)がある。薬師寺から南西へ1km進むと小口城跡があり，公園となっている。

余野神社 ⑬
〈M▶P.82,100〉 丹羽郡大口町余野1-153 Ｐ
名鉄犬山線柏森駅 🚶10分

　柏森駅から東へ踏切をこえて700mいくと余野神社(祭神天照大

飲む・食べる

コラム

犬山の葱蕎酒

1597(慶長 2)年，朝鮮出兵に従軍した小島弥次左衛門は，捕虜の朝鮮人から焼酎にスイカズラを調合した葱蕎酒の製造法をさずかった。帰国後製造を開始，以後現在で14代目となる。江戸時代に犬山を訪れた沢庵和尚が「冬を忍ぶ　酒の名もよし　さむ経て　咲き出づ梅を　人になぞえて」と葱蕎酒にちなんだ歌を残している。

味はウイスキーに甘味を加えた感じで，つねに飲用すれば滋養によく，風邪の予防や胃腸の調子もよくなるという。飲み方は，夏には炭酸水などで割ったハイボール，冬にはお湯割りがよい。

江南の餡麩(麩饅頭)

江南では，創業江戸後期と伝えられる和菓子店で製造されている麩饅頭が，地域の銘菓として人気が高い。皮は麩で，なかは漉し餡，ユリ科の山帰来の葉でつつんである。辛党にも好まれる。

葱蕎酒の製造元

信仰篤き信長の家臣ゆかりの神社

神ほか)がある。創立年代は不明であるが，その沿革は残された多くの棟札の記録によって知ることができる。それらによると，1908(明治41)年に熊野社はじめ 3 社が神明社に合祀され，同年に愛宕社が八幡社に合祀されている。そして1917(大正 6)年には神明社と八幡社が合併され，現在の社名になった。神明社は棟札により，1597(慶長 2)年，八幡社は青銅製鰐口の銘により1596(文禄 5)年に，いずれも織田信長の家臣でこの地方の行政を行ったといわれる中嶋左兵衛尉によって再建されたことがわかっている。なお，この神社には陶製狛犬(県文化・非公開)がある。これは「寛永二(1625)年　山田加右衛門」の刻銘から，江戸時代初期のもので，全国的にも貴重なものとされている。拝殿内には鰐口と陶製狛犬の写真が掲げられている。

余野神社

扶桑から藤のまち江南へ　103

長松寺 ⑭
0587-95-2100

〈M▶P.82,107〉 丹羽郡大口町大屋敷3-196 P
名鉄犬山線江南駅🚶38分

地蔵様が汗かけば災難

長松寺

江南駅から東へ東市場を経て3km直進すると，五条川にでる。その上流左岸に新築の長松寺(曹洞宗)がある。本尊の薬師如来像は，1995(平成7)年の火災で焼失したが，鋳鉄地蔵菩薩立像(県文化)は焼失を免れた。高さ98cmの像で，室町時代初期の作と推定されている。衣文は胸前に唐草模様のつなぎを表現している点で珍しい。別名延命汗かき地蔵といわれ，災難などで悲しいことがおこったときは必ずこの地蔵が汗をだすといわれる。寺の書状によると，この地蔵像は昔，行者が中島郡奥田村(現，稲沢市)の草庵に宿をとったとき，夢の告げで沼から掘りだしたもので，この寺の開基伝東が諸国巡行の途中，1694(元禄7)年にこの地に移したとある。

長松寺の1.5km西方に八剣社(祭神日本武尊ほか)がある。この神社は堀尾一族の守護神といわれている。ここは堀尾金助と父茂助の出生地である。金助の母が最愛の息子を豊臣秀吉の小田原攻めの陣中で亡くし，その供養のため名古屋市熱田区の裁断橋をかけ替え，橋の擬宝珠に子を思う母の心情を刻文したことは有名である。近年，五条川の桜並木に沿って公園が設けられた。金助にちなむ建造物もつくられており，サクラの花見客で賑わう。

宮後八幡社 ⑮

〈M▶P.82,105〉 江南市宮後八幡裏1741-2
名鉄犬山線江南駅🚶30分

蜂須賀小六ゆかりの地

江南駅前ロータリーを右へ進むと，県道一宮犬山線(通称，中央道)につきあたる。ここを右折して約800m直進し，宮後交差点を右折すると，踏切のすぐ手前のところに宮後八幡社(祭神誉田別命・天照大神)がある。1587(天正15)年12月に建立され，1624(寛永元)

宮後八幡社本殿

年，阿波藩主蜂須賀家政により再建されたことがこの神社の棟札に記されている。宮後八幡社本殿(県文化)は，桃山時代の面影を残す江戸期の建築の1つである。

また，八幡社の北200mのところには宮後城跡があり，八幡社はこの城の出城としての機能をもち，宮後砦ともいわれていた。本殿の左右と後方にある丸石の野面積みの石垣が，戦国時代の面影をうかがわせる。

蜂須賀家政の父は，川並衆の長として木曽川周辺を押さえ，豊臣秀吉につかえた蜂須賀小六である。家政は幼少のころ，父小六とこの宮後の地に住んでいたといわれ，そのため宮後城は蜂須賀屋敷ともいわれる。東西60間・南北80間の敷地には，守護土岐氏配下の安井氏が長く居住したといわれる。この安井氏の娘が小六の母であるところから，ここに住むことになったのだろう。

そのほか，江南駅の東約1.5kmの今市場町には，獅子の面をかぶり，舞いや浄瑠璃芝居を演じる今市場の獅子芝居(県民俗)が保存会によって伝えられているが，現在定期公演は行われていない。

曼陀羅寺 ⑯
0587-55-1695

〈M▶P.82,105〉江南市前飛保町寺町202 P
名鉄犬山線江南駅🚌江南団地行曼陀羅寺前🚶1分

バス停から参道をとおりぬけたところが曼陀羅寺(西山浄土宗)である。ここでは毎年4月中旬から5月初旬にかけて12種類120本のフジの花が美しく咲き誇り，甘い香りがただようなか，有名な「藤まつり」で賑わう。

この寺は，後醍醐天皇

江南駅周辺の史跡

扶桑から藤のまち江南へ

曼陀羅寺正堂　　　　　　　　　　　　　曼陀羅寺伽藍(地蔵堂)

フジの香り漂う、後醍醐天皇勅願寺

曼陀羅寺所蔵のおもな文化財
[重要文化財] 絹本著色浄土五祖像(室町時代初期)，銅鐘(安土・桃山時代) [県文化財] 浄土変相当麻曼陀羅(鎌倉時代・25年ごと公開〈次回2006年予定〉)，京名所図絵屏風(世尊院・非公開・江戸時代)，木造釈迦如来像(慈光院・非公開・鎌倉時代)

の勅願寺として1324(正中元)年から5年かけて開創され，塔頭寺院の8寺(慈光院・世尊院など)が，曼陀羅寺正堂(国重文)を中心に並ぶ。現在の正堂は，阿波守蜂須賀家政が幼少のころ，塔頭の本誓院で学んだ縁によって，1632(寛永9)年に再建された建物で，南北朝期の紫宸殿を再現しており，この地方の代表的な浄土宗本堂である。

境内には，正堂の裏に曼陀羅寺書院(国重文)が，正堂の南には曼陀羅寺伽藍(地蔵堂)(県文化)がある。また，織田・豊臣・徳川氏からゆずられた古文書や寺宝が文化財に指定されており，藤まつりの

滝学園本館 　　　　　　　　　　　　　　滝学園講堂内の奉安庫

おりに一部が拝観できる。

　バス停から南西に1.4km直進し、東野(ひがしの)交差点を左折して300mのところに、1926(昭和元)年建設の滝学園本館と1933年建設の同学園講堂(いずれも国登録)がある。同学園のシンボルであるこの2つの建物には、今なお大正から昭和初期の文化が息づいている。本館は舟木一夫(ふなきかずお)主演の映画「高校3年生」(1963年制作)の撮影に使われた。また、講堂では2003(平成15)年に、御真影(ごしんえい)(天皇・皇后の肖像写真)や教育勅語がおさめられていた奉安庫がみつかっている。

お釜地蔵と生駒屋敷跡(かまじぞう いこまやしきあと) ⑰
0587-55-0447(常観寺)

〈M▶P.82,107〉 江南市小折町八竜114 P
名鉄犬山線布袋(ほてい)駅 🚶10分

県内最大の鋳鉄仏
信長・吉乃の青春の地

　布袋駅前を線路沿いに南下し、布袋小学校の南東の踏切を渡って、南東方向へ約300m直進すると常観寺(じょうかんじ)(曹洞宗)がある。地蔵堂には鋳鉄地蔵菩薩立像(ぼさつ)(県文化)が釜のうえに安置されており、「お釜地蔵」の名で知られている。像の制作年代は鎌倉中期とされ、高さ162cmと県内最大の鋳鉄仏の1つである。寺の創建年代は不明であるが、寺伝によると1558(永禄元)年の再興といわれ、南東約500mの位置にある久昌寺(きゅうしょうじ)(曹洞宗)の末寺であった。

　久昌寺は曹洞宗大本山総持寺(そうじじ)の末寺で、寺号は織田信長の側室吉乃(きつの)の法名久庵桂昌(きゅうあんけいしょう)に由来し、吉乃の実家である生駒氏の菩提寺である。実峰良秀(じっぽうりょうしゅう)が1384(至徳元)(しとく)年に開山(かいさん)したと諸伝にあり、この地域での曹洞宗進出の先駆をになった寺である。その後寺は荒廃したが、大和(やまと)の生駒より移住し、灰や油をあきなったり運送業を営ん

布袋駅周辺の史跡

扶桑から藤のまち江南へ　107

常観寺山門

だ生駒氏の初代家広によって再興された。2代豊政は開山派の僧を招いたという。生駒氏は織田信長と主従関係を結び、3代家宗の女である吉乃を信長が娶り、信忠・信雄そして徳川家康の子信康の室となる女子を生んだ。

ここ小折地域には、生駒氏一族の墓碑が散在しており、久昌寺の北側には生駒屋敷跡の碑と盛時を伝える屋敷の絵図が掲示されている。吉乃は1566(永禄9)年に没し、荼毘に付され同寺で冥福を祈ることとなった。隣接する田代町が吉乃荼毘地とされ、吉乃桜と荼毘碑がある。樹齢400年の彼岸桜は吉乃を供養するために植樹されたという。吉乃の血をうけつぐ信忠は本能寺の変で没したが、信雄は山形天童藩の祖となった。

布袋駅から西へ450mいくと、「おおぼとけさま」といわれている木造阿弥陀如来坐像(県文化)のある大仏殿がある。その途中の廣間家の門は生駒屋敷の中門を移築したものである。木造阿弥陀如来坐像は、もとは一宮市の真清田神社西神宮寺の本尊で、1711(宝永8)年に修復したとの檜札が残る。1830(文政13)年に同社楼門前西の劔正寺跡へ移転し、明治時代の神仏分離令により廃寺となり、この大仏殿に安置された。衣文の様式から平安時代末期の作とされる。大仏殿の北東約1kmに安良八王子社(祭神田心姫命ほか)がある。10月第3日曜日の祭礼に安良の棒の手(県民俗)が奉納される。

木造阿弥陀如来坐像(大仏殿)

3 小牧原台地を歩く

小牧山は小牧・長久手の戦いで有名な史跡で、熊野神社の五枚岩、清流亭のフジなどの天然記念物は一見の価値がある。

大山廃寺 ⑱ 〈M▶P.82〉 小牧市大山郷島411 P
名鉄小牧線小牧駅🚗20分、または中央自動車道小牧東ICより南西5km

大山寺の礎石 尾張地方の古代寺院

小牧東ICから桃花台ニュータウンをめざして車を走らせると、谷が開けたところが大山である。

県道の野口大山交差点から、集落を北に向かい児川に沿って250mほどのぼっていくと、児神社(祭神天照大神)へ向かう林道の道標がある。川を渡りしばらくのぼっていくと、児神社の駐車場にでる。この奥が大山廃寺跡(国史跡)である。いつ訪れても興味のつきない大山であるが、塔心礎などの遺構をみるならば、草の芽吹く直前がいちばんよい。

寺は出土した瓦などから、8世紀末には建立されていたと思われる。江戸時代の『大山寺縁起』によれば、延暦年間(782～806)最澄の開基といわれる。以後ながらく廃絶していたが、12世紀初めに、玄海上人により正福寺として再興され、「大山三千坊」として大きな勢力を誇った。ところが1152(仁平2)年、山門(比叡山延暦寺の異称)とのいさかいのなかで堂宇が焼失した。そのとき玄海上人のあとをついだ玄法上人と2人の稚児僧が仏像をまもろうとして焼死し、これがもとで近衛天皇は病床に臥したという。隣接す

小牧原駅周辺の史跡

大山廃寺塔心跡

る児神社は、天皇の病気平癒を願って建立されたと伝えている。

大山廃寺の17個の礎石が残る塔跡は、駐車場横の児神社本殿から少しのぼったところにある。また本殿の東側には同寺の鐘楼堂の礎石が残っており、本殿から中腹にある江岩寺へくだる山道の途中には、かつての同寺の堂跡と思われる礎石が散見される。1974(昭和49)年から1978年まで発掘調査が行われ、25カ所の建物跡の平坦面が確認された。

現在は開発で消滅したが、経塚も知られ、かつての大山廃寺の大きさがしのばれる。遺跡の調査が進んだのは、昭和40年代の開発ブームにより遺跡が破壊されはじめてからであったが、中学生の作文に刺激された地元中学校の教師らの努力が、発掘調査実施を促す力となった。

谷を隔てた南側の丘陵には桃花台ニュータウンがある。ここにはかつて須恵器・緑釉陶器が生産されていた尾北窯が分布している。大山廃寺の瓦には、この尾北窯で生産されたものもある。

大山の集落から3kmほど西方に池の内という集落がある。ここは名古屋コーチン発祥地として有名である。明治維新後、尾張藩の失業武士の海部壮平が名古屋から当地に移住して、養鶏業を営み、改良種の名古屋コーチン(当時は薄毛とよばれていた)をうみだし、評判となった。

高根遺跡 ⑲　〈M▶P.82,109〉小牧市高根1-331　P
名鉄小牧線小牧駅モノレール新交通システム桃花台新交通桃花台センター駅🚶20分

粘土の水簸施設都に運ばれた施釉陶器

桃花台センター駅前の道を南西に1.4kmほどいくと、右手に竹やぶがみえてくる。その竹やぶの一角に高根遺跡(県文化)がある。外見は釣堀をコンクリートで埋めたような感じであるが、これは保存の手段であり、ここで焼物用の粘土を水簸(粘土を水で漉して、細

高根遺跡

かい粘土粒をとる)したと考えられている。このような作業場の遺跡は全国的にも数が少ない。

　高根遺跡の北側の丘陵地帯に造成された桃花台ニュータウンの一帯は、かつての篠岡村であり、100基近くの古窯跡があった。また、谷をはさんだ春日井市下原の丘陵地帯にもたくさんの窯が築かれ、春日井から小牧・犬山にかけての丘陵地の古窯跡群は、尾北窯とよばれている。この地域では6世紀ごろから須恵器生産がはじまり、平安時代にはすでに緑釉陶器が生産されていた。

　小牧市歴史館には、尾北窯の1つ篠岡窯で生産されていた緑釉陶器が陳列されている。尾張の緑釉陶器は質が高く、尾張青瓷とよばれ、金器・銀器・青磁の代用品として都に貢納され、おもに官衙や寺院で用いられた。篠岡の地名は施釉陶器(釉薬をほどこした陶器の意味で、しのうつわもの)の生産にちなむ地名と考えられる。ほかにも上末・下末といった地名もあり、地名を参考に往時をしのぶことができる。

清流亭のフジ ⑳
0568-76-2248

〈M▶P.82,109〉 小牧市岩崎148　P
名鉄小牧線味岡駅 🚶 2分

　味岡駅から南側の道を西へ160mいくと、県道名古屋犬山線(旧木曽街道)との三叉路があり、その正面が清流亭で、すぐ南側が筋違橋である。この橋は新木津用水にかかり、用水路に面して清流亭のフジ(県天然)がある。花は4月末から5月上旬にかけて見ごろとなる。

　江戸時代、犬山からの物資の多くは、木曽街道と新木津用水を経由して各地に運ばれ

清流亭のフジ

小牧原台地を歩く

た。両者が出合う位置にある清流亭は、江戸時代より茶店として知られ、用水や街道を行き来する人びとで賑わった。幕末の犬山藩校敬道館の教授であった儒学者村瀬太乙も、たびたび訪れて詩賦を残している。小牧山(国史跡)山頂の小牧市歴史館には、水運で賑わう清流亭の様子を描いた錦絵が掲げてある。

　新木津用水は木津用水とともに木曽川から引き入れられた用水で、入鹿池を企画した入鹿六人衆とよばれる人たちによって、はじめに木津用水が提案された。小牧原台地を灌漑する用水として尾張藩が1648(慶安元)年に起工し、3年後に完成した。その後、下流部の水量不足のため、新木津用水が提案され、1664(寛文4)年に完成した。

　これらの用水も、その後の干魃や木曽川の河床の変化により、取水に難渋するようになり、1962(昭和37)年犬山城下に犬山頭首工が建設されて、そのほかの宮田用水なども取水が容易となった。

熊野神社の五枚岩 ㉑

<M ▶ P.82,109>　小牧市岩崎148　P
名鉄小牧線味岡駅 徒歩10分

　味岡駅北側を走る県道を西へ10分ほどいくと、岩崎山に着く。花崗岩で形成され、地質学的には中生代に属する。岩崎山には、熊野神社(祭神伊邪那美尊)舞台横の五枚岩(県天然)をはじめ、あちこちに花崗岩の露頭があり、八尋岩など地元の人びとによってユーモラスな名前がつけられている。この山の花崗岩は、名古屋城や建中寺を造営する際に切りだされたという。

　岩崎山の東山麓には呆洞寺(曹洞宗)と横穴式の岩屋古墳があり、南側の中腹には熊野神社と観音堂がある。観音堂は耳の疾患に効験があるとされ、底の抜けた柄杓を奉納することで知られている。また、十一面観音がまつられており、疝気(腹痛)封じに効用があるといわれている。

熊野神社の五枚岩

小牧・長久手の戦い

コラム

　本能寺の変後、織田家臣団のなかで頭角をあらわした豊臣秀吉に対し、織田信雄が徳川家康と結んだことから、小牧・長久手の戦いははじまる。1584(天正12)年3月初旬、織田信雄が戦端を開くと、13日大垣城主池田恒興は犬山城を急襲し、秀吉軍の橋頭堡とした。このとき家康は約1万5000の兵とともに清洲(須)城にはいった。16日秀吉方の森長可は羽黒に陣を構えたが、家康軍に攻められ敗走した。これが八幡林の戦いである。その後家康は小牧山一帯に防御陣をしいた。一方、森軍の敗走を聞いた秀吉は、3万余の兵を率いて犬山へ出陣し、一帯に砦を築いた。

　戦いは持久戦の様相を呈したので、池田恒興は打開策として岡崎を攻略することを進言し、しぶる秀吉を承知させた。4月6日未明、3万7000の兵は4軍に分けられ、第1隊池田恒興・第2隊森長可・第3隊堀秀政・第4隊三好秀次の指揮で東部丘陵地を岡崎に向かった。7日夕刻、篠木の百姓から秀吉軍の状況を聞いた家康は、夜陰にまぎれ小牧を出発し、その日のうちに小幡城(現、名古屋市守山区)にはいった。

　9日早朝、先頭の池田軍が岩崎城(現、日進市)攻略に手間どっている間に、後尾の軍勢は長久手付近で家康軍の猛攻をうけ、白山林の戦い、檜が根の戦いが繰り広げられた。昼には森長可・池田恒興ともに戦死し、三好秀次もやっとのことで離脱した。敗報を聞いた秀吉は、急遽竜泉寺に向かうが、家康はすでに小牧を引き揚げたあとであった。11月両軍は和解した。

小牧・長久手合戦関係図(長久手町教育委員会編『長久手の戦』より作成)

　熊野神社は切りたった崖のうえにあり、拝殿前の舞台からの眺めはよく、小牧・長久手の戦いの際に、豊臣方の砦がここに築かれた。ここから織田信雄・徳川家康連合軍が陣を構えた小牧山(国史跡)が一望できる。また山道は手ごろな散歩道として整備され、山頂からの眺望は格別で犬山城(国宝)や遠く御嶽山を垣間みることができる。

小牧原台地を歩く

小牧山 ㉒ 〈M▶P.82,109〉 小牧市堀の内1-1 P
名鉄小牧線小牧駅🚶20分

小牧山

小牧駅から西にそびえる山に向かって町並みをぬけ、合瀬（あいせ）川を渡ると、小牧山（国史跡）がある。小牧山が歴史に登場するのは、織田信長が1563（永禄6）年に清洲（須）城から移転したときからである。当時の町並みは山の南側に形成された。しかし信長が1567年に家臣ともども岐阜へ移転すると、衰退したという。

つぎに歴史に登場するのは1584（天正12）年、小牧・長久手の戦いのときである。小牧山には織田信雄・徳川家康の連合軍が本陣を構え、犬山城の豊臣秀吉と対峙した。小牧・犬山間には双方の砦跡や激戦地の羽黒八幡林（はぐろはちまんりん）などの史跡がある。1623（元和9）年、藩主徳川義直（よしなお）が名古屋と中山道を結ぶ本街道（木曽街道）を設置した際に、町を小牧山から東へ約1.3km移転させ、街道の宿場町とし、小牧代官所をおいた。これが現在の名鉄小牧駅周辺の市街地である。

小牧山の山頂（標高85.9m）には、天守閣を模した小牧市歴史館がある。展示室には尾北窯の遺物や、小牧・長久手の合戦ジオラマなどがあり、最上階の展望台からは、濃尾平野を見渡すことができる。

近年の発掘調査の結果、小牧山の東山麓からは信長時代の帯曲輪（おびぐるわ）（武家屋敷）跡・堀・井戸、そして家康が小牧・長久手の戦いのときに築いた土塁などが発見された。調査ののち、北東から南東側は公園として整備され、公園内には解説板が設けられ、当時をしのぶことができる。公園から山の北東にある駐車場へ至る搦手口（からめてぐち）では、家康によってつくられた土塁の断面がよく観察できる。

小牧山の駐車場から東南東800mほどのところに、ゴッホや横山大観（たいかん）など、国内外の巨匠の作品を集めたメナード美術館がある。

小牧・長久手の戦いの徳川家康方本陣

④ 庶民信仰の生きる岩倉・豊山界隈

犬山扇状地の扇端にあるこの地方は水が豊かで、弥生時代の遺跡や庶民の信仰を集めた寺院がある。

宇都宮神社古墳 ㉓ 〈M▶P.82,115〉 小牧市小木3-226
名鉄小牧線小牧駅🚋岩倉駅行小木🚶2分

　廃線となった名鉄岩倉支線の小木駅跡に位置するバス停小木で下車すると、南側に小高い森がみえる。そこをめざして100mほどいくと、宇都宮神社（祭神大名持命・天照大神）がある。この神社は尾張の守護代織田常昌が、夢の告げで下野国宇都宮の二荒山神社の神を1429（永享元）年にまつったことからはじまるという。本殿は、宇都宮神社古墳（県史跡）の墳丘の斜面を利用して建立されている。

宇都宮神社古墳

　宇都宮神社古墳は前方後方墳で、残存部の全長は59mである。本殿建設の際に出土したといわれる三角縁獣文帯三神三獣鏡（県文化）は、神社に保管されている。この鏡は、佐賀県谷口古墳や岐阜県長塚古墳出土の鏡と同じ鋳型でつくられたことが判明している。また拝殿脇には竪穴式石室に使用されたとみ

小牧駅から岩倉駅周辺の史跡

庶民信仰の生きる岩倉・豊山界隈　115

られる朱の痕跡のある割石もみられる。墳形や出土した鏡などから，古墳は4世紀に築造されたとみられている。

近くには，浄音寺古墳・甲屋敷古墳などもあり，小木古墳群を形成している。甲屋敷古墳からも三角縁神獣鏡が出土している。これらの被葬者は，五条川流域を支配していた豪族ではないかとみられている。

三角縁神獣鏡出土の古墳

正眼寺 ㉔
0568-77-2552
〈M▶P.82,115〉 小牧市三ツ渕29 P
名鉄犬山線岩倉駅🚌三ツ渕経由小牧駅行三ツ渕🚶15分

銅造誕生釈迦仏立像 尾張の禅寺の中心

バス停から三ツ渕交差点を北へ400mいき，名神高速道路をくぐったところに正眼寺参道の道標がある。神社の参道に沿ってまた400mほどいき，小川の手前を左折すると，そのまま正眼寺の門前にでる。本堂の前の枝垂れ桜も，春はみごとである。正眼寺(曹洞宗)はこの地方の領主青生直正が，1394(応永元)年下津郷(現，一宮市丹陽町)の古刹伝法寺を再興して，青生山正眼寺と名づけたところからはじまる。室町幕府3代将軍足利義満から寄進をうけるなどして栄えたが，1444(文安元)年放火によって堂宇ともども焼失してしまい，一時衰退を余儀なくされたが，織田信長の寄進で再興された。1649(慶安2)年，瀬戸赤津の雲興寺との間で本末の論争がおこったときに，藩主徳川義直の採決で正眼寺が利を得てから，名は全国に広まったという。1689(元禄2)年，下津は低地のため洪水をさけて現在の三ツ渕に移転し，尾張藩主の庇護をうけて隆盛を誇ったといわれており，今でも尾張の曹洞宗の寺院には，正眼寺を本山とする末寺がある。

寺宝の銅造誕生釈迦仏立像(国重文)は，寺伝によれば後小松天皇(1382〜1412)の下賜品とされる。像の高さは8.2cm，鍍金(金メッキ)が美しく，頭部・面部が全体に比べて大きく古調をおびている。衣文などが左右対称で，飛鳥仏であることが判明し，重要文化財となった。現在は奈良国立博物

正眼寺銅造誕生釈迦仏立像

116　犬山から瀬戸へ

平安前期の観音菩薩

賢林寺 ㉕
0568-77-0948
〈M▶P.82,115〉 小牧市藤島町居屋敷267 P
名鉄犬山線上小田井駅🚌藤島団地・小牧駅行藤島🚶5分

バス停から南の藤島交差点を西へ200mいき、突き当りを右折すると前方に賢林寺(天台宗)の本堂がみえる。寺伝では1206(建永元)年の開基という。境内には神明社などがまつられ、神仏習合の面影をとどめている。江戸時代に観音信仰や西国三十三所参りが流行すると、間々観音とともに賑わいをみせた。寺には木造十一面観音菩薩坐像(県文化・非公開)がある。翻波式一木造の彫法に、平安時代前期の特色をみることができる。この時期の十一面観音像は立像が主で、坐像は全国的にも例が少なく珍しいものである。

賢林寺

大地遺跡 ㉖
0587-38-6101
〈M▶P.82,115〉 岩倉市大地町野合51 P
名鉄犬山線岩倉駅🚶15分

⑥大地式土器本柱の竪穴住居

岩倉駅から線路に沿って南進し、県道萩原多気線の跨線橋のところで西におれ、800mいくと、県道名古屋江南線にでる。そこを南へ100m進み、大地町の交差点を西に200mいくと、岩倉史跡公園にでる。ここに弥生時代中期の大地遺跡(県史跡)がある。遺跡は木曽川が形成した犬山扇状地の扇端に位置し、この付近には弥生時代遺跡が多く点在している。

1947(昭和22)年、大地遺跡から壺型土器(県文化・名古屋市博物館蔵)が出土した。縄文土器のような文様をもちながら頸部以下は弥生土器の形態をしていたため、全国的に注目をあび、大地式土器の名称でよばれるようになった。1951年には発掘調査が行われ、隅丸長方形の竪穴住居が発見されて、床面から出土した土器片により、弥生時代中期の遺跡であることが判明した。また竪穴住居の柱は一

庶民信仰の生きる岩倉・豊山界隈

尾張地方の山車

　山車のおこりは，古くは大嘗祭の標山や，祇園御霊会の「山」からはじまったといわれる。夏には疫病や天災が多く，これらを招く祟り神を慰め，他界へ送る御霊鎮送のために山車祭りをしたことからはじまった。京都の祇園信仰とともに，応仁の乱(1467～77)以降地方に広まったといわれている。

　尾張地方の山車の発生は室町時代，津島の天王祭りの車楽と熱田の天王祭りの大山がもっとも古い形態のものといわれている。とくに津島では車楽船(巻藁船)が有名である。

　江戸時代になると尾張藩の東照宮祭が発展し，宝永年間(1704～11)には山車9台が完成した。その後，藩の奨励もあって，祭りは発展し，藩主徳川宗春のときには一大祭礼となった。そして山車は天保年間(1830～44)には14台となった。この祭りの影響は周辺の地域にも広まっていった。とくに付家老成瀬家は，支配地である犬山や半田での山車祭りを奨励したので，この地域では名古屋につぐ規模の祭礼もよおされるようになった。山車の形態は名古屋型・犬山型・知多型に大別できる。図に示すように，名古屋型は2層，一木四輪(一木を輪切りにした車輪)の外輪で，唐破風の屋根を4本柱でささえ，正面には前棚がついている。犬山型は3層，寄木四輪(車輪を寄木でつくり，縁を鋼鉄で締めつけた車輪)の外輪で唐破風の屋根を4本柱でささえ，2層・3層には高欄がついている。知多型は2層・一木四輪の内輪で，全体を素木の彫刻でかざり，後部に鳥毛をたて吹き流しがつけられているところに特色がある。唐破風の屋根を4本の丸柱でささえ，2層目を高欄で囲んでいる。

　当地方の山車の制作には名古屋

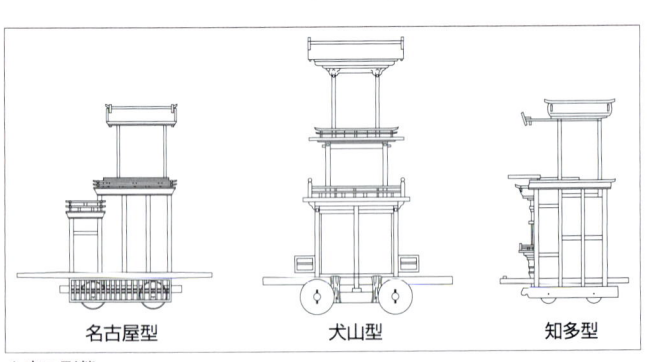

山車の形態

コラム 祭

の職人が関与している場合が多く、山車は名古屋の城下における、文化と産業をあわせもった代表的な産物であった。とりわけ山車のうえで演じられる「からくり人形」は、当時の職人の才知がうみだした精巧な器械であり、芸術品でもあった。その技術は、今日のロボット産業の発達に伴って見直されつつあり、名古屋のものづくりの伝統は、このようなところからはじまったものと思われる。

愛知県内各地の山車・からくりの保存会などでつくる愛知山車祭り保存協議会は、2005(平成17)年に愛知県で開催される愛知万博(愛・地球博)の会場に県内の山車100台を勢揃いさせる企画をとおして、県民の心意気を示そうとしている。

尾張地方のおもな山車祭り

祭礼名	所在地	祭 礼 日	山車の数	形態名
若宮祭り	名古屋市中区栄	5月15・16日	1台	名古屋型
天王祭り	名古屋市東区筒井町	6月第1土・日曜日	2台	名古屋型
犬山祭り	犬山市犬山	4月の第1土・日曜日	13台	犬山型
潮干祭り	半田市亀崎	5月3・4日	5台	知多型
半田市の地区の祭り	半田市内の各地区	3月下旬の土・日曜日～4月中旬の土・日曜日	26台	知多型
はんだ山車まつり	半田市全域	5年に1度の勢揃い、期日は不定	半田市全域で31台	知多型
常滑市の地区の祭り	常滑市内の各地区	4～5月	16台	知多型
秋葉祭り	小牧市小牧	8月20日前後の土・日曜日	4台	犬山型
祇園祭り	岩倉市上・中・下本町	8月第1日曜日の前日	3台	犬山型
西枇杷島祭	西春日井郡西枇杷島町	6月第1土・日曜日	5台	名古屋型
津島秋祭り	津島市神明町	10月第1土・日曜日	13台	津島型

大地式土器

般に4本であるが、この住居は6本の柱をもっており、内部が2つの部分に分かれているところに特徴がある。復元された竪穴住居は、2004(平成16)年に火災で焼失したが、2005年秋までには再建される予定である。また出土した土器などは、岩倉市図書館3階の郷土資料室で見学することができる。公園内にはほかに室町時代の農家の形式を残す鳥坂建て民家も移築されている。

また県道萩原多気線を東へ向かい、跨線橋をこえて400mほどいったところに、尾張統一の過程で織田信長に攻め滅ぼされた岩倉城跡がある。守護代織田氏は、1479(文明11)年以来清洲(須)の織田氏と岩倉の織田氏とが対立し、岩倉の守護代家は尾張上4郡をおさめていた。1559(永禄2)年、信長は織田信賢の岩倉城を攻め滅ぼし、尾張の支配権を確立した。それまで岩倉は清洲に匹敵する城下町であったという。

また岩倉市は名古屋コーチンの産地であり、市内には名古屋コーチンを使ったとりすきの店もある。

平田寺 ㉗
0568-21-0522(瑞雲寺)

〈M▶P.82,121〉 西春日井郡西春町九之坪字宮前6 P
名鉄犬山線西春駅 🚶10分

雨乞い伝説・高麗画の仏画

西春駅の東口を南へ500mほど進み、宮浦の信号をこえて100mほどで、十所社(祭神日本武尊ほか)の境内へでる。十所社南側の民家との間のせまい道を西へいくと、名鉄犬山線の線路沿いに平田寺(曹洞宗)がある。

寺伝では、開基は平田(現、名古屋市)城主平田和泉守で、1564(永禄7)年に天台宗の寺院として建立されたという。1604(慶長9)年、宗準和尚が瀬戸赤津の雲興寺よりはいり、曹洞宗に改宗したといわれている。

2代目快岩儀雲和尚には、雨乞い伝説がある。寛永年間(1624〜44)に日照りが続いたので、村人は高田寺(師勝町)の黒池竜神に願をかけることを思いたった。快岩和尚の祈禱によって、慈雨がもた

平田寺山門

らされたので、平田寺に池を掘って黒池竜神をまつったという。山門をはいってすぐの池の中島に祠がある。

寺宝には、高麗画の絹本著色釈迦三尊図並びに羅漢図(県文化)がある。これは豊臣秀吉からの下賜品といわれ、朝鮮渡来の伝承がある。朝鮮仏画としては出色のものである。そのほか円空仏もまつられている。

十所社の境内には二・二六事件で暗殺された陸軍教育総監渡辺錠太郎(小牧市出身)の揮毫になる忠魂碑がある。また、二・二六事件の軍法会議に関係した法務官小川関次郎は、海部郡美和町出身である。

全昌寺 ㉘
0568-23-2133

〈M▶P.82,121〉 西春日井郡師勝町井瀬木1086 P
名鉄犬山線西春駅 🚶20分

鋳鉄地蔵菩薩立像

西春駅東口のロータリーから道なりに東へ1.3kmほどいくと、井瀬木の集落に着く。集落のなかまで進むと、左手に全昌寺(曹洞宗)がある。寺の縁起には諸説あるが、『張州雑志』によれば、草創は1545(天文14)年という。開基は正眼寺(現、小牧市)21世蘆州が、1691(元禄4)年に正眼寺より移ったとされ、現在も正眼寺の末寺で

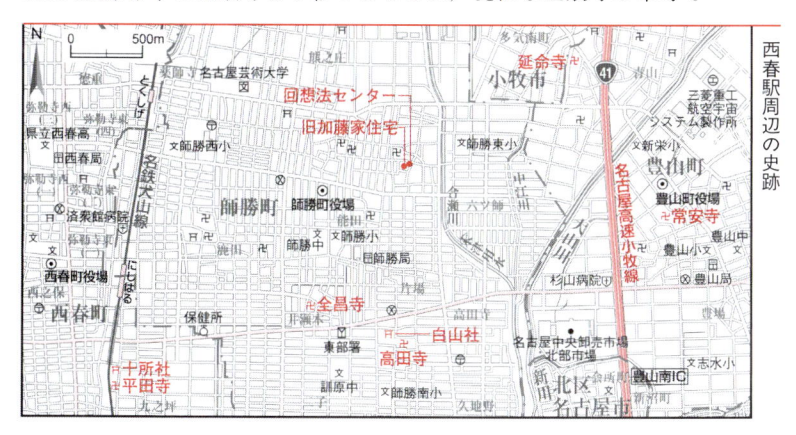

西春駅周辺の史跡

庶民信仰の生きる岩倉・豊山界隈

全昌寺鋳鉄地蔵菩薩立像

ある。厨子の中央にある本尊は木造無量寿如来坐像である。

本尊の左に鋳鉄地蔵菩薩立像(県文化)がある。像高64.3cm・肩幅9.9cmで、右肩がややさがっている。制作の時期は南北朝とみられるが、頭と両手は青銅製で、後世の補作と考えられる。この鉄地蔵は銅の厚みや衣文などが常観寺(現、江南市)のお釜地蔵に似ている。全昌寺の鋳鉄地蔵は、伝承によると江戸時代末期から明治初年のころ、近くの畑から掘りだされ、本堂脇に安置されていたという。鋳鉄地蔵は関東地方と尾張に多くみられる独特の地蔵で、江南市をはじめ、稲沢市・津島市・海部郡美和町などに合計10体ほど存在している。

この井瀬木付近一帯には律令制下の条里制の遺構がみられる。地割りも比較的よく残っていることで知られ、「坪」「反」などの地名が残っている。また近辺の熊之庄は万里小路家の荘園と考えられている。

全昌寺より北東の六ツ師には旧加藤家住宅(国登録)がある。建物は明治初期から昭和にかけてたてられたもので、主屋・長屋門・離れ・土蔵・中門・北高塀の6棟からなり、この地域の明治期の地主層の典型的な住宅の形式をよく残しており、文化的・歴史的価値は高い。伝統的形態の住宅がしだいに消滅していくなかで、現存する例はきわめて少なく貴重なものとなっている。

旧加藤家住宅

師勝町では2002

(平成14)年度から旧加藤家住宅の文化財を活用して回想法センターを隣接して設置した。この施設には昔懐かしい生活用具や玩具を、師勝町歴史民俗資料館より一部を移して常設し、老人の要介護予防などのために役立てている。センターでは、かつて経験したことを語りあうことでいきいきとした自分を取り戻そうとする心理療法としての回想法を実施し、成果をあげている。また子どもたちも集える世代交流の場としての役割もはたし、すこやかで活力ある地域づくりを推進する施設でもある。

高田寺 ㉙
0568-21-0887

〈M▶P.82,121〉 西春日井郡師勝町高田寺383 P
名鉄犬山線上小田井駅🚌藤島団地・小牧駅行高田寺🚶3分

薬師如来と高田流眼科
小野道風奉納の扁額

バス停から南へ60mほどいくと、高田寺の案内標石がある。そこから西へ折れて350m進み、突き当りを北へ100mほどいくと、高田寺(天台宗)の本堂がみえてくる。創建時期は不明であるが、寺伝によると壬申の乱で功績をあげた高田首新家の菩提をとむらうため、子の首名が720(養老4)年に創建し、開山は行基という。

高田寺の薬師如来は、古来より病気平癒に霊験があったようで、寺には小野道風が眼病平癒と書道の上達を祈って奉納したと伝える扁額が残されている。また江戸時代には、眼科の日本三大流派の1つ高田流として、広く知られていた。さらに円空が当寺で金剛胎蔵両部の密法をさずけられたといわれており、円空仏も残されている。

本堂(国重文)は、正面5間・側面5間、入母屋造・檜皮葺きの建物である。建造年代は、鎌倉末期から室町初期と推定されている。現在の本堂は、1995(平成7)年の台風で被害をうけ、1999〜2001年にかけて修理され、もとの檜皮葺きに改修された。本堂内の厨子(国重文)は、正面1間・側面1間・入母屋造・柿葺きで、古風な手法でつくられている。時期は本堂と同時期と考えられている。本堂の護摩札(国重文)や修理の際の木片などから、江戸時代に2度修理されていることがわかっている。本尊は木造薬師如来坐像(国重文・非公開)である。鎌倉期のものとも、8,9世紀のものともいわれている。また木造大黒天立像(県文化)には、「嘉吉四(1444)年二月九日」の銘がある。じつはこの4日前の2月5日に「文安」に

高田寺本堂　　　　　　　　　　　　　　　　　　　　　　白山社本殿

改元されており，中世の情報伝達の速度がうかがえる資料である。

本殿の西側に白山社(祭神伊弉諾尊ほか)があり，かつての神仏習合の名残りを示している。社家町田家に伝わる記録によれば，創建は723(養老7)年とある。現存の本殿(県文化)は1545(天文14)年に建立され，三間社流造・柿葺きで室町期の建築様式をよく伝えている。

延命寺 ㉚
0568-28-0219

〈M▶P.82,121〉西春日井郡豊山町青山　P

名鉄犬山線上小田井駅🚌藤島団地・小牧駅行　女夫越🚶25分，
または東名阪自動車道・名古屋高速　楠ICより🚗3km

平安時代の木造地蔵

バス停から南にいき，六多橋を東へ，頭上を都市高速道路が走る国道41号線まで1.5kmほどいき，国道を北進し，青山交差点を北西におれて150mほどいくと，延命寺(曹洞宗)がある。車の場合はICをおり，41号線を北進し，青山交差点を北西におれてすぐのところである。

延命寺は，1549(天文18)年ごろは延命庵と称していた。寺伝では開基は1576(天正4)年と伝えている。また幕末の1848(嘉永元)年に雲生洞門老師が，金沢(石川県)の名刹天徳院から移り，嗣弟大薩祖梁老師

延命寺地蔵菩薩立像

延命寺本堂

により本堂・庫裏などが建立されて開山された。本尊は木造地蔵菩薩立像(県文化)で、ヒノキの一木造、高さ87cmで、水晶の白毫がはいり、右手に錫杖、左手に宝珠をもっている。現在は右手首が朽ちている。顔の表情は柔和なみごとな作品である。木彫地蔵像としては県内に類のない貴重なものである。

常安寺 ㉛
0568-28-0103

〈M▶P.82,121〉 西春日井郡豊山町豊場木戸76 P
名鉄犬山線西春駅🚌名古屋空港行西豊場🚶10分

親孝行の富之助が再建

バス停から東に向かい、高前の信号から北へ300mいくと八所神社(祭神宇麻志麻治命)に着く。その西側を北へ進むと、常安寺(曹洞宗)にでる。本尊は釈迦牟尼如来である。

寺伝によると、守護代織田家につかえた溝口富之助は尾張に勢力をもった。もともと西溝口(現、稲沢市)に本城はあったが、信長の信頼が厚く、豊場村も領有した。豊場村に赴いたとき、ひどく荒廃した常安寺が目にとまり、富之助は常安寺に財を寄進し、再興して肥後国の如来寺より、三国伝来(インドから中国を経て伝わった)の寝釈迦如来を迎えて安置したという。そして両親の菩提をとむらうため、常安寺を菩提寺と定めた。この寺には父母の位牌はあるが、富之助の位牌はない。

寺には鎌倉時代の鋳造誕生仏立像(県文化・非公開)がある。像高は13.5cmで、天上天下唯我独尊の態をなし、光沢ある漆黒色を呈している。

常安寺本堂

庶民信仰の生きる岩倉・豊山界隈　125

⑤ 庄内川をさかのぼり春日井へ

庄内川流域は，県内最大級の白鳥塚古墳をはじめ多くの古墳が分布している。また小野道風にちなむ史跡も多い。

春日井市道風記念館 ㉜
0568-82-6110

〈M▶P.82,126〉 春日井市松河戸町946-2 ⓅJR中央本線・名鉄瀬戸線・地下鉄名城線大曽根駅🚌ゆとりーとライン中志段味・高蔵寺・瀬戸みずの坂行川村🚶10分

"書のまち"の記念館 小野道風生誕地

バス停東の松川橋南交差点を左折し，庄内川にかかる橋を渡ると松河戸交差点にでる。左折して100mほどいくと，右手に道風公園があり，その西側の小さな社（小野社）に「小野道風公誕生地」ときざまれた石碑がたっている。ここが小野道風誕生伝説地（県史跡）である。道風は平安中期随一の書家で，三蹟の1人として名高い。

道風のエピソードとしてよく知られているヤナギにとびつくカエルの石像や，道風頌徳碑などがある道風公園の北側に隣接して，春日井市道風記念館がある。入口にたつ道風像の足元のカエルがなんともほほえましい。

道風記念館には平安・鎌倉時代の古筆から，近・現代書家の作品まで約2200点が収蔵されている。なかでも「麗花集断簡（八幡切）」（県文化）や「紺紙金字法華経断簡」などは道風筆と伝えられる貴重な書である。また，道風以外にも歌集『千載和歌集』の編者として有名な藤原俊成の書なども数多く収蔵されている。なお，道風記

小野道風誕生伝説地の碑

道風記念館周辺の史跡

犬山から瀬戸へ

小野道風

コラム 人

　「蛙から　ひょいと悟って　書き習い」と江戸時代の川柳にうたわれているように，小野道風(894〜966)とカエルは切っても切れない関係にある。書の名人とされる道風でさえ，思うように上達せず悩んでいた時期があった。そのようなとき，ヤナギの枝にとびつこうと何度も挑戦し，ついにしとげたカエルの姿をみて発奮し，精進したというのである。その結果，道風は27歳で能書家として昇殿を許された。このエピソードは，江戸時代中期の学者である三浦梅園(1723〜89)の『梅園叢書』に紹介されている。

　最初の遣隋使小野妹子で有名な小野氏は，学者・書家の家柄で，道風の祖父小野篁は文人，従兄弟の美材は書家として名をなしている。藤原佐理(944〜998)や藤原行成(972〜1027)とともに，道風が三蹟に数えられるようになった背景には，こうした恵まれた環境もあった。

　わが国の書の歴史のなかで，道風は重要な役割をはたしている。平安時代前期は三筆とよばれた空海・嵯峨天皇・橘逸勢らが活躍したが，彼らに大きな影響をあたえたのは王羲之に代表される中国風の書であった。道風は同じように王羲之の影響をうけながら，それをもとに優美な日本風(和様)の書の確立をめざしたのである。道風が生まれた年は，遣唐使廃止の年で，このころから文化の国風化が進み，かな文字の発明や和歌の隆盛など，日本独自の文化が栄えた。道風の業績もこうした流れのなかに位置づけることができる。

　道風は空海に相当なライバル意識をもっていたようである。両者の書体の違いもあるが，空海の書を批判したといわれ，それゆえ道風が晩年手がふるえるようになると，人びとはたたりがあったと噂したと伝えられている。しかし一方で，すでに平安時代に，道風は「空海の生まれかわり」ともいわれており，日本の書を代表する2人の人物を，さまざまな形で結びつけていた。

小野道風像

念館の東隣にある観音寺(曹洞宗)にも，道風の肖像画や道風筆と伝えられる断簡など，道風関係の貴重な文化財が伝えられている。

　春日井市では小野道風にちなんで，市をあげて，「書のまち春日井」として書道の振興に力をいれている。

竜泉寺 ㉝
052-794-3647

〈M▶P.82,126〉名古屋市守山区竜泉寺1-902 **P**
JR中央本線・名鉄瀬戸線・地下鉄名城線大曽根駅🚌ゆとりーとライン中志段味・高蔵寺・瀬戸みずの坂行竜泉寺口🚶3分

仁王門は国重文　尾張四観音の1つ

バス停のすぐ西，参道の坂道をのぼると竜泉寺仁王門(国重文)が目にはいる。仁王門をくぐると正面が本堂，左手に多宝塔がある。本堂の奥に庭園があり，そこからの，庄内川から春日井にかけての眺望はすばらしい。

竜泉寺(天台宗)は尾張四観音の1つで，寺伝によれば，最澄が熱田神宮参籠中に竜神の告げをうけ，この地に赴き，多々羅池よりあらわれた馬頭観音像を本尊として寺を建立したとされる。これが松洞山竜泉寺の名の由来であるといわれている。また，空海も熱田神宮参籠中に熱田の8剣のうち，3剣をこの地の地中におさめており，熱田神宮の奥の院といわれてきた。したがって，ここはこの2人によって開かれたともいわれている。

寺は，小牧・長久手の戦いでここに陣を構えた豊臣秀吉により，退陣の際に焼き払われてしまったが，1598(慶長3)年に密蔵院(現，春日井市)の秀純によって再興された。

三間一戸楼門入母屋造の仁王門は，天井裏から発見された板札に「慶長十二(1607)年」の日付けがあり，その様式からもこのころのものと思われる。本堂は1906(明治39)年にも焼失したが，焼跡から掘りだされた小判を資金の一部として1911年に再建された。また，多宝塔は明治時代に大規模な修理が行われている。本堂の裏手には宝物館があり，木造地蔵菩薩立像(国重文)や円空一刀彫の馬頭観音像などが展示されている。この地蔵菩薩立像は，高さ70cm，右手に錫杖，左手に宝珠をもち，彩色がほどこされ，竜泉寺末寺の白山寺の本尊であったものである。

竜泉寺

密蔵院 ㉞

0568-83-2610

〈M▶P.82,129〉 春日井市熊野町3133 P

JR中央本線・名鉄瀬戸線・地下鉄名城線大曽根駅🚌ゆとりーとライン中志段味・高蔵寺・瀬戸みずの坂行上島🚶12分、またはJR中央本線春日井駅🚌10分

尾張天台宗の中心寺院 文化財の宝庫

　バス停から東のほうへ最初の信号を左折し、庄内川にかかる吉根橋を渡ると、まもなく右手に多宝塔がみえてくる。橋の右側の歩道の途中にある階段をおり、100mほどいって路地を右折すると密蔵院(天台宗)である。正式には医王山薬師寺密蔵院という。

　平安時代までの尾張天台宗の中心は、大山寺(小牧市)であったが、12世紀中ごろに戦火で焼失し衰えた。その後、天台宗復興の役割をになったのが密蔵院で、1328(嘉暦3)年に慈妙上人によって創建された。上人は栄西(臨済宗の祖、1141～1215)のはじめた葉上流(篠木流)の伝法灌頂を伝えている。伝法灌頂とは、密教で阿闍梨(高僧)の位をあたえるもっとも重要な儀式のことである。

　このように密蔵院は僧の修行、位を授受する場として栄え、盛時には末寺が全国11カ国で700以上、塔頭が36、修行僧が3000人をこえたと伝えられている。しかし1571(元亀2)年に織田信長が比叡山延暦寺を焼討ちしたことは、密蔵院にとっても大きな打撃となり、寺は衰退した。

　江戸時代になると寺の再興が進み、『尾

密蔵院多宝塔

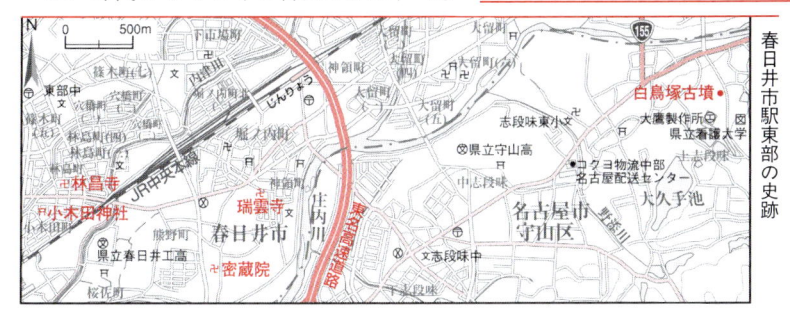

春日井市駅東部の史跡

庄内川をさかのぼり春日井へ

張名所図会』に描かれた伽藍が現在もほぼ残されているが，盛時の伽藍はより大規模で，寺域も広大であった。

室町時代の面影を残すのが，2002(平成14)年に改修された多宝塔(国重文)で，正面の扉に桟唐戸(縦横に桟のはいった扉)が用いられるなど，禅宗様式が取り入れられている点に特徴がある。屋根の軒反りや勾配がやや急なところが，滋賀県大津市の石山寺多宝塔(国宝)に似ており，凛としたたたずまいに存在感がある。そのほか，本尊の木造薬師如来立像(国重文・非公開)，絹本著色兜率天曼荼羅・絹本著色天台大師像・絹本著色千手観音菩薩像・木造十一面観音菩薩立像・銅製仁王像・礼盤(いずれも県文化)など貴重な文化財が多く残されている。

瑞雲寺 ㉟
0568-81-2310

〈M▶P.82,129〉春日井市神領町1223　P
JR中央本線神領駅🚶13分，またはJR中央本線春日井駅🚌かすがいシティ高蔵寺行堀ノ内町🚶3分

戦国大名ゆかりの名刹

バスを利用すれば寺の近くまでいけるが，本数が少ないので電車を利用するのが便利である。神領駅の改札をでて，南へ500mほどの神領町南交差点を右折すると，まもなく前方にこんもりした森がみえてくる。春日井市唯一の前方後方墳高御堂古墳(全長63m)である。途中300mほどのところを左折すると，正面右手に龍光山瑞雲寺(臨済宗)がみえる。

創建年代ははっきりしないが，寺伝によれば，1438(永享10)年に雲叔禅師によって開かれた妙心寺派の寺院で，織田信秀(信長の父)が寺領を寄進したほか，犬山城主の池田信輝が菩提寺にしたと伝える。1584(天正12)年の小牧・長久手の戦いで伽藍は焼失し，その後も火災にあっているが，幸い多くの寺宝が残されている。なかでも紙本墨画縄衣文殊画像と絹本著色呂洞賓の図(ともに県文化・非公開)は，いずれも中国明代の貴重な作品である。

瑞雲寺

林昌寺 ㊱　〈M▶P.82,129〉　春日井市 林島町105　P
0568-81-7640　　JR中央本線春日井駅🚶12分

名鐘をめぐるエピソード　安産祈願で有名

　春日井駅前の中央通を北へ200mほどいくと地蔵川にでる。ここで右におれ，川に沿って600mほどの茶賀橋で右折し，林島町交差点をすぎると，左手に林昌寺の標識がある。そこを左折すれば正面が薬師山林昌寺（臨済宗）である。創建年代ははっきりしないが，1649（慶安2）年に荊洲和尚によって中興されたと伝えられている。

　鐘楼門の2階には「熱田宮神宮寺延徳元(1489)年」の銘のある梵鐘（県文化）がある。寸胴で撞座の位置が低い点などに室町時代の様式がみられる。音色がたいへん美しいことで知られていたこの鐘は，天正年間(1573～92)に清洲（須）で，織田信雄が父信長の大法会を営んだとき，むりやり熱田宮神宮寺から没収して使ったという名鐘である。

　梵鐘は以後，清洲の総見寺（清須越に伴い名古屋に移転）におかれていたが，その後民間の手を経て林昌寺に安置されるに至った。なお，鐘楼2階への入口は施錠されているが，住職に依頼すれば拝観することができる。

　本尊は十一面観世音菩薩であるが，薬師堂にある懐胎薬師如来が有名で，安産祈願に訪れる多くの参詣者がある。しかし50年に一度公開される秘仏で，前回の御開帳は1970（昭和45）年であった。

　林昌寺の南西400mには，719（養老3）年創建と伝えられる小木田神社（祭神大己貴命ほか5柱）がある。祭礼には棒の手が奉納される。これが小木田の棒の手（県民俗）で，流派を源氏天流といい，源義家を流祖としている。この流派は戦国時代の実践的な古武道の型をそのまま伝えていることから，みるものに豪快な印象をあたえる。

林昌寺の梵鐘

白鳥塚古墳

白鳥塚古墳 ㊲

名古屋市内最古級の大規模前方後円墳

〈M▶P.82,129〉名古屋市守山区上志段味東谷2107 P
JR中央本線高蔵寺駅🚌ゆとりーとライン大曽根行東谷橋🚶4分

　バス停東の東谷橋の交差点を右におれ、東谷山フルーツパークに向かって200mほど坂道をのぼると、右手にこんもりとした林がみえる。これが白鳥塚古墳(国史跡)である。案内表示がないのでとおりすぎてしまいそうになるが、よくみると道路から少しはいった林のなかに白鳥塚古墳の石柱がたっている。

　この古墳は、東谷山西麓に分布する古墳群の１つで、全長約100mの前方後円墳である。４世紀のもので、後円部が白色石英の葺石で全面をおおわれ、その美観が白鳥に似ていたところから白鳥塚古墳とよばれている。

　白鳥塚古墳から東、庄内川に沿って100mほどのところに白鳥１号墳がある。直径わずか17mほどの小さな円墳である。1961(昭和36)年の石室内部調査の際、須恵器・土師器・馬具・刀子などが出土した。これらの出土品から、６世紀後半につくられたものと考えられている。

　また、白鳥塚古墳の東約100m、東谷山の山頂に尾張戸神社(祭神建稲種命ほか４柱)がある。東谷山山頂に至るルートはいくつかあるが、東谷山フルーツパークからは約800mの道のりで山頂に着く。この神社は『延喜式』にもその名が登場する古社で、昔から疫病除けの神として知られている。山頂には展望台もあり、名古屋市から春日井市にかけての一帯を一望することができる。

　神社の右手奥に東谷第３号墳がある。この古墳は、かつては東谷山西側の段丘上にあったが、宅地化の波をうけ、1963(昭和38)年にこの地に移された。かつては石室の上半が露出し、大きな天井石がテーブルのようにみえたことから、テーブルストーンといわれていた。遺物から、６世紀前半につくられたものと考えられる。

内々神社

内々神社 ㊳
0568-88-0553
〈M▶P.82〉春日井市内津町24
P
JR中央本線高蔵寺駅🚌内々神社行終点🚶2分

夢窓疎石作の回遊式庭園

 バス停から峠に向かってゆるやかに右へカーブすると、左手に内々神社がみえる。内津峠をこえるこの道は、江戸時代には下街道(善光寺街道)とよばれ、名古屋と中山道を結ぶ往還として賑わった。

 その後国道19号線となったが、現在はバイパスができたため車の通行量はめっきり減り、神社の周囲はおちつきを取り戻している。

 祭神は建稲種命(尾張氏の祖)・日本武尊・宮簀姫尊(建稲種命の妹で日本武尊の妃)で、古代における大和政権と尾張氏との結びつきを推測させる。創建は景行天皇の時代と伝えられ、社名は日本武尊の伝承に由来する式内社である。中世にはこの地域(篠木荘33カ村)の総鎮守として人びとの信仰を集めたが、1575(天正3)年に焼失した。その後豊臣秀吉が朝鮮出兵のおりに戦勝祈願するとともに、神社の大杉7本を帆柱にしたことをきっかけに再建されたと伝えられている。

 現在の社殿(県文化)は、建築・彫刻の名工で諏訪大社の造営でも名高い立川和四郎によって、文化年間(1804～18)に完成したもので、権現造である。社殿をかざる彫刻もすばらしく、とくに拝殿向拝の竜の彫刻は精緻なうえに力強さも感じさせる。また自然木を利用した狛犬もおかれている。社殿の背後には、池を配した回遊式の庭園(県名勝)がある。臨済宗の名僧夢窓疎石(足利尊氏の師、1275～1351)作と伝えられ、自然の岩を巧みに配した名園として古くから知られていた。紅葉のシーズンはとりわけ美しく、今も多くの人びとが訪れる。

 江戸時代、宿場町であった内津は俳句が盛んな土地柄で、庭園右手をあがったところに、「すみれ塚」とよばれる松尾芭蕉にちなんだ句碑がある。

庄内川をさかのぼり春日井へ

味美古墳群 ㊴

〈M ▶ P.82,126〉 春日井市二子町2-11ほか P
名鉄小牧線味鋺駅 🚶 7分

県内有数の大規模古墳わきあがる古代ロマン

味鋺駅から線路に沿って北へ500mほどいくと、二子山公園がある。ここに二子山古墳(国史跡)、白山神社古墳・御旅所古墳(ともに県史跡)の3基の古墳がある。二子山公園の北西300mほどにある春日山古墳も含めて味美古墳群とよばれ、かつては10基以上の古墳があった。古墳群は庄内川と八田川が合流する地点に形成された氾濫原をのぞむ河岸段丘の末端部に位置している。

このうち全長94mの二子山古墳は、6世紀初めに築造された前方後円墳で、県内有数の規模を誇る。1992(平成4)年の発掘調査で、現在の堀(周濠)の外側にもう1つ堀のあったことが確認された。これは古墳の周囲をめぐらせていないので、二重周濠とは異なる独特なものである。しかし現在のところ、外側の堀の役割はよくわかっていない。

こうした大規模な古墳が形成された背景として、二子山古墳の被葬者と大和政権との強い結びつきを指摘する学説がある。その根拠として、6世紀初頭の継体天皇即位に尾張氏が大きな役割をはたしたこと、二子山古墳が、継体天皇陵と考えられる今城塚古墳(全長190m、大阪府高槻市)と2分の1の相似形をなしていることなどがあげられている。

一般に古墳から出土する埴輪は赤褐色の土師質のものが多いが、二子山古墳には灰色で硬質の須恵質埴輪が多い。これらの埴輪は、古墳群の北東約8kmの下原古窯跡群で焼かれたことが確認されており、生地川・八田川の水運を利用して古墳まで運ばれたと考えられている。これにちなんで毎年10月下旬に「ハニワまつり」が開催され、春日井市民が制作した埴輪が、川沿い

二子山古墳出土の須恵器

林昌院聖宝像

の「ふれあい緑道」と二子山公園で展示される。また公園内のハニワの館には、出土品の展示コーナーやビデオ施設がある。

林昌院 ⓜ　〈M▶P.82,135〉春日井市田楽町1716　P
0568-84-6238
JR中央本線勝川駅・名鉄小牧線小牧駅🚌春日井市民病院行田楽🚶8分

バス停さきの上田楽町交差点を左折して400mほどいくと、左手に小さな公園がある。ここで斜め左におれて200mほどいった右手が秋葉山林昌院(真言宗)である。

1552(天文21)年、大峯山で修験道をおさめた慧明法印が、この地で不動明王をまつったのがこの寺の始まりと伝えられている。修験道当山派醍醐寺三宝院の末寺で、尾張地方の真言密教修験道の中心道場であった。桶狭間の戦いのとき、織田信長に戦勝祈願を命ぜられた慧明が祈禱を行うと、にわかに雷鳴がとどろき織田軍が大勝利をおさめたといわれ、勝ちを大いに定めたという意味で大定寺という寺号を信長からあたえられた。

江戸時代にも歴代の尾張藩主から厚く保護され、1663(寛文3)年、2代藩主徳川光友のときに、秋葉三尺坊大権現を拝領し本尊とした。また藩から大関勧進相撲株(寺院の建立・修築などを目的的に相撲を興行する権利)が認められた。これにちなんで現在も、子供奉納相撲が行われている。

宝物には絹本著色聖宝像(国重文)がある。これは京都醍醐寺の開山である聖宝の肖像画で、1418(応永25)年に模写されたと考えられている。とくに描線や彩色にすぐれており、聖宝の遺徳がしのばれる作品である。

林昌院から東400mほどのところに伊多波刀神社(祭神高皇産霊命ほか7柱)がある。景行天皇の時代に創建された

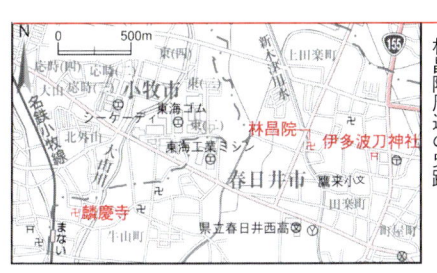

織田信長ゆかりの寺院 聖宝像は国重文

林昌院周辺の史跡

庄内川をさかのぼり春日井へ　135

と伝えられる式内社で，味岡荘17カ村の総鎮守として人びとの信仰の対象となってきた。社名は，板にハトを描いて神社に奉納したことに由来するといわれている。武士の信仰も篤かったことにちなんで，祭礼には昭和の初めまで流鏑馬が奉納されていたが，現在は騎馬武者2騎が練り歩く。

麟慶寺 ㊶
0568-31-4451

〈M▶P.82,135〉春日井市牛山町322 P
名鉄小牧線間内駅 ⧖ 3分

御嶽信仰とつながり
大日如来坐像は県文化

間内駅から線路に沿って路地を北へいくと，踏切で東西に走る道路と交差する。これを右折すると東100mほどの左手に石標がある。この奥が麟慶寺(臨済宗)である。1726(享保11)年に現在の寺名となったが，以前は慶林庵と称していた。正雲和尚により開かれたが，創建の年代については詳しくはわかっていない。本尊の木造大日如来坐像(県文化)は寄木造で，鎌倉時代末期につくられたものである。寺伝によれば，寺の南300mほどにある大日塚から掘りだされた仏像と伝えられている。大日如来は真言密教の本尊で，もとは彩色がほどこされていたが，現在は剥落しており，台座裏には「味岡庄片山三大寺」の銘がある。この三大寺は近くにあった廃寺らしい。

麟慶寺は御嶽(御岳山)信仰を広めた覚明(1718～86)の菩提寺で，覚明霊神慰霊碑がある。寺から東200mほどにある天神社の辺りが覚明の誕生地といわれ，覚明霊神顕彰碑がある。

麟慶寺本堂(右)と大日如来坐像

⑥ 瀬戸物のまち

瀬戸市は陶磁器に関する民俗資料や文化財が豊富で，焼物づくりの体験ができる資料館もある。

瀬戸蔵 ㊷
0561-97-1555

〈M▶P.83,137〉 瀬戸市蔵所町1　P
名鉄瀬戸線尾張瀬戸駅 🚶 5分

20世紀の瀬戸を再現 窯業民俗の展示が充実

　尾張瀬戸駅から東50mほどの交差点を右折して瀬戸川を渡ると，左手にみえるのが，2005(平成17)年3月にオープンした瀬戸蔵である。ここの2階と3階に瀬戸蔵ミュージアム(産業歴史展示室)がある。2階では，焼物工場や瀬戸物屋などがジオラマ復元されており，活気ある20世紀の瀬戸の様子が再現されている。3階では，長い歴史をもつ瀬戸焼の変遷が全長30mにおよぶ大パノラマ展示で紹介されており，このミュージアムを訪れれば，瀬戸焼の歴史・技術・製品のすべてを知ることができる。

　とくに見どころは，約4000点にもおよぶ瀬戸の陶磁器の生産用具及び製品(国民俗)などの貴重な窯業民俗文化財であるが，ほかにも第二次世界大戦中に製造された陶貨(陶製貨幣)や陶製ナイフ・フォークなどが展示されており，たいへん興味深い。

　展示品は瀬戸市歴史民俗資料館から移転したものが中心だが，瀬戸蔵建設を機にあらたに収集された資料も多く，より充実した内容となっている。なお，歴史民俗資料館は窯業関

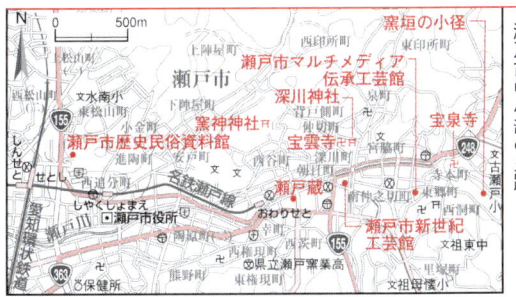

瀬戸中心部の史跡

瀬戸蔵

係資料をはじめとして，民俗資料や古文書などを引き続き収集し，今後は，これらの資料を保管する場所としての役割を果たすことになっている。

深川神社(ふかがわじんじゃ) ㊸　〈M▶P.83,137〉 瀬戸市深川町11　P
0561-82-2764
名鉄瀬戸線尾張瀬戸駅 🚶 8分

焼物の町の産土神
陶製狛犬は国重文

尾張瀬戸駅から瀬戸川沿いに東へ500mほどいくと，左手奥に深川神社がある。拝殿正面のあざやかな緑の織部瓦が目をひく当社は，771(宝亀2)年に創建されたと伝えられ，天之忍穂耳命・天照大神の5男3女神をまつる瀬戸の産土神である。

本殿は立川和四郎によって文化年間(1804～18)に造営されたもので，本殿をかざる竜の精緻な彫刻はみごたえがある。本殿は宝物殿にはいるとき間近にみることができる。宝物殿には，瀬戸焼の陶祖加藤景正(通称藤四郎，13世紀)作と伝えられる陶製狛犬(国重文)が奉納されている。高さ約52cmの灰釉狛犬で，陶製のものとしては大形である。阿吽一対のうち吽形のみ現存しており，左前足部に修復の跡がみられる。この藤四郎をまつるのが境内右手にある陶彦神社で，毎年4月の第3日曜日に陶祖祭りが行われる。また深川神社から西へ50mほどのところに，陶製の梵鐘で知られる宝雲寺(浄土真宗)があり，境内には愛知県出身の首相加藤高明(1860～1926)お手植えのマツもある。

尾張瀬戸駅から東50mほどの交差点左奥に民吉の出生碑がみえる。ここが

陶製狛犬　　　　　　　　　　　　窯垣の小径

やきもの体験

コラム 作

　焼物技術に興味があれば，窯垣の小径近くにある瀬戸市マルチメディア伝承工芸館をぜひ訪れたい。本館・交流館・古窯館の３つの建物からなり，交流館１階では伝統的な染付作業の様子を見学できる。２階では染付の技法と歴史を展示と映像で学ぶことができる。筆１本で巧みに絵付けされる技法は，瀬戸独特のものである。

　深川神社南４分のところにある瀬戸市新世紀工芸館では，陶磁器やガラス工芸の技術と作品を鑑賞しながら，作陶も体験できる。

　作陶できる施設としては，ほかにも愛知県陶磁資料館や陶芸家の工房など市内に数多くある。多くのところで，ろくろ・手びねり・絵付け（染付）など希望するものを体験できる。いずれもていねいな指導をうけられるので，安心してチャレンジできる。

　体験時間は２時間ほどで，焼きあがって手元に作品がとどくまでに１カ月ほどかかるが，手製の茶碗でご飯を食べるのもまた，格別なものである。

　施設によって予約が必要であったり，収容人数や金額なども異なるので，あらかじめ瀬戸市観光協会（☎0561-85-2730）に問い合わせるとよい。

磁祖加藤民吉（？〜1824）の出生地である。背後の坂を８分ほどのぼった小高い山の頂上に民吉をまつる窯神神社がある。登窯をかたどった社殿の隣には，絵付けをする民吉の像や津金文左衛門の顕彰碑などがある。熱田奉行であった津金は，民吉らを援助し磁器生産を試みさせた人物である。また社殿の背後には，瀬戸のグランドキャニオンとよばれる採土場が広がり，良質の陶土や珪砂が露天掘りされている様子がうかがえる。毎年９月の第２土・日曜日のせとものの祭りは，この神社の祭礼で，よびものの瀬戸物廉売市には陶祖祭り同様，全国から大勢の人が訪れる。

　深川神社南にある宮前橋を渡り，東へ歩いて10分ほどのところに宝泉寺（曹洞宗）がある。ここが窯垣の小径入口となっている。窯垣の小径は，かつて窯場で働く職人の往来や製品の出荷で賑わった道だが，今では焼物の町の雰囲気を味わうことのできる散策路となっている。窯垣とは，製品を焼成するために用いた窯道具（タナイタ，エンゴロなど）を使った塀や壁のことである。途中，窯元の旧家を利用した資料館やギャラリーなどを見学しながら，歩いて１時間ほ

小長曽陶器窯跡 ㊹

〈M▶P.83〉 瀬戸市東白坂町2 P
名鉄瀬戸線尾張瀬戸駅🚌雲興寺行終点🚶20分，または尾張瀬戸駅🚗約10分

室町期の窯窯で国史跡 整備され保存状態良好

　バス停から上り坂の車道をさらに東へ1.5kmほどいくと，右手に小長曽陶器窯跡(国史跡)の標識がみえる。そこから100mほどはいったところに窯跡がある。丘陵の斜面をトンネル状に掘りぬいた半地下式の窖窯とよばれる形態で，室町時代(15世紀中ごろ)に築かれたものである。出土品には瓶子・仏花器，天目茶碗・茶入れなどがあり，古瀬戸とよばれる施釉陶器が焼かれていた。

　窯は全長7.4m・最大幅3mで，燃焼室・焼成室・煙道部の3室からなる。構造上注目されるのは，焼成室と煙道部の間に障壁と6個の通炎孔を設けて，燃焼効率を高める特異な構造になっている点である。このため以前は江戸時代に登場する地上式の連房式登窯の先駆けとみられる貴重な窯跡とされてきた。しかし江戸時代にも製品を焼いていた形跡があることから，現在では17世紀末ごろに手を加えて窯を再利用した結果であると，考えられている。保存のために整備され，フェンス越しにどの位置からでも観察できるようになっている。

　バスの終点となっている雲興寺(曹洞宗)は，尾張曹洞宗の有力寺院で，織田信秀(信長の父)の保護をうけたこともある。現在は盗難除けに利益があるとして多くの人びとが訪れる。この近辺は，瀬戸物のうちでも，とくに赤津焼の生産地として知られるところで，多くの陶芸家が活躍しているが，なかでも灰釉系技法の加藤舜陶と織部・黄瀬戸の加藤伸也は，ともに県の無形文化財保持者に指定されている。

小長曽陶器窯跡

瀬戸物と万国博覧会

コラム

　瀬戸の焼物(瀬戸物)の歴史は1300年におよぶとされている。しかし、瀬戸物がほかの地域の焼物ときわだった違いをみせるのは、古瀬戸とよばれる施釉陶器の出現による。中世(鎌倉・室町時代)に、釉薬を人為的にほどこした陶器を生産できたのは瀬戸しかなかったのである。こうした理由から、古瀬戸の流通は北海道から九州まで日本全国におよんでいた。しかし、17世紀初頭に肥前(佐賀県)で磁器生産がはじまると、陶器であった瀬戸物の流通は東日本を中心としたものとなる。

　瀬戸で磁器生産がはじまるのは、有田に約200年遅れてのことであった。技術的に後れていた瀬戸では、陶業の低迷打開をはかるため、19世紀初頭に加藤民吉を肥前に派遣して磁器製法を学ばせた。この結果釉薬や窯の改良が進み、瀬戸の磁器生産は急速に発展した。これ以後磁器生産のことを新製焼(染付焼)とよび、従来の陶器生産を本業焼とよんで区別した。有田焼の特徴があざやかな赤絵にあるのに対して、瀬戸の染付は青の濃淡を用いた色調に特色がある。

　明治時代になって尾張藩の保護を失った瀬戸の窯屋は、外国貿易の再開に伴い輸出向けの陶磁器生産に力をいれた。この輸出振興の機会を広げたのが、万国博覧会(万博)への出品であった。1873(明治6)年に開催されたウィーン万博(オーストリア)、その3年後のフィラデルフィア万博(アメリカ)で、瀬戸物が高い評価をうけると、海外からの注文が急増した。その結果、陶磁器生産の約7割を輸出用が占めるようになったこともあり、当時の製品の多くは欧米人好みの意匠・デザインとなっている。また万国博覧会は、あらたな技術を吸収する場でもあった。万博と縁の深い瀬戸物の地瀬戸は、2005(平成17)年の愛知万博(愛・地球博)の会場となる。

加藤民吉像

愛知県陶磁資料館 ㊺
0561-84-7474

〈M▶P.83〉瀬戸市南山口町234 P
地下鉄東山線藤が丘駅・愛知環状鉄道八草駅🚌
陶磁資料館行終点🚶(土曜・休日のみ名鉄瀬戸線
尾張瀬戸駅から名鉄🚌運行)

焼物の総合資料館　鑑賞・体験など多彩

バスをおりると、そこは愛知県陶磁資料館の広大な敷地内である。

瀬戸物のまち　141

渥美灰釉芦鷺文三耳壺

愛知県陶磁資料館

　この施設は，1978(昭和53)年に県制100年を記念して建設されたもので，日本や中国・ペルシアなどの陶磁の展示はもとより，ビデオコーナーや図書室なども備えた，焼物に関する総合資料館である。

　バス停から進行方向右手にみえる本館には，渥美灰釉芦鷺文三耳壺・猿投灰釉多口瓶・陶製五輪塔(いずれも国重文)が展示されている。なかでも渥美灰釉芦鷺文三耳壺は，アシが生いしげる川辺でサギがたわむれる様子が描かれ，絵画的にも高い評価をうけている。また陶製五輪塔は，1146(久安2)年という年代のほかに，作者・制作地が判明している貴重なものである。これらのほか，牡丹文様がめぐらされた陶製牡丹文経筒外容器・猿投灰釉短頸壺・猿投灰釉短頸壺及び平瓶，全面に巴文が押印された鉄釉巴文瓶子(いずれも県文化)なども展示されている。これら多彩な陶磁を鑑賞すれば，わが国の焼物文化の厚みを実感できる。

　南館では，ファインセラミックス製品などをみながら現代の陶磁器産業発展の様子を知ることができる。南館に近接する西館では，室町時代から大正時代までにつくられた210体におよぶ陶製狛犬コレクション(県民俗)のうち，約100体を常時展示しており，狛犬の個性あふれる表情や姿に魅せられるばかりか，狛犬に関する役立つ知識も身につく。このほかに作陶や絵付けを体験できる陶芸館，5基の窖窯を保存する古窯館，大窯と登窯を復元した復元古窯，さらに「陶翠庵」と名づけられた茶室(有料)もある。陶翠庵では瀬戸・美濃・常滑の有名陶芸作家の茶碗で茶を楽しむことができる。

定光寺 ㊻

じょうこうじ
0561-48-5319

〈M▶P.82〉瀬戸市定光寺町373　P

JR中央本線定光寺駅🚶30分

> 初代尾張藩主徳川義直の廟所

　定光寺駅前の玉野川(庄内川)にかかる城ヶ嶺橋を渡り，交差点をそのまま直進する。渓流沿いのいくぶん急な坂道を1kmほどのぼりきった辺りの，定光寺公園駐車場の向かいに石づくりの橋がある。この橋は直入橋といい，2代藩主徳川光友がつくらせたもので，橋を渡ると木立に囲まれた170余段の石段が応夢山定光寺(臨済宗)の山門まで続く。休憩なしで山門までくるとさすがに息が切れるが，新緑のころはすがすがしさに，紅葉の時期はその美しさに疲れもいやされる。車の場合は，直入橋の手前で左折すれば，境内の横手にある駐車場へはいることができる。

　山門をくぐると，正面に無為殿と名づけられた本堂(国重文)がある。1340(暦応3)年の創建後たびたび災害にあい，その都度再建されてきた。1938(昭和13)年に解体修理されたが，初層の斗栱・桟唐戸・花頭窓などに禅宗様式がみられる。内部の須弥壇にある入母屋造の宮殿(厨子)におさめられた延命地蔵菩薩が本尊である。

　定光寺は，1341(暦応4)年に覚源禅師(平心処斎，1287～1369)により開かれ，現在の愛知郡東郷町や岐阜県瑞浪市を含む広い地域で信仰を集めていた。中世の定光寺は，45もの塔頭をもつ有力寺院で，戦国時代には織田信長・信雄父子の保護もうけていた。しかし太閤検地で多くの寺領を失い，寺勢はすっかり衰えた。

　定光寺再興のきっかけは，初代尾張藩主徳川義直(家康の9男)の廟所となったことである。義直は狩りを好み，定光寺南方の水野の地をしばしば訪れた。その途中立ち寄った寺からの眺めが気にいり，みずからの廟所と定めたと伝えられている。藩祖の廟所となったことから，歴代藩主が参詣するなど定光寺の格式も高まり，江戸時代

定光寺本堂(無為殿)

瀬戸物のまち　143

源敬公廟(焼香殿,個人蔵)

初めに10石しかなかった寺領が310石に加増された。

1650(慶安3)年に没した義直は,その遺命どおり定光寺に葬られ,儒教式の葬礼が営まれた。これは義直が儒教を好んだことによる。祭礼のために設けられたのが,7棟からなる源敬公廟で,このよび名は義直の諡に由来する。本堂裏手から石段をあがって廟所へ向かう。獅子の門を経て,築地塀とつながる竜の門に至る。この門をくぐると正面に焼香殿(祭文殿)がある。床には瀬戸焼の敷瓦(施釉タイル)が用いられている。ここから12段の石段上にある唐門をとおして,石標のたつ源敬公の墓を拝する形になる。こうした儒教式の廟の設計は,中国(明)から渡来した陳元贇によるものと伝えられている。なお,竜の門・焼香殿・唐門・宝蔵・築地塀ともに銅瓦葺きで,獅子の門・竜の門の彫刻は左甚五郎作といわれている。また廟所には殉死者の墓9基も並ぶ。

寺宝としては,3代藩主綱誠が寄進した太刀銘助重,9代藩主宗睦が寄進した太刀銘守家(ともに国重文・非公開),御深井釉木瓜形水盤,御深井釉唐草文双耳水甕(ともに県文化)などがある。なお水盤と水甕は瀬戸蔵ミュージアムに展示されている。

定光寺から東へ車で10分たらずのところに,下半田川の八剣社がある。ここには平安時代につくられた木造十一面観音菩薩立像と木造阿弥陀如来立像(ともに県文化・非公開)がある。

下半田川の支流の蛇洞川には,オオサンショウウオ(国特別天然)が棲息し,愛護活動が行われている。

木曽川が育んだ尾張西部

Owariseibu

空からみた輪中

尾張のあじさい寺性海寺

◎尾張西部散歩モデルコース

美濃路をたどる JR東海道本線清洲駅 10 長光寺 3 四ツ家追分道標 30 尾張大国霊神社 20 稲葉宿 10 禅凉寺 30 起宿 隆寺 30 萩原宿 20 冨田一里塚 20 起渡船場 3 尾西市歴史民俗資料館 15 起駅名鉄尾張一宮駅… 跡 20 JR東海道本線尾張一宮駅… JR関西本線

水郷の郷と輪中をめぐる JR関西本線蟹江駅 15 龍照院・富吉建速神社 5 地蔵寺 7… 近鉄名古屋線近鉄蟹江駅 7… 源氏塚 15 近鉄名古屋線近鉄弥富駅 3 名鉄尾西線弥富駅 5 名鉄尾西線五ノ三駅 5 名鉄尾西線尾張 5 服部家住宅 10 五ノ三駅 5 名鉄尾西線佐屋駅 10 水鶏塚 30 船頭平閘門 15 佐屋駅

仏像をめぐる 名鉄津島線津島駅 10 円空作木造千体仏 10 津島駅 3 名鉄津島線藤浪駅 10 釜地蔵寺 10 藤浪駅 8 名鉄津島線木田駅 30 法蔵寺 30 木田駅 15 名鉄名古屋本線大里駅 25 無量光院 15 長光寺 10 JR東海道本線清洲駅

戦国時代ゆかりの武将を訪ねる 名鉄津

146　木曽川が育んだ尾張西部

島線木田駅 25 菊泉院 3 福島正則誕生地碑 22 木田駅 3 名鉄津島線青塚駅 15 蓮華寺 15 青塚駅 10 名鉄津島線津島駅 15 成信坊 8 津島神社 3 堀田家住宅 15 津島駅

①万徳寺
②尾張大国霊神社
③禅源寺
④性海寺
⑤国分寺
⑥安楽寺（船橋町）
⑦法華寺
⑧長光寺
⑨無量光院
⑩安楽寺（奥田町）
⑪真清田神社
⑫妙興寺
⑬一宮市博物館
⑭長隆寺
⑮馬見塚遺跡
⑯浅井古墳群
⑰萩原宿・冨田一里塚
⑱起宿
⑲賀茂神社
⑳本源寺
㉑明眼院
㉒七宝町のラカンマキ
㉓萱津神社
㉔甚目寺
㉕菊泉院
㉖法蔵寺
㉗蓮華寺
㉘津島神社
㉙堀田家住宅
㉚津島湊
㉛円空作木造千体仏
㉜成信坊
㉝興禅寺
㉞津島の町並み
㉟龍照院
㊱冨吉建速神社・八劔社
㊲蟹江城跡
㊳地蔵寺
㊴源氏塚
㊵弥勒寺
㊶愛知県埋蔵文化財調査センター
㊷服部家住宅
㊸西条八幡社
㊹佐屋宿
㊺船頭平閘門
㊻釜地蔵寺
㊼奥津社
㊽西音寺

① 尾張国府とはだか祭のまち稲沢

尾張に春を告げる勇壮な国府宮のはだか祭で知られる稲沢,
古代尾張の中心地として,多くの寺社や文化財がみられる。

万徳寺 ❶　〈M▶P.146,148〉稲沢市長野3-2-57 P
0587-32-0068　JR東海道本線稲沢駅 徒 5分

尾張国の真言宗大本山　多数の文化財を有する古刹

　稲沢駅前の道を300m西に向かい,長野町の交差点から100m北にいくと万徳寺(真言宗)がある。稲沢市における真言宗の大寺院である。寺伝によると,8世紀中ごろの創建で,その後衰えたが,1254(建長6)年に常円上人が再興し,亀山天皇の綸旨によって勅願寺となった。常円は,『沙石集』をあらわした無住一円の兄である。江戸時代には,尾張国の真言宗の大本山と称して53の末寺をもち,寺領53石を有していた。

　多宝塔(国重文)は2層の構造をもつ宝塔で,初層は方形,2重の中心部は円筒形,屋根は方形で,上下の連続部分は饅頭形(亀腹)となっている。上下層とも檜皮葺きで,塔上に相輪をあげる。様式から室町時代後期の建造と考えられている。相輪の上部から上層屋根にかかる風鐸つきの鎖が最近発見された。同市にある性海寺多宝塔とくらべると,規模は同じだが,彩色

稲沢市中心部のおもな史跡

万徳寺収蔵のおもな文化財一覧(非公開)

[重要文化財]
輪宝羯磨獅子文蒔絵戒体箱,金銅宝相華唐草文透彫経筒,紙胎漆塗彩絵華籠

[県文化財]
木造大日如来坐像,絹本著色両界曼荼羅図,絹本著色三月経曼荼羅図,絹本著色釈迦十六善神像,絹本著色不動明王二童子像,紙本墨書覚禅鈔,絹本著色愛染明王像,紙本墨書秘鈔

万徳寺多宝塔

や装飾の面で簡素な趣である。

多宝塔の北隣に鎮守堂(国重文)がある。一間社流造・檜皮葺きの神社建築であり、棟札によると1530(享禄3)年の建立である。小規模であるが建立当初の姿をよく伝えており、建立年代があきらかな室町時代末期の神社建築として貴重な遺構となっている。

尾張大国霊神社 ❷
0587-23-2121

〈M▶P.146,148〉稲沢市国府宮1-1-1 P
名鉄名古屋本線国府宮駅 🚶 5分

国府に隣接する尾張国総社はだか祭の舞台

国府宮駅の東側にでて線路に沿って200m北にいき、東に200mいくと尾張大国霊神社の楼門に着く。

この神社は崇神天皇時代の鎮座と伝えられ、のちの10世紀初めの『延喜式』神名帳にその名がみえる。主神である国土の神、尾張大国霊神・大御霊神とともに、海神として名高い宗像神がまつられていることから、三宅川を利用して伊勢湾に至る水路の安全をまもる神社でもあったと考えられる。

全体の建物の配置は尾張式といわれるもので、楼門から拝殿・本殿までの配置が一直線上にはなく、くの字になっている。楼門(国重文)は三間一戸、入母屋造・檜皮葺きで室町時代初期の建立であるが、1646(正保3)年の解体大修理の際に上層が改築されている。拝殿(国重文)は江戸時代初期の建立である。桁行5間、切妻造・檜皮葺きで内側に柱が並立している。

平安末期には尾張総社、または単に総社とよばれた。また、隣接する松下町一帯が尾張の国府の所在地(「尾張国衙址」の碑がある)であったと考えられることから、国府宮ともよばれた。尾張国司には、任期中に

尾張大国霊神社楼門

尾張国府とはだか祭のまち稲沢　149

「尾張国郡司百姓等解文」で弾劾された藤原元命や，学者として有名な大江匡衡らがいる。

古くから厄除けの神として信仰を集め，遠隔地からの参詣や祈禱の依頼も多い。とくに旧正月13日の儺追祭（県民俗）は，俗に国府宮のはだか祭といわれ，現在も盛大に行われている。

参道の西に沿って中高記念館がある。この建物は，1880（明治13）年にたてられた中島郡高等小学校である。名古屋鉄道（名鉄）国府宮駅北には大江匡衡が再興した「尾張学校院址」の石碑があり，その西には，赤染衛門歌碑公園がある。赤染衛門は女流歌人で，夫匡衡とともにこの地を訪れている。

国府宮駅の北にある島氏永駅から，北東に600mいくと，子生和の慈眼寺（臨済宗）に着く。木造阿弥陀如来坐像（県文化）があり，ヒノキ材・寄木造で，伏し目のおだやかな面相は平安末の特色を示している。

禅源寺 ❸
0587-32-0531

〈M▶P.146,148〉稲沢市稲葉1-6-2 P
名鉄名古屋本線国府宮駅🚶20分

将軍家光上洛時の宿場稲葉宿
美濃路の宿場稲葉宿

国府宮駅から北に200mいくと，松下町の交差点がある。そこからまっすぐ西に1.4kmいくと，北側に禅源寺（臨済宗）の参道がある。この寺は，16世紀ごろの創建というがあきらかではない。1634（寛永11）年に，江戸幕府3代将軍徳川家光の上洛のとき旅宿となったので，葵の紋の使用が許可された。また，本堂前には寛永年間（1624～44）建立の勅使門がある。

寺にはヒノキ材・寄木造の木造阿弥陀如来坐像（県文化）が安置されている。両眼の見開きが強く，まなじりが切れあがり，目鼻立ちも鋭い。鎌倉時代前期の様式である。半丈六像の好例で，作者はそのころ慶派の作風を学んだ仏師の1人と考えられている。

禅源寺木造阿弥陀如来坐像

禅源寺の南約100mに美濃路の稲

尾張大国霊神社の儺追祭(はだか祭)

コラム

毎年旧暦の正月13日(新暦では2月ごろ)に行われ、数千人の裸男たちが激しいかけ声とともに壮絶なもみあいをする儺追祭(県民俗)は、俗に国府宮のはだか祭といわれ、天下の奇祭として全国的にも有名である。

奈良時代に尾張国司が尾張大国霊神社で厄払いをした儺追神事と、裸での寒参り風習が一緒になり、江戸末期に現在の形になった。いやがる人を神官が取り押さえ、儺負人(神男)に仕立てた際のもみあいが、裸男の激突という祭りの形態になったとされている。

神事は旧暦正月2日に人びとの厄を一身に引きうける神男が籤で選ばれることからはじまる。祭りの前日には、はだか祭の名物大鏡餅がその年の奉賛地区から拝殿に奉納される。

祭り当日は、神男にふれて厄を払おうと、なおい笹を奉納した数千人もの裸の男たちが参道に集合する。午後3時ごろ、おこもりからとけた神男が、儺追殿につうじる参道に登場する。それをみつけた裸男たちは、あびせられる手桶の水をものともせず、怒濤の勢いで、拝殿にはいろうとする神男に迫り、約1時間地響きとかけ声がうずまくなか、激しいぶつかりあいが続く。その後、翌日未明まで夜儺追神事が続く。

14日午前8時には拝殿で大鏡餅がふるまわれ、この餅を食べると無病息災ですごせる、という言い伝えがある。また、厄除けの護符であるなおい布も人気があり、これらを求める人が多い。

儺追神事(『尾張名所図会』)　　**国府宮のはだか祭**

葉宿があった。1843(天保14)年の『美濃路宿村大概帳』によれば、宿高約1100石・戸数336戸・人口1572人、本陣・脇本陣・旅籠屋・問屋場を備え、近郷の中心であった。かつて本陣があった愛知県尾張農林水産事務所稲沢支所内に、本陣跡の石碑がたてられているのをはじめ、周辺には旧問屋場や塗籠造などの古風な町屋が残ってい

尾張国府とはだか祭のまち稲沢　　151

稲葉宿本陣跡の石碑

る。1869(明治2)年12月、禅源寺の鐘の音を合図に、現在の稲沢・一宮・尾西・津島を含む広い地域の人びとが決起する農民騒動があった。これを稲葉騒動とよんでいる。農民たちは凶作のため、救い米を求めて代官所役人に強訴し、質屋や富商を打ちこわしていった。騒動は4日間におよび、3万をこえる人びとが参加した。

性海寺 ❹ 〈M▶P.146,148〉 稲沢市大塚南1-33 P
0587-32-4714 名鉄名古屋本線国府宮駅🚌中之庄 行せんき薬師🚶5分

6月はあじさい祭り 中世の文化財の宝庫

バス停から、病気平癒で有名なせんき薬師を左にみながら西に200m歩き、そこから南におれて200mいくと性海寺(真言宗)に着く。寺伝には、弘仁年間(810〜24)に空海が熱田参詣の途上創建したとあるが、おそらく当地の豪族長谷部氏によって、平安時代に創建されたと思われる。そして、その後、尾張にはじめて密教を伝えたとされる熱田大宮司の子良敏によって、建長年間(1249〜56)に再興され、北条時頼・足利尊氏・浅野長政・徳川義直らの庇護をうけた。境内には地名の由来となった大塚がある。これは6世紀ごろに築かれた円墳で、円筒埴輪の破片が出土している。

多宝塔(国重文)は和様と禅宗様の建築様式で、室町時代の建造とされる。下層は方3間、上層の外観は12の円柱からなり、白漆喰の亀腹上に高欄がある。屋根は柿葺き形銅板葺きで、うえに青銅製の相輪がつく。相輪からさがる風鐸の鎖が繊細なイメージをかもしだしている。また、内部には愛染明王がまつられてい

性海寺多宝塔

性海寺宝塔

```
  性海寺所蔵のおもな文化財一覧
［重要文化財］
木製漆塗彩色金銅種子装五輪塔
［県文化財］
木造南無仏太子像，木造阿弥陀如来坐像，絹本著色
三千仏図，絹本著色文殊菩薩像，絹本著色歓喜天像，
絹本著色良敏上人像，黒漆塗舎利厨子，竹製華籠，
理趣経版木
```

る。なお，万徳寺多宝塔は，この塔を参考にしてつくられたと想像される。

　本堂(国重文)は江戸時代初期の再建で，入母屋造・柿葺き，周囲に縁をまわしている。内部中央に須弥壇があり，うえに善光寺如来をまつる鎌倉時代の宝塔(国重文)が安置されている。これは裳階のつかない宝塔の残存例がきわめて少ないなかで，年代が古く保存状態もよい貴重な作例となっている。

　1992(平成4)年に敷地の一部が，性海寺歴史公園として整備された。初夏には83種約1万株のアジサイがいっせいに咲き誇り，見ごろの毎年6月初旬から下旬にかけてあじさい祭が開催される。同時に所蔵の文化財のいくつかが公開され，多くの人で賑わう。

　性海寺の西を流れる大江川に沿って北へ600m歩くと，西側に稲沢西中学校がある。中学校の西側が稲沢公園で，その一画に荻須記念美術館がある。稲沢市出身の画家荻須高徳(1901〜86)は，第二次世界大戦の戦前・戦後をつうじてフランスを中心に活躍し，レジオ

性海寺あじさい祭　　　　　　　　　　　　　　荻須記念美術館

尾張国府とはだか祭のまち稲沢

ン・ド・ヌール(仏)，文化勲章(日)を受章した。1983(昭和58)年に建設されたこの美術館では，荻須が稲沢市に寄贈した作品を常設展示し，またパリで使用していたアトリエも忠実に復元している。

国分寺 ❺
こくぶんじ
0587-36-2824

〈M▶P.146,155〉 稲沢市矢合町城跡2490　P
名鉄名古屋本線国府宮駅🚌矢合観音前行終点🚶2分

尾張国分寺の名を継承する古刹

バス停から東に160mいくと国分寺(臨済宗)がある。もとは円興寺といったが，境内に南方の国分寺跡から移したという国分寺堂があったため，1886(明治19)年に改名された。円興寺を創建した人物については，鎌倉時代の覚山和尚とも柏庵宗意ともいわれている。

木造釈迦如来坐像(国重文)は大小2体があり，いずれも宝髻をゆい，宝冠をいただくので，別名宝冠釈迦像ともよばれている。初期の禅宗系の作品として貴重である。木造伝覚山和尚坐像(国重文)は頂相形式のもので，椅子にすわって法衣を前面に，両袖も左右に長くたらしている。木造伝熱田大宮司夫妻坐像(国重文)は，この寺の南に熱田神宮の神領である鈴置郷があったことから，大宮司夫妻の像という伝承が生じたらしい。これらの像はいずれもヒノキ材・寄木造で鎌倉時代の作品である。このような庶民的な肖像彫刻はまれであり，とくに婦人像の例は珍しい。

奈良時代にたてられた尾張国分寺は，矢合町椎ノ木辺りにあったと考えられている。矢合観音前バス停から南に400mいき，矢合交差点を左に100mいくと，畑中に「尾張国分寺舊址」の石碑がある。国府のあった松下町の西南約4kmに位置し，他国とくらべるとかなり遠距離におかれている。

1961(昭和36)年の発掘調査で，金堂跡や塔跡が確認されており，塔跡には心礎のほか3個の礎石が残っている。たび重なる洪水で，創建後まもなく大きな被害をうけたと考えられる。国分尼寺は法花寺町の法華寺にあったといわれている。

また国分寺から西へ200mいくと，矢

「尾張国分寺舊址」石碑

稲沢の植木

コラム

産

　稲沢市は、古くから植木の生産地として全国的に知られている。品種が多いことから定期的に市場が開かれ、植木業者が全国から集まってくる。その歴史は鎌倉時代にまでさかのぼり、柏庵和尚が中国から柑橘類の接ぎ木の手法をこの地に伝えたのが始まりとされている。

　現在は、生産者たちの知識と技術の向上をはかる施設として、愛知県植木センター(堀之内町)が設置されている。実習場のほかに、約560種の樹木や果樹が植えられた見本園などがあり、4 haの広大な敷地には見どころがたくさんある。植木や苗木の買物などは、矢合観音付近や国府宮神社参道(毎年4月下旬)で楽しむことができる。

国府宮神社の植木市

合観音がある。江戸時代から病気やケガにきくという利益で、庶民に広く信仰されてきた。そこから住宅地の路地を南西に300m歩くと、ハギで有名な円光寺(臨済宗)がある。

安楽寺(船橋町) ❻
0587-36-2726

〈M▶P.146,155〉 稲沢市船橋町30　P
名鉄名古屋本線国府宮駅🚌矢合観音前行船橋🚶5分

境内の桜並木で名高い古刹

　バス停南側の道路を西へ400mいき、東海道新幹線の高架をすぎると左手に船橋町安楽寺(臨済宗)がある。かつては観音寺(天台宗)と称し、国分寺の支院であったが、室町時代に臨済宗妙興寺(一宮市)の末寺になったという。南は三宅川に面し、境内の100mほどの道は桜並木として名高い。

　本尊の木造十一面観音立像(国重文)はカヤ材・一木造で、平安後期の作と考えられる。目鼻立ちが優しい顔立ちや、おだやかな衣文

国分寺周辺の史跡

尾張国府とはだか祭のまち稲沢　155

安楽寺(船橋町)木造十一面観音立像

が特色である。

　　木造阿弥陀如来坐像(国重文)はヒノキ材・寄木造で、胎内の胸部に梵字の墨書がある。平安時代末の定朝様である。木造釈迦如来坐像(国重文)は、ヒノキ材・寄木造で阿弥陀如来坐像と同じ作風であるが、面長でふっくらした顔立のため、より素朴な趣が強い。木造兜跋毘沙門天立像(県文化)はカヤ材・一木造で、藤原時代初期の作と考えられる。

法華寺 ❼
0587-36-2605

〈M▶P.146,155〉稲沢市法花寺町熊ノ山77　P

名鉄名古屋本線国府宮駅🚌矢合観音前行船橋🚶15分

薬師如来は国重文
尾張国分尼寺を継承

　バス停から西へいき、安楽寺をすぎてそのまま500m進み、右手に100mはいると、法花寺公民館と並んで法華寺(曹洞宗)がある。奈良時代建立の、尾張国分尼寺はこの地にあったといわれているが、詳細は不明である。江戸時代には国鎮寺と称し、明治にはいり法華寺と改称された。木造薬師如来坐像(国重文)はヒノキ材・寄木造で、伏し目の丸く温雅な顔や衣文の穏やかな彫りなどに、平安末期の特徴があらわれている。

　　法華寺から西へ1.5kmいくと善応寺(浄土宗)に着く。建仁年間(1201～04)の創建といわれ、織田信長の鉄砲隊長であった道求一把が再興にかかわったとされる。この寺には銅造大日如来坐像(県文化)が安置されている。

　善応寺の東の尾張サイクリングロードを南東に3kmいくと長暦寺(真言宗)がある。かつては長楽寺と称し、国分寺の四方におかれた四楽寺(正楽寺・平楽寺・長楽寺・安楽寺)の1つであったという。木造

法華寺木造薬師如来坐像

大日如来坐像・木造阿弥陀如来坐像(ともに県文化)がある。

長光寺 ❽
0587-32-3971
〈M▶P.146,158〉 稲沢市六角堂東町3-2-8 P
JR東海道本線清洲駅 🚶12分

地蔵堂は例の少ない六角堂
鉄造地蔵菩薩は汗かき地蔵

　清洲駅から線路沿いに北へ1km歩くと，長光寺(臨済宗)がある。尾張六地蔵の1つで，通称六角堂とよばれる。1161(応保元)年に平頼盛の寄進により創建されたといわれている。頼盛の母は，源頼朝を救ったことで知られる池禅尼である。のちに足利尊氏が復興し，法相宗に属したという。1601(慶長6)年に松平忠吉から寺領10石があたえられ真言宗をかねていたが，まもなく禅宗に転じた。

　地蔵堂(国重文)は，銅板葺き，屋根に鉄製露盤上に火焰つきの宝珠をおいた，全国的にも例の少ない六角堂である。周囲には高欄をめぐらし，三方からのぼれる階段がある。建立は室町時代後半である。地蔵堂の本尊が鉄造地蔵菩薩立像(国重文)である。銘文から1235(文暦2)年の造立とわかる。鉄は青銅よりも鋳造が困難であるが，その完成度は全国有数のみごとなつくりである。金属像は気温の急変によって表面に結露することがあるが，本像も変事を予言して汗をかくといい，汗かき地蔵の伝承がある。

　地蔵堂の正面に鰐口(県文化)が掲げられている。直径47.9cmの鋳あがりのすぐれた品である。1376(永和2)年に近江国の寺のために鋳造した旨の銘と，1583(天正11)年に埴原植安が寄進した追刻銘がある。織田信長の

長光寺地蔵堂

長光寺鉄造地蔵菩薩立像

尾張国府とはだか祭のまち稲沢

長光寺から安楽寺（奥田町）へ

近江進出に従軍した植安がもち帰り，信長の一周忌にみずからの菩提寺である六角堂に寄進したと伝えられる。

　植安は，浪人中に六角堂で昼寝をしていたところ，鷹狩りにきた信長におこされたのが縁で家臣になったといわれている。

　境内には四ツ家追分道標がある。これは寺北西の四ツ家の追分にあったもので，美濃路と岐阜街道の分岐点を示しており，1819（文政2）年にたてられたものである。

　長光寺から美濃路を400m南東に歩くと北市場町の亀翁寺（曹洞宗）に着く。南北朝期の後小松天皇のころの創建といい，一時虚空蔵堂と称する尼僧堂となったが，昭和にはいり旧号に復した。木造虚空蔵菩薩坐像（国重文・非公開）は，寄木造の南北朝期のすぐれた作である。加賀や美濃の白山系の社寺で虚空蔵菩薩を本尊としてまつる例があり，この像と白山信仰との関係も想定できる。

　長光寺から南西1km，JR東海道本線を渡り西に300mいくと，日下部東町に常楽寺（曹洞宗）がある。木造如来坐像（県文化）はヒノキ材の寄木造である。量感も豊かで，円味をおびた相好も穏和ななかに引き締まった感があり，流麗な衣文とともに藤原時代後期の美しさをあらわしている。

無量光院 ❾　〈M▶P.146,158〉稲沢市中之庄高畑町101　P
0587-32-4756　　名鉄名古屋本線大里駅🚶25分

鎌倉期の阿弥陀如来は国重文

　大里駅から新幹線に沿って西へ1kmいき，大里郵便局に面した交差点を南に800mいったところで右折すると，200mで無量光院（真言宗）に着く。寺伝によれば，735（天平7）年に行基が創建したが，941（天慶4）年平将門の残党によって焼討ちされ，その後13世紀に再建されたという。かつては満願寺といい一山十二坊があったが，戦国時代に寺領を失い，天正年間（1573〜92）以後は本寺と南に隣接する満蔵院を残すのみとなった。

　木造阿弥陀如来及び両脇侍坐像（国重文）は三尊ともヒノキ材，寄

無量光院木造阿弥陀如来及び両脇侍坐像

木造である。墨書銘によれば、作者は仏師寛慶、造立は1202(建仁2)年である。安楽寺(奥田町)の阿弥陀三尊像にやや遅れて制作されており、きわめて似ている。絹本著色仏涅槃図(県文化)は構図が甚目寺本と完全に共通している。もとあった裏書から1368(貞治7)年に甚目寺萱津の尼の発願で、甚目寺本の副本として制作されたと想定される。絹本著色伊東盛次像(県文化)は中之庄村の武士伊東右京之進盛次の肖像画で、桃山時代の制作と思われる。戦国期になると、地方の大名や土豪も肖像画を残すようになったことがわかる。

無量光院の北西約2kmに、北島町の青宮寺(浄土真宗)がある。木造聖徳太子立像(県文化)は、太子が父用明天皇の病気平癒を祈る姿で、十六歳孝養像ともいう。室町時代初期の作と思われる。

安楽寺(奥田町) ❿
0587-32-3740　〈M▶P.146,158〉稲沢市奥田町5584　P
名鉄名古屋本線大里駅 🚶15分

阿弥陀如来は尾張の代表的定朝様式

大里駅から新幹線に沿って西へ1kmいき、交差点を右折して200mで奥田町安楽寺(真言宗)に着く。749(天平勝宝元)年に行基が創建し、13世紀に再興され、1748(延享5)年に現在地に移ったという。

木造阿弥陀如来及び両脇侍坐像(国重文)は、三尊ともヒノキ材・寄木造で、尾張地方に残る定朝様の代表である。ほかに木造阿弥陀如来坐像、絹本著色三千仏図、絹本著色釈迦十六善神像(いずれも県文化)がある。

安楽寺から北1.5kmの長束町に「長束正家邸址」の碑があり、南東1.5kmの増田町には「増田長盛邸址」の碑がある。

安楽寺(奥田町)木造阿弥陀如来及び両脇侍坐像

尾張国府とはだか祭のまち稲沢

❷ 信仰と織物のまち一宮

近世以降の繊維産業の発展とともに栄え、名刹妙興寺や真清田神社など神社仏閣や多彩な文化財めぐりができる。

真清田神社 ⓫　〈M▶P.146,161〉 一宮市真清田1-2-1　P
0586-73-5196　JR東海道本線尾張一宮駅、名鉄名古屋本線・名鉄尾西線
名鉄一宮駅 🚶 8分

尾張国一宮桃花祭は4月1日から3日間

　一宮駅から東へロータリーを抜け、本町アーケード街を北に進むと、前方に真清田神社がみえる。真清田神社は、平安時代の『延喜式』神名帳にも記載される歴史の古い神社であり、この一帯を開拓した国造尾張氏の祖神である天火明命を祭神としている。平安時代より国司赴任の際に最初に参詣する神社は「一ノ宮」とよばれたが、真清田神社は尾張国の一宮にあたり、地名の由来にもなっている。ちなみに二宮は犬山市の大縣神社、三宮は名古屋市の熱田神宮である。

　真清田神社には桃花祭という祭りがある。その昔、神社周辺はモモの木がしげり、人びとはその木の枝で身を清め枝を木曽川に流したが、のちに短冊とともに神前にそなえ五穀豊穣を祈るようになった。旧暦3月3日の桃の節句に行われていたこの神事は、明治にはいり新暦4月3日を祭礼の日とした。現在は4月1日から3日にかけて行われるようになり、夏の七夕祭りとともに一宮市を代表する祭りとなっている。この祭りは馬まつりともよばれ、第二次世界大戦前には100頭余の馬が各町内からだされた。その様子を一宮市出身の漢詩人森春濤は「万馬電影花斑斑」（飾り馬がすばやく走り去り、モモの花がまだらに散っているのがみえる）とうたっている。

　神社には数々の由緒・伝説のほか、神宝として多くの文化

真清田神社

160　木曽川が育んだ尾張西部

一宮市中心部の史跡

財が伝えられている。木造舞楽面(12面が国重文，7面が県文化)は，県内でその数の多さは熱田神宮と並ぶものである。多くの面に鎌倉から南北朝時代にかけての朱漆銘があり，当時の作風を知るうえで重要な資料となっている。また，朱漆角切盤・朱漆入角盤・朱漆擎子・銅鋺・銅皿(いずれも国重文)は，神前に供物をそなえる際などに用いられるもので，朱漆の銘文で制作時期が1457(長禄元)年とわかる貴重なものである。さらに，角張った顔と大きな鼻，つきでた目などに特徴がある獅子頭(県文化)には，1471(文明3)年に製作されたことが漆書されている。桃花祭の飾り馬道具をはじめとする宝物は，神社内の宝物館で見学することができる。

　真清田神社の由緒を紐とく資料として『真清探桃集』がある。著者は真清田神社の神主で，国学や郷土史に造詣が深かった佐分清圓であり，神社全般を部類ごとに詳述している貴重な資料である。なお，尾張国に散在した八条院領五荘の1つの「真清田荘」が院政期の史料に登場し，また近世に刊行された『尾張名所図会』にも詳しく紹介されている。

妙興寺 ⑫　　〈M▶P.146,161〉一宮市大和町妙興寺2438　P
0586-45-1973　　名鉄名古屋本線妙興寺駅 🚶 5分

　妙興寺駅から南方300mにある信号を左折すると，妙興寺(臨済宗)がある。正式には長島山妙興報恩禅寺と称し，創建開山は滅宗宗興(大照禅師)である。滅宗は鎌倉末期，尾張国中島郡(現，

信仰と織物のまち一宮　　161

妙興寺勅使門

臨済宗妙心寺派の巨刹
市民の想いの場

一宮市萩原町中島)の在庁官人中島氏の子として生まれ、父蔵人と同郷の知人柏庵宗意との約束どおり、19歳のとき中島郡矢合村の円興寺(現、国分寺)で剃髪した。柏庵は滅宗の器用さと出自の高さを考慮して自分の門弟とはせず、師である鎌倉建長寺13世南浦紹明(大応国師)の弟子として訓育した。帰郷した滅宗は、死んだ両親の恩にむくいるため、1348(貞和4)年妙興寺の創建をはじめた。妙興寺では、寺の事実上の開山滅宗宗興と南浦紹明の2人を開山としている。

妙興寺には、奈良時代の瓦である鬼瓦(県文化)が伝わっている。「妙興寺文書」(国重文)には、地名を寺の名前としたという記載があり、瓦の出土から妙興寺という廃寺跡に現在の寺を建設したことがうかがえる。文書より、南北朝期、この地方では真清田神社や曼陀羅寺(江南市)を拠点とした南朝勢力が優勢であったため、室町幕府は創建まもない妙興寺を手厚く保護することで、対抗しようとしたことがうかがえる。1353(文和2)年、後光厳天皇から「国中無双禅刹」の勅願を得、室町幕府2代将軍足利義詮は当寺を祈願所とした。1432(永享4)年、6代将軍義教が東国視察をした際、この寺に立ち寄ったことも、尾張の動静をさぐる目的があったからだと考えられている。

5万6000m²余の広い妙興寺境内地(県史跡)に歩を進め、総門をはいるとまず勅使門(国重文)がみえる。門の型式は一間一戸四脚門、屋根は切妻・桟瓦葺きで、1353年後光厳天皇より賜与された勅額があり、力強さに優美さが加わった創建当初を伝える唯一の遺構である。これより北へ放生池・山門・仏殿と一直線に続き、総門をやや東側に寄せた手法は、典型的な鎌倉期の伽藍配置といえる。

仏殿より北西には2階建ての鐘楼(県文化)がある。1階・2階ともに周囲は白壁で、2階は円形窓・花頭窓、その周囲に和様の欄干

妙興寺鐘楼

がある。内部の梵鐘(県文化)は総高157cmと大きなもので、乳といわれる突起物の配列にも独自性がある。「永和二(1376)年」の銘があり、妙興寺創建当時のものと思われる。

妙興寺に伝わる多くの美術工芸品を紹介しよう。南浦紹明の姿を伝える木造大応国師坐像(国重文)は、やさしい眼差しとそのいきいきとした姿にみなぎる緊張感があり、高僧の姿を伝える頂相彫刻としては、鎌倉末期を代表するものである。国師の功績は伝記をきざんだ衝立風の牌、大応国師塔銘牌(県文化)からうかがえる。紙本著色足利義教像(国重文)は、義教の来寺記念と供養のため描かれたもので、大和絵風肖像画としてすぐれている。上部には五山文学者瑞渓周鳳の賛と、肖像右横に8代将軍義政の花押がある。この寺は室町幕府の衰微とともに衰退を余儀なくされたが、1590(天正18)年南化玄興が住持になって以後、豊臣氏の援助をうけ復興した。そこで寺では南化を中興開山としている。紙本著色豊太閤画像(県文化)は、秀吉死後の1600(慶長5)年に南化が描かせたもので、上部にはみずから賛を書き入れている。磬子(県文化)は、勤行の合図などに用いられる仏具で、1565(永禄8)年妙興寺に寄進されたことが磬子桶の墨書銘よりわかる。

妙興寺には7カ寺の塔頭があったが、現在では2カ寺が故地を離れている。秋には紅葉が美しく、どんぐりを拾う子どもたちの姿もみられ、歴史の寺は現在では市民の憩いの場にもなっている。

上記以外の文化財については、重要文化財に、絹本著色仏涅槃図・絹本著色十六羅漢像・絹本墨画白衣観音図・絹本著色道仏二教諸尊図・絹本墨画淡彩文殊図がある。また、県文化財としては、大応国師袈裟・大照禅師袈裟・紙本著色竹雉子之図・紙本墨画神農画像・紙本墨画達磨画像・紙本著色鷹の図・紙本墨書斎宮女御集断簡・彫根来大香合がある。

信仰と織物のまち一宮　　163

一宮市博物館　　　　　　　　　　　一宮市博物館展示の織機

一宮市博物館 ⑬
0586-46-3215

⟨M▶P.146,161⟩　一宮市大和町妙興寺2390 P
名鉄名古屋本線妙興寺駅 🚶 5分

[一宮の歴史はここで学習 織物の資料展示が特色]

　妙興寺駅から南方300mにある信号を左折すると、妙興寺の南に隣接して一宮市博物館がある。1階展示室では、古代から現在の毛織物産業へと続く織物の歴史を、復元品や道具・改良された機械などとともに紹介している。また、2階展示室では、「中世の一宮」「ひらけゆく尾張平野」と題し、市内で出土した縄文から古墳時代までの遺物、法圓寺中世墓をはじめ、真清田神社・妙興寺の復元模型などが紹介されている。展示物には実物資料が多く、寄託された長隆寺（一宮市）の木造阿弥陀如来坐像及び両脇侍像（県文化）もみることができる。そのほか一宮市の歴史を、ビデオ・クイズ・書籍で紹介した学習室がある。

長隆寺 ⑭

⟨M▶P.146,161⟩　一宮市萩原町中島字森ド1686 P
名鉄尾西線苅安賀駅 🚶 25分

[中世の往時がしのばれる長隆寺・中嶋宮の森]

　苅安賀駅から東へ150mのところにある西尾張中央道を南へ2km進むと、右前方の木々に囲まれた一角に長隆寺（真言宗）がある。この寺は1012（長和元）年の創建と伝えられ、中世にはこの地域の有力豪族中島氏の菩提寺であったが、南北朝動乱期に南朝方の陣所となり焼失した。応永年間（1394〜1428）に再建されたが、その後荒廃した。

　長隆寺には、木造阿弥陀如来坐像及び両脇侍像と五大尊画像（いずれも県文化）が伝わっている。像高150cmの阿弥陀如来坐像の光背は、二重円光と珍しく、頭光の頂上と左右に1体ずつの化仏を安置している。表情は厳しく、衣のひだも写実的で制作年代は鎌倉時代初期といわれる。また両脇侍は観音・勢至菩薩立像で、面長のふ

164　木曽川が育んだ尾張西部

尾張地方の繊維産業

コラム　産

　17世紀、この地方では木曽川堤防修築工事の恩恵をうけ、村々に新田開発が進むと農業生産力が安定し、余剰農作物がうまれた。また、一宮は岐阜街道の宿駅で、まだ精製されていない繰綿の集散に便利であったことから、18世紀にはいると、綿販売の公認市場や日常消費物資の供給市場が求められるようになった。そこで1727（享保12）年、真清田神社の門前市三八市が登場したのである。

　江戸時代は丈夫で実用的な綿織物(縞木綿)が使われるようになり、この地方でもインドに起源をもち、京都から伝わったとされる桟留縞や、下総結城地方(現、茨城県)から移入された絹綿交織の結城縞がつくられた。大蔵永常のあらわした農書『広益国産考』にも、1844（天保15）年ごろの桟留縞生産の様子を伝える記載があり、当地方は、江戸末期から明治にかけて、マニュファクチュア的経営を行う資本主義先端地域として発展した。しかし明治にはいり、安価で良質な外国産綿糸の輸入がはじまると、絹綿交織物生産が中心となっていった。

　その後、第一次世界大戦(1914～18)の勃発は、日本に毛織物生産の発展をもたらした。電力の普及を背景にこの地方でも力織機が導入されると、1917(大正6)年ついに毛織物生産額は、綿織物生産額を上まわった。そして大正末期から昭和にかけて衣服着用の変化もあって、愛知の毛織物生産額は全国1位となった。ところが第二次世界大戦開戦で、軍需産業が優先されると、大打撃をうけた。

　戦後、朝鮮戦争や高度経済成長政策が繊維産業の急速な回復をもたらし、1960年代前半にはこの地方に空前の好景気が到来した。しかし、1965年以降国際競争の時代にはいると、しだいに外国製品に押されて慢性的不況の様相をみせた。

　1980年代天然繊維ブームで再び生産額は増加し、一宮市では一宮地場産業ファッションデザインセンター(FDC)がつくられた。現在では、最新の流行を取り入れたオリジナルな織物づくりや、尾張の伝統技術を駆使した織物づくりの試みが行われている。また、尾西市でも尾西ウールの高い技術力で、より付加価値の高い製品をつくりだす努力がなされている。

一宮地場産業ファッションデザインセンター

信仰と織物のまち一宮

長隆寺木造阿弥陀如来坐像及び両脇侍像(一宮市博物館展示)

っくらした顔立ち、複雑な天衣(てんえ)の表現などに鎌倉末期の特徴を示す、県内で数少ない作例である。1991(平成3)年の修理の際、両胎内より「元亨(げんこう)三(1323)年」の制作銘がみつかった。五大尊画像は、忿怒明王(ふんぬみょうおう)の力を結集した五大尊が、不動明王(ふどう)を中心に1幅のなかに描かれ、制作年代は南北朝時代といわれる。

長隆寺の西に隣接して中島宮がある。もとは八剣社(はっけんしゃ)といったが、大正時代社内の諸社が合祀(ごうし)され、その後昭和にはいって改称された。1940(昭和15)年、西北の畑より出土した中島出土骨壺(県文化)の内部に灰や骨片が残存していたことから、火葬骨の納骨埋葬に用いられたことがわかり、この地に有力者が存在したことが裏づけられた。鍍金(ときん)銅製釣灯籠(つりとうろう)(県文化)も伝わっている。青銅製で六角形、ところどころに鍍金(金メッキ)の跡がみられ、観音開きの火入口の扉には花唐草(はなからくさ)の透かしがほどこされている。底部には「天正(てんしょう)十(1582)年」の銘があり、室町末期から桃山時代のものと思われる。

苅安賀駅より北東に600m歩くと国照寺(こくしょうじ)(日蓮宗(にちれん))がある。1559(永禄(えいろく)2)年、岩倉城(いわくら)の落城後、城下より苅安賀村に移転・再建された。孔雀文磬(くじゃくもんけい)(県文化)が伝わる。磬とは、古代中国の楽器で、今では法要開始の合図などに用いられる仏具である。裏に「天福(てんぷく)二(1234)年」の銘があり、力強い形状などから鎌倉期の秀作といえる。

国照寺

馬見塚遺跡 ⑮　〈M▶P.146, 168〉一宮市馬見塚字東見六50
名鉄名古屋本線・名鉄尾西線名鉄一宮駅🚌岩倉行馬見塚
🚶15分

県内有数の縄文遺跡

　バス停から南に向かうと，馬見塚の集落にでる。南の水田の一角に馬見塚遺跡(県史跡)の石柱がある。この遺跡は1926(大正15)年郷土史家の報告により広く注目されるようになり，その後の本格調査で，遺物の出土範囲は広範囲におよび，縄文後期から古墳時代までの複合遺跡であることがわかった。縄文土器・石器・土偶などのほか，2つの甕をあわせて死者を埋葬した合口甕棺などが出土した。出土遺物は一宮市博物館に収蔵・展示されている。

　馬見塚遺跡の南には，一宮繊維卸センター(繊維団地)が広がり，さらに東に進むと国道22号線の下浅野交差点にでる。交差点を渡ると浅野にはいる。この地には，戦国の武将浅野長政邸跡がある。現在は浅野公園として市民に親しまれており，季節にはつつじ祭りが催される。禅林寺(曹洞宗)は，下浅野交差点より北東800mにある。寺の薬師堂の本尊木造薬師如来坐像(国重文)は寄木造で，慈悲深い伏し目のふくよかな顔に，平安時代特有の優美さがうかがえる。

　これより北1kmにある浅野水法の白山社では，旧暦8月1日(八朔)に水法の芝馬祭(県民俗)が行われている。子どもたちが刈り集めたチガヤとよぶ長いシバを使って，祭礼当日年番が芝馬をつくる。ホオズキやトウガラシなどで目をつくり，馬の縄を引いて子どもたちは集落内をまわり，芝馬

水法の芝馬祭　　　　　　　　　　　　　　　　馬見塚遺跡石柱

信仰と織物のまち一宮　　167

馬見塚遺跡周辺の史跡

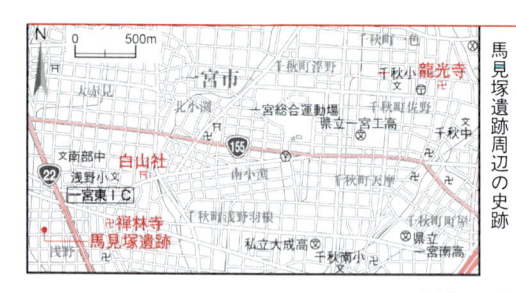

を川に流して祭がおわる。起源は鎌倉時代の蒙古襲来時にさかのぼるといわれ、各家の災難をこの芝馬に託すといわれる。

　白山社より、東北へ2kmいった千秋町に龍光寺(天台宗)がある。この寺の木造十一面観世音菩薩立像(県文化)は、頭上に十一面化仏を配し、彫りもおだやかな平安末期の作といわれる。また牡丹深彫の前卓(県文化)は、香炉・花瓶・燭台をのせる卓で、絢爛豪華な桃山時代の作風を今に伝えている。

浅井古墳群 ⓰

〈M▶P.146〉一宮市浅井町尾関字同者
名鉄名古屋本線・名鉄尾西線名鉄一宮駅🚌宮田本郷行尾関🚶5分

一宮市北部に広がる古墳群

　バス停から東に5分向かうと、浅井古墳群(県史跡)がある。一宮市北部は、尾張平野のなかでもっとも古墳が多く分布している地域である。木曽川左岸の扇状地末端にあり、水稲栽培には不向きだが、交通の要所であることから集落が築かれ、古墳がつくられたと考えられている。かつては50基近くあったが、大部分は消滅し、現在ではおもなものに円墳の毛無塚古墳・岩塚古墳・桃塚古墳、前方後円墳の愛宕塚古墳・小塞神社古墳(いずれも県史跡)の5基がある。いずれも古墳時代後期の築造と考えられ、ほとんどが横穴式石室で、追葬可能な家族墓的性格をもっている。毛無塚古墳は直径38mと本古墳群中最大で、岩塚古墳出土の家形石棺をはじめ多くの出土品は、一宮市博物館で展示されている。

　小塞神社古墳の東側の県道を南に2km進み、東浅井の交差点をすぎた

桃塚古墳

御囲堤

コラム

　一宮市北方町から江南市草井までの約8kmにおよぶ木曽川堤には、市民の憩いの場である桜並木(国名勝・国天然)がある。この堤は、昔から御囲堤といわれている。1593(文禄2)年豊臣秀吉により築堤がはじまり、その後1610(慶長15)年徳川家康の命をうけた初代尾張藩主徳川義直が、犬山から弥富までの約47kmにわたる大築堤を行った。

　サクラの植樹は、1885(明治18)年にまでさかのぼる。サクラの種類は、ヤマザクラ・ヒガンザクラ・シダレザクラなどで、現在地元では、指定当初の景観の再現を目標に、桜並木の整備が進められている。

　国営木曽三川公園・138タワーパークには、一宮をもじった高さ138mのツインアーチ138をはじめ、バラ園、ツゲを使った日本初の植栽庭園迷路、初夏のポピー畑、秋のコスモス畑などがあり、タワーをあがれば、春は木曽川堤の延々と続く桜並木を上空から眺めることができる。

ツインアーチ

ところに長誓寺(浄土真宗)がある。長誓寺本堂(県文化)は、名古屋城三の丸にあった尾張藩重臣の渡辺半蔵邸の書院を、1874(明治7)年にゆずりうけ移築したものである。正面に広縁がめぐり、書院窓や武者隠しの遺構がある簡素な江戸初期の建造物である。

　長誓寺より南に1kmほどいくと、丹羽の交差点すぐ南に有隣舎跡がある。有隣舎は鷲津幽林の私塾万松亭が1780年代に改称・発展した漢学塾で、鷲津一族をはじめ、森春濤ら学者や文化人を輩出し、天下にその名が知られていた。

　浅井の隣、北方町には、大日霊神社に奉納されるばしょう踊(県民俗)が伝承する。

長誓寺本堂

信仰と織物のまち一宮

起宿とその周辺

③ 一里塚や脇本陣、木曽川への渡船場跡が残り、美濃路の面影を色濃くとどめる。

萩原宿と冨田一里塚 ⑰

〈M▶P.146,170〉一宮市萩原町萩原・尾西市冨田

名鉄尾西線萩原駅 🚶8分・🚶40分

萩原駅から西に向かうと、美濃路萩原宿として栄えた萩原町にはいる。徳川家康が関ヶ原の戦い後に凱旋したことで御吉例街道や御悦街道ともいわれた美濃路は、東海道宮(熱田)宿から中山道垂井宿までの7宿をつなぐ14里余(約55km)の脇街道で、大名行列・朝鮮通信使・茶壺道中なども往来した重要街道であった。

萩原宿は1843(天保14)年の『美濃路宿村大概帳』では本陣・脇本陣・問屋場、旅籠屋17軒・家数236軒、人口は1002人とあり、美濃路の宿のなかでもっとも小さい宿であった。問屋場は上・下2カ所におかれ、2日交代で人馬継立の業務を行った。街道沿いは現在商店街が軒を並べ、その西端に正瑞寺(浄土真宗)があり、美濃路はここで右におれる。かつてはこの角に高札場があり、ここ

美濃路で最小の宿場 左右にエノキの残る一里塚

起宿・萩原宿周辺の史跡

萩原宿問屋場跡碑

冨田一里塚

木曽川が育んだ尾張西部

市川房枝と三岸節子

コラム

郷土がうんだ女性参議院議員市川房枝(1893〜1981)は、1893(明治26)年中島郡(現、尾西市)明地に生まれ、幼いころより女性の地位に疑問と悲しみを感じ、それが一生の原点となった。師範学校卒業後地元小学校で教鞭をとり、その後新聞記者を経て上京し、平塚らいてうと知りあった。

1920(大正9)年平塚とともに新婦人協会を設立。男女平等や女性・母・子どもの権利をまもることを訴え、婦人参政権獲得に努力した。昭和初期、世のなかがファシズムの時代にはいると、生活に直結した市民運動にも力をそそぎ、第二次世界大戦後は、5期25年間にわたり参議院議員をつとめた。地元尾西市では、寄付された遺産により、児童図書館と吉藤市川公民館が建設された。そして、1981(昭和56)年、これまでの功績がたたえられ尾西市名誉市民となった。

女性洋画家として初の文化功労者になった三岸節子(1905〜99)は、1905(明治38)年中島郡中島に生まれた。名古屋の高等女学校を卒業後上京し、女子美術学校に進んだ。

卒業後の19歳秋には洋画家三岸好太郎と結婚、翌年第3回春陽会展に女性画家として初入選し、脚光をあびた。29歳で夫が急逝したのちも、3人の子どもをかかえながら女流画家協会を設立するなど、女性画家の地位向上につとめた。そしてフランス滞在時期を含め、生涯制作意欲が衰えることはなかった。1986(昭和61)年、勲三等宝冠章を受章し、その後、尾西市の名誉市民にもなった。

1998(平成10)年、市はその功績をたたえ、生家跡に尾西市三岸節子記念美術館を開館した。記念美術館ののこぎり屋根は、尾西市でよくみられた機織り工場を模したもので、作品や土蔵展示室に加え、ハイビジョンコーナーでは貴重な三岸の映像をみることができる。

吉藤市川公民館内部

尾西市三岸節子記念美術館

からが宿の中心であったが、今では問屋場・本陣跡の石碑がそれを伝えるのみである。

萩原をぬけ、日光川にかかる「はぎわら波志(橋)」を渡ると、尾西市にはいる。北に向きをかえた街道の信号を渡ると、馬方佐吾平の哀話を伝える孝子佐吾平遭難遺跡を右にみることができる。そしてさらに街道を北西に向かい、冨田へはいるとまもなくして冨田一里塚(国史跡)にでる。江戸幕府は街道1里(約3.9km)ごとに塚を築き、エノキを植えて目印とした。冨田一里塚は左右とも高さ1.8mほどの方形塚で、美濃路でその面影をとどめている場所である。

起宿 ⑱　　〈M▶P.146,170〉尾西市起
名鉄名古屋本線・名鉄尾西線名鉄一宮駅循環🚌起行起🚶5分

往時をしのばせる脇本陣常夜灯の残る渡船場跡

　バス停から西に徒歩5分で起宿にはいる。1843(天保14)年の『美濃路宿村大概帳』によれば、起宿は本陣1軒・脇本陣1軒・問屋場2軒・旅籠屋22軒・家数887軒、人口4094人であったという。本陣・問屋場は、加藤家が代々兼務した。この家から本居宣長に師事し、尾張藩政改革にも協力した国学者加藤磯足がでた。なお、その建物は、1891(明治24)年の濃尾地震により倒壊し、今では記念碑が残るのみである。また、脇本陣は林家が代々継承し、地震倒壊後再建された林家の建物は、隣接する尾西市歴史民俗資料館の別館(旧林家住宅・国登録)として一般公開されている。この地域一帯は、毛織物生産地としても有名である。

　本陣跡より街道を5分ほど北上すると大明神社があり、境内には巨大な大イチョウとヤマガキ(いずれも県天然)がある。大明神社の前がかつての起渡船場跡(県史跡)の1つ宮河戸跡である。起は、上の定渡船場・中の宮河戸・下の船橋河戸と3つの渡船場をもっ

旧林家住宅　　　　　　　　　　　　　　　　　　金刀比羅社

木曽川が育んだ尾張西部

祖父江町のギンナンと島本の虫送り行事

コラム 行

　祖父江町は、ギンナンの生産量日本一を誇る町である。町内には樹齢100年をこえるイチョウの木が多数植えられている。この地域には冷たい伊吹おろしが吹きつけるため、防風林をかねて、古くから屋敷のまわりにはイチョウが植えられてきた。屋敷内に植えられた木から収穫し出荷されてきたことから、屋敷銀杏とよばれている。

　また、祖父江町島本地区では、毎年7月10日に水田の害虫駆除を祈願する虫送り行事が行われる。源平合戦のときに稲の切り株に足をとられ、敵に討たれた平家の武将斎藤実盛の霊が害虫となり、イネに取りつくという伝承による。麦わらでつくったサネモリ人形を先頭に、松明を手にした大人と子どもが鐘や太鼓を打ち鳴らしながら田の畔道を練り歩く。最後に近くの神明社で人形が燃やされる。ここ島本地区と常滑市矢田地区の行事をあわせ、尾張の虫送り行事(県文化)といっている。

イチョウ並木

島本の虫送り行事

た川湊の宿場町であった。定渡船場は、金刀比羅社の前で、「起渡船場跡」と記された石碑と常夜灯がある。宮河戸は、起の商家の物資輸送船が発着する湊であった。船橋河戸では、将軍上洛や朝鮮通信使などの行列に際して、船を並べ固定した船橋が架設された。「起川船橋略絵図」によると、大船44艘、小船230艘の計274艘が用いられた。橋の長さは475間3尺(約864m)にもなった。架橋は、1607(慶長12)年から1764(明和元)年までの間に18回行われ、通行が終了すると解体されたことから、美濃路が軍事的に重要視されていたことがうかがえる。また起宿を1729(享保14)年交趾(ベトナム)から贈られた徳川将軍家への献上象1頭がとおった記録や、1549(天文18)年斎藤道三と織田信長が会見をしたと伝えられる聖徳寺跡も美濃路脇に残る。起宿や美濃路については、脇本陣旧跡に

起宿とその周辺

たてられた尾西市歴史民俗資料館で詳しく紹介されている。

賀茂神社 ⑲

〈M▶P.146〉葉栗郡木曽川町玉ノ井字穴太部4　P
名鉄尾西線玉ノ井駅 🚶 4分

鎌倉街道の要地由緒ある玉ノ井の霊泉

賀茂神社玉ノ井の霊泉

玉ノ井駅から北に120mいき，交差点を右に200mいくと賀茂神社(祭神玉依姫命・賀茂雷神)がある。創建年代は不明だが，古来より玉ノ井の霊泉が有名で，天皇や公卿，武将らが訪れている。社宝として，南北朝時代の鬼神面(県文化)が所蔵されている。

木曽川町黒田には，1190(建久元)年源頼朝が上洛のおり，宝剣を献上した剣光寺(臨済宗)があり，そこから東へ400mいくと，山内一豊誕生の地と伝えられる黒田城跡がある(誕生地については岩倉市説もある)。一豊は1546(天文15)年にここで生まれ，13歳のとき織田信長勢の襲撃にあい，黒田城を去ったという。毎年夏には一豊まつりが開催されている。またこの町の出身者には，日本画家の川合玉堂(1873～1957)がおり，その作品は木曽川町立図書館の玉堂展示室でみられる。

本源寺 ⑳
0587-97-1858

〈M▶P.146〉中島郡祖父江町三丸渕字宮裏45　P
名鉄尾西線丸渕駅 🚶 9分

尾張藩主の霊所の門を移築した山門

丸渕駅から線路沿いに北へ200mいき，そこから東の住宅地に向かって520mいくと本源寺(浄土真宗)がある。山門は，3代尾張藩主徳川綱誠の霊廟にたてられていた門を，名古屋の建中寺より移築したものである。また，寺に所蔵されている一切経(県文化)は京都三聖寺旧蔵本で，1832(天保3)年に伝えられた。

祖父江町の東南に隣接する平和町には，城西に織田信長誕生の城ともいわれる勝幡城跡があり，下三宅には屯倉(古代大和朝廷の直轄領)址や仁王門(1560年ごろ製作)，平和町最古の木造建築である長福寺がある。

木曽川が育んだ尾張西部

④ 歴史と伝説の海部東部

戦国武将蜂須賀小六や福島正則ゆかりの地であり、日本武尊や安倍晴明らの伝説の地でもある。

明眼院 ㉑
052-441-0075

〈M▶P.147,176〉 海部郡大治町馬島76 🅿
名鉄バスセンター🚌津島行大治町役場前🚶2分

眼病治療で高名な勅願寺 面影を残す薬草園

バス停の信号を北へまがると、すぐ正面に明眼院（天台宗）がある。この寺は春日井市の密蔵院の末寺で、古くは五大山安養寺といった。

802（延暦21）年、聖円上人が行基作といわれる薬師如来を本尊として開いたと伝えられる。18坊を有する大伽藍の寺院であったが、南北朝の戦乱で、1坊を残してことごとく焼失した。その後、清眼僧都が1357（延文2）年に堂塔を再建、中興の開山となった。清眼は、薬師如来の夢の告げによって眼病の治療にあたり、多くの人を助けた。こののちも、代々の住職が眼病の治療にあたっていたが、1632（寛永9）年、当時の住職円慶が後水尾上皇の3女の眼病を治癒させた功績によって、明眼院の寺号をさずけられ、勅願所となった。さらに1766（明和3）年に円海法印が桃園天皇の2女の眼病を治したことにより、その名が広まり、眼病患者が全国から押し寄せたという。明治にはいって眼科治療は廃業となったが、現在でも境内の薬草園に昔の面影が残っている。

明眼院診療所跡の碑

寺には、唐代の金剛鈴杵、明代末の絹本著色花鳥図3幅、桃山時代雲谷派の紙本墨画円画山水図、江戸時代の狩野常信筆の絹本墨画風神雷神図、陶製呂宋茶壺・古萩茶碗・茶箱一合（いずれも県文化）など多数の文化財があり、往時の繁栄を物語っている。

七宝町のラカンマキ ㉒

〈M▶P.147,176〉 海部郡七宝町安松
名鉄バスセンター🚌津島行七宝町役場前
🚶10分

バス停から西へ300m進み、七宝町役場北交差点を右折し、600m北にいった遠島の八幡神社には、拝殿前に高さ13m・幹の周囲2.53

歴史と伝説の海部東部　175

海部東部の史跡

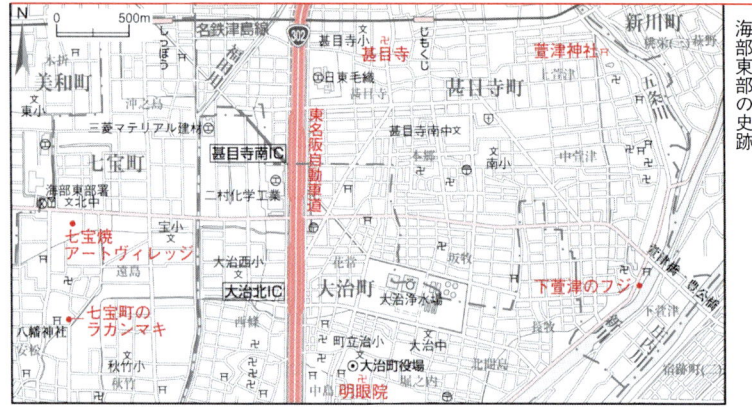

県内有数の巨木 尾張七宝焼のふるさと

mの県下有数の巨木である七宝町のラカンマキ（県天然）がある。地上2mほどのところで枝が3つに分かれ、東西11.2m・南北14.2mにおよぶ広がりをみせている。

　七宝町は尾張七宝焼で知られている町である。七宝焼は、1830年代に近代七宝焼の祖といわれる梶常吉が従来の未熟な技術を改良し、その後林庄五郎が製法を発展させたものである。八幡神社内に庄五郎の顕彰碑があり、七宝町役場北交差点の北西角には、上部に「Shippoyaki Toshima」とローマ字で、その下に漢字で「七宝焼原産地」と記した珍しい道標がたっている。町内には数多くの窯元があり、1995（平成7）年には尾張七宝として伝統的工芸品の指定をうけた。

　八幡神社から200m西へ進み、最初の交差点を右折、北へ600mいくと、七宝焼の継承・発展をテーマとした総合施設七宝焼アートヴィレッジがある。

萱津神社 ㉓
052-444-3019

日本武尊伝説の神様 漬物の神社

〈M▶P.147,176〉 海部郡甚目寺町上萱津字車屋19　P
名鉄名古屋本線須ヶ口駅 徒歩15分

　須ヶ口駅から西へ900mいくと、五条川にかかる法界門橋に着く。橋を渡って川沿いに300m下流に向かって右岸を歩くと、全国でも珍しい、漬物の神をまつる神社として知られる萱津神社にでる。この神社には、かつて社叢であった阿波手の森にまつわるつぎのような日本武尊伝承がある。

　日本武尊は伊吹山で負傷した帰途、尾張熱田にいた妻の宮簀媛に

176　　木曽川が育んだ尾張西部

七宝焼

コラム　作

　七宝焼アートヴィレッジは、七宝焼に見て・触れて・学んで・体験することができる生涯学習の拠点となっている。たとえば、七宝焼体験ゾーンでは、銅の素地に各種の図柄や花模様を描き込み、それらの模様に応じたいろいろな色彩のガラス質の釉薬を高温で焼きつける過程をとおして、オリジナルの七宝焼づくりを体験することができる。また、町内にある多くの窯元が出品しているので、花瓶・額・飾り皿・銘々皿などさまざまな製品を購入することもできる。

七宝焼アートヴィレッジ

あえないまま伊勢に旅立った。そのさびしさを榊に託し植えたところ、それが神社の森となった。

　人びとは、日本武尊の気持ちを思い、この森を「会はでの森」とよぶようになり、いつしか「阿波手」の字があてられるようになった。

　尾張の国司が、この森の枝のつながった榊を、后のいなかった陽成天皇に献上したところ、皇后を迎えることができ、皇子を授かったことから評判が広がり、紫式部の「かきたへて　人も梢のなげきとて　はてはあはでの　森となりけり」をはじめ多くの和歌に詠まれた。近世になってもこの森はますます名を高め、連歌師の里村紹巴や読本作家の滝沢馬琴など多くの文化人が訪れた。現在は、神社から少し離れた法界門橋のたもとに「阿波手の森」と書かれた碑がたっている。

　また、傷をおった日本武尊にこの地の農民が塩漬けにした野菜をさしだしたところ、「藪に神の物」といって食したという伝承もある。それが香の物(漬物)の始まりと伝えられている。毎年8月21日に

萱津神社香の物殿

歴史と伝説の海部東部

は全国から漬け物業者が集まって香の物祭が行われる。当日は、復元された香の物殿で、古式に則った漬物づくりを体験できる。また、前年の祭りの際に漬けた漬物を販売しているので、昔ながらの味を味わうこともできる。

なお、神社の前の道は、鎌倉時代に鎌倉と京都を結ぶ道として設置された旧鎌倉街道である。この街道の様子は、『海道記』や『東関紀行』などの紀行文、「富田荘絵図」などによって知ることができる。松並木に往時をしのぶことのできるこの街道は、代表的な説教節「小栗判官」の舞台としても知られ、小栗街道の別名もある。

萱津神社から南へ1kmほどいった、新川右岸の、かつて渡し場のあったところに下萱津のフジ（県天然）がある。大小16本の幹枝がたがいに絡みあってたち、東西15m・南北24mもの広がりをもっている。かつては初夏に多くの見物客で賑わっていたが、現在は非公開となっている。

甚目寺 ❷

052-442-3076

〈M▶P.147,176〉海部郡甚目寺町東門前24 P

名鉄津島線甚目寺駅 🚶 7分

飛鳥時代創建の名刹
尾張四観音の一つ

甚目寺駅から南へ約200mいくと商店街につきあたる。この商店街を西に向かうと、すぐに甚目寺観音として親しまれている甚目寺（真言宗）にでる。

13世紀に書かれた寺宝の「文永甚目寺縁起」には、597年、甚目竜麻呂という漁師が海中から紫金（赤銅）の聖観音像を拾いあげ、その像を安置するために御堂を建立したと記されている。このとき、竜麻呂の姓から、甚目寺と名づけられた。その後、天智天皇が病気になったとき、この寺での祈願の甲斐あって平癒したことから勅願寺となった。さらに天武天皇の時代の679年、「法皇寺」の寺号をくだされたといわれている。出土した瓦

甚目寺南大門

甚目寺三重塔

から、7世紀後半の白鳳時代には伽藍のあったことが確認されている。

　1283(弘安6)年、時宗の祖一遍がこの寺を訪れ、先祖の霊や無縁仏を供養する7日間の施食を行ったことが『一遍上人絵伝』に描かれている。この絵から鎌倉時代の寺の様子や当時の民衆の姿を知ることができる。こののち、豊臣秀吉が300石を寄進したのをはじめ、安土桃山・江戸時代にわたって、時の権力者の保護をうけて隆盛した。『尾張徇行記』によれば、寺領300石余・田畑23町余を有する広大な寺院であったことがわかる。

　江戸時代、甚目寺は尾張四観音の第1位の格をもつ寺院として栄えた。門前町も、名古屋から枇杷島を経て津島に至る上街道沿いにあり、江戸時代の脇街道として知られる美濃路の清洲(須)からは南西3km、また佐屋路の間島(大治町)からも北3kmと近いこともあって、初観音の際には大勢の参拝客で賑わった。その賑わいは、1814(文化11)年刊の石橋庵真井の『津島廻りひざくりげ』に詳しく、売薬・煮売りの店・そば屋・甘酒屋などの出店だけでなく、のぞき座・芝居小屋・見世物小屋もあり、「参詣の諸人群集」をなす状況であった。

　現在でも、初観音・節分会の際には賑わいをみせ、多くの屋台がでて、節分豆をはじめカラカラ太鼓(豆太鼓)などのみやげ物が売られている。

　古刹である甚目寺では、多くの文化財を目にすることができる。源頼朝の命をうけて梶原景時が奉行となって建立されたと伝えられる南大門(国重文)は、柿葺き・入母屋造の三間一戸の楼門で、左右には一対の木造仁王像(県文化)が安置されている。阿形像は高さ363cm、吽形像は高さ348cmあり、ともに寄木造の力量感あふれる写実的・豪壮な像である。運慶作と伝えられ、楼門とともに古刹にふさわしい威容を誇っている。

歴史と伝説の海部東部

南大門をはいってすぐ左手には、おだやかな作風の<u>木造愛染明王坐像</u>(県文化)をまつる<u>三重塔</u>(国重文)がある。名古屋の吉田半十郎という人物が、1627(寛永4)年に寄進して建立したもので、高さは28mあり、三重塔としては全国屈指の大きさである。恋愛成就など願掛けのため、思いがとおるようにということで、底のない柄杓が多くおさめられ、塔の入口にかけてある。

　このほか建築物では、銅板葺き・切妻造の四脚門で、桃山文化の影響を残している1634年建立の<u>東門</u>(国重文)が目をひく。工芸では、平安時代のものと考えられる<u>瑞花双鸞七稜鏡</u>(県文化)や、「建武四(1337)年」銘の<u>梵鐘</u>(県文化)が伝えられている。また絵画では、俗に青不動とよばれている<u>絹本著色不動尊画像</u>(国重文)やのちに描き加えられた老婆の絵が、かえって独特な形をつくりだしている<u>絹本著色仏涅槃図</u>(国重文)がある。さらに19世紀前半に復古大和絵の祖として活躍した田中訥言筆の「<u>郭公の図</u>」「<u>蝦蟇の図</u>」「<u>襖絵夕影山の図</u>」の水墨画3点(いずれも県文化)が釈迦院におさめられていたが、現在は東京・京都・名古屋の博物館に収蔵されている。

菊泉院 ㉕
052-444-0936
〈M▶P.146,181〉 海部郡美和町二ツ寺字屋敷69　P
名鉄津島線木田駅 🚶25分

福島正則の菩提寺　寺内に顕彰碑

　木田駅をでてすぐに左折し、100mいって最初の交差点を右折して1.3km北上、三叉路を右へまがって東に600mいくと寺の案内板がある。そこで左にまがって道なりに300m進むと、福島正則生誕地と菩提寺である<u>菊泉院</u>に着く。

福島正則の菩提寺菊泉院

　寺伝によると、創建時(鎌倉時代)は浄土真宗の寺院であったが、1592(文禄元)年、正眼寺12世の明叟周見禅師により曹洞宗の寺院に改めて開山された。すでに伊予国11万石の大名となっていた正則が、寺領50石をあたえて菩提寺としたの

晴明伝説

コラム
伝

　甚目寺町には，室町時代以来の芸能である説教節を説教源氏節として伝え，演じているグループがある。これは，東京都の多摩地方や新潟県佐渡島などでしか伝承されていない珍しい芸能である。

　その演目の1つに「芦屋道満大内鑑」より「久寿の葉子別れの段」があり，みるものに感動をあたえる。この作品の主人公葛の葉（じつは白狐）の子どもが陰陽師として有名な安倍晴明といわれている。

　この物語の舞台は，一般には和泉国信太（現，大阪府和泉市）といわれているが，キツネが正体をあばかれ，森へ去る際に詠んだ和歌「恋しくば　たずねきてみよ　和泉なる　しのだの森の　うらみ葛の葉」の「しのだ」と現在の美和町篠田が同じ地名であることから，ここに葛の葉稲荷が勧請された。かつては商売繁盛の神として知られていた。

　また甚目寺町新居屋には，安倍晴明が田にむらがる害虫に悩まされていた村人を助けたという言い伝えがあり，村人は晴明塚を建立してその功績にむくい，字名も清明とつけたといわれる。

ではないかと考えられている。

　豊臣秀吉の家臣として活躍した正則は，関ヶ原の戦いののち広島城主として49万8000石の大名となり，名古屋城普請の際に堀川を築くなどの功績をあげた。しかし1617（元和3）年，広島の水害に際し城の応急修理を行ったことで，翌々年，「武家諸法度」の無断修理の罪に問われて改易され，信州高井野村で晩年の5年間をすごした。その間，松川堤防工事などの水利事業を行い，人びとに慕われながら1624（寛永元）年没した。死後，家臣の大野平内らが正則の位牌や護持仏の木造毘沙門天立像などをこの寺に奉納し，現在に至っている。寺では2003（平成15）年，福島正則没後380年祭を行い，寺内に顕彰碑を建立した。

美和町周辺の史跡

法蔵寺 ㉖　〈M▶P.146,181〉海部郡美和町中橋字郷中43
052-444-6745　名鉄津島線木田駅🚶30分

　木田駅をでてすぐに左折し，またすぐに右へまがって花正の交差

歴史と伝説の海部東部　181

法蔵寺鉄造地蔵菩薩立像

尾張最古、鎌倉期の鉄地蔵　安産祈願の信仰

点まで400m北上、信号を左へまがって西に600mいくと、法蔵寺鉄地蔵の案内板がある。そこを右にまがって、さらに600mいくと右側に浄土宗西山禅林寺派の法蔵寺がある。

寺伝によると、1560(永禄3)年、蜂須賀小六は桶狭間の戦いに出陣するにあたり、戦勝を祈念して蜂須賀の蓮華寺に奉安されていた鉄地蔵を戦場へ持参しようとした。しかし、あまりにも重いため、中橋村に地蔵をおいて、鉄錫杖のみをもって戦場に赴き、大勝利を得た。その後、中橋村の村民は地蔵をこの寺にまつったといわれる。寺の本尊である鉄造地蔵菩薩立像(国重文)は1230(寛喜2)年の作であり、法衣の線条の細部が不明確で、鋳出しの粗雑さがうかがわれるが、量感にあふれた鎌倉時代特有の雰囲気をただよわせている。尾張地方に伝わる鉄地蔵としては古いもので、大変貴重である。また、開運延命子安地蔵菩薩として安産祈願の信仰を広く集めている。

法蔵寺は、かつては小さな堂宇で宗派も不明であったが、1564(永禄7)年、永照良慶が開山して以降は、浄土宗寺院として現在に至っている。

蓮華寺 ㉗
052-444-1272

〈M▶P.146,181〉海部郡美和町蜂須賀字大寺1352　P
名鉄津島線青塚駅 🚶10分

蜂須賀小六のふるさと　自然が生きる名勝庭園

青塚駅をでて左へいき、すぐに右折して100mいくと、左側に弘法大師常夜灯がある。そこを左折して神社の森を正面にみながら800mいくと蓮華寺(真言宗)に着く。

蜂須賀弘法として広く信仰を集めている蓮華寺は、空海によって開基されたと伝えられている。その後、1264(文永元)年に稲沢市にある性海寺中興の祖でもある良敏が、近在の村人の懇請によりこの寺を中興した。永らく真言宗寺院として本山をもたずにいたが、1879(明治12)年に智積院の末寺となり、智山派の寺院として現在に至っている。

江戸時代には、この地出身の蜂須賀小六の子家政が寺領50石を寄

蓮華寺大師堂

進し，以来，代々阿波藩主蜂須賀家の帰依をうけた。約2万m²の境内地をもち，大師堂(本堂)をはじめ，山門・客殿・書院などが建立された。

また，平安時代の優美な木造仏頭，鎌倉時代の金剛界及び胎蔵界曼荼羅，さらには「延徳二(1490)年」の寄進銘のはいった法華経紫紙鎌倉版(いずれも県文化)など，多くの文化財を所有している。

本堂庫裏の裏にある蓮華寺庭園(県名勝)は，技巧を用いず自然をいかして雅を表現したすばらしい庭園で，室町時代の遺風を今に伝えている。園内にある高さ20mのカヤノキ(県天然)は，樹齢400年をこえると推定され，東西13m・南北10mのみごとな枝張りをみせている。これらの常緑広葉樹林の豊かな自然を保つため，蓮華寺北部の小さい丘を中心とした一帯は，1975(昭和50)年，県の寺叢自然環境保全地域に指定された。

青塚駅から南へいき，天王橋を渡って2つ目の交差点を左折し，東へ200mいくと，明安寺(浄土宗)に着く。この寺には木造仏頭(県文化)が安置されている。高さ40cmほどのもので，顔の部分の保存状態がよく，髪の部分や肘から肩までの部分に描かれた文様などから，平安時代後期の大日如来像と考えられている。伝承はあきらかでないが，明治初期の廃仏毀釈のさなか，明安寺に移されたと考えられている。

明安寺から西200mの，交差点を左折して，津島東高校を右にみながら1.5km南へいった交差点を左折して200mいくと，佐屋路の旧神守宿に着く。神守宿は，北から上町・中町・下町の3町で構成され，本陣は上町にあった。旅籠が12軒あり，中町に問屋場や高札場，下町の東の入口に一里塚があった。なお，塙保己一の塾頭として『群書類従』の編纂などでも活躍し，『年々随筆』などの作品を残した石原正明はこの地の出身で，中町に石原家の墓が残っている。

⑤ 天王信仰のふるさと津島

織田信長も感嘆した津島神社の天王まつりは，五艘の巻藁船が幻想的な世界をかもしだす。

津島神社 ㉘
0567-26-3216
〈M ▶ P.147,185〉 津島市神明町1　P
名鉄津島線津島駅 徒歩15分

荘厳な天王まつりは7月
天王信仰の本宮

　津島駅前の津島神社まで続く天王通の商店街を通って西へ1kmいくと，津島神社(祭神建速須佐男命・大国主命)の鳥居にでる。津島神社は，欽明天皇のころ(6世紀中ごろ)の創建と伝えられ，古くは津島牛頭天王社とよばれていた。「津島の天王さん」として人びとに親しまれ，「お伊勢さんに詣って天王さんを詣らぬのは片詣り」，「東の津島，西の八坂(祇園社)」といわれ，京都の八坂神社と並ぶ牛頭天王信仰の中心であった。約3000の末社をもち，全国津々浦々から参詣者が訪れる。

　朱塗りの鳥居をくぐり，アーチ形の石橋をすぎると，檜皮葺き・入母屋造の大きな三間一戸の楼門(東門・国重文)がある。墨書から1591(天正19)～92年に建立されたことが判明している。この楼門は本殿の東に位置しているが，かつては神社の東側を天王川が流れ，御輿渡御の際の御旅所もあるため，一般的にはこの門が正門としての役割をになっており，門前町も東側に広がっていた。

　楼門の西には，檜皮葺き・切妻造の拝殿，その奥に祭文殿と釣殿(いずれも県文化)さらに本殿(国重文)がある。本殿は，檜皮葺き・三間社流造で，棟札により1605(慶長10)年の造営であることがわかる。徳川家康の4男で清洲(須)城主松平忠吉の妻が，病弱な忠吉の健康を祈願して寄進したものである。これらの建造物はほぼ左右対称に配置され，回廊で結ばれている。尾張造といわれるこの地方独特の形式のもので，

津島神社本殿

184　木曽川が育んだ尾張西部

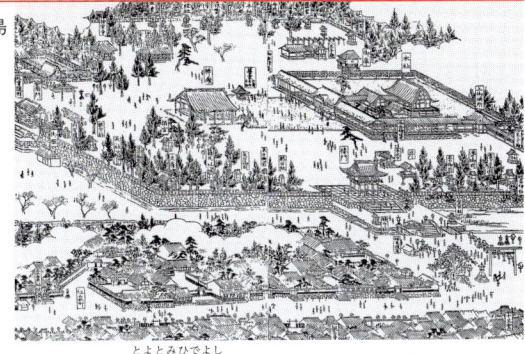

『尾張名所図会』に描かれた津島神社

江戸時代の『尾張名所図会』に描かれた姿が，現在もほぼ同じ形で残されている。

南門(県文化)は1959(昭和34)年の伊勢湾台風によって倒壊したが，復旧作業の際にみつかった墨書により，豊臣秀吉が発病した1598(慶長3)年に，秀頼が父の病気平癒を願って造営したことがあきらかになった。ほかに県指定文化財の建造物として，祭文殿・蕃塀・廻廊・摂社弥五郎殿社本殿及び拝殿・居森社本殿・荒御魂社本殿・八柱社本殿などがある。

このほか真守銘の太刀・長光銘の剣(ともに国重文)や1588(天正16)年制作とみられる石造の狛犬，鎌倉時代後期の鉄灯籠，「津島神社文書」(ともに県文化)など，文化財も枚挙にいとまがない。また自然にも恵まれ，津島神社のイチョウ(県天然)など，県内でも代表的な樹木が多くみられる。

さらに神社の南門をでて西へ250mいき，国道155号線を南へ600

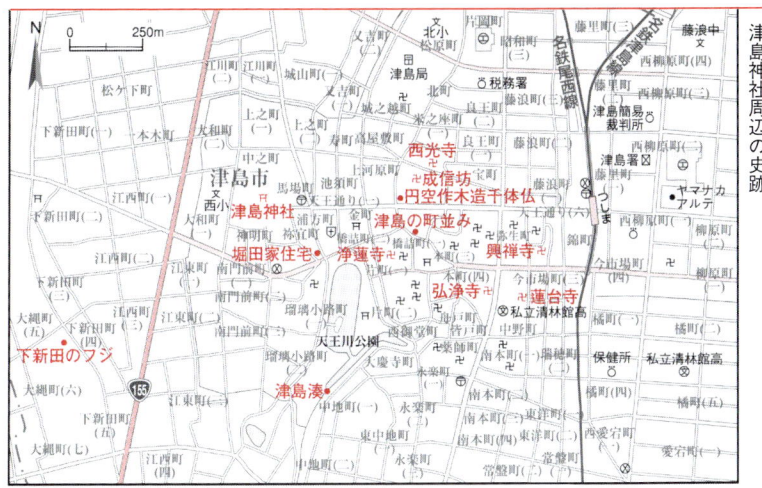

津島神社周辺の史跡

天王信仰のふるさと津島

mいったところには、下新田のフジ(県天然)がある。

堀田家住宅 ㉙

〈M▶P.147,185〉 津島市南門前町1-2-1
名鉄津島線津島駅🚶15分

江戸中期の町屋建築 津島神社の社家

津島駅から津島神社まで続く天王通に沿って1kmいくと、津島神社の鳥居に着く。左折して神社の東の道を100mいくと、黒塀に囲まれた堀田家住宅(国重文)がある。18世紀前半の正徳年間(1711～16)にたてられた、尾張の町屋建築を代表する建物である。

堀田家住宅

堀田家は津島神社の社家の系譜を引く一族で、初代は福島正則につかえたが、1600(慶長5)年、津島に戻り神職についたと伝えられている。その後の手広い事業で財をなし、名家として苗字帯刀を許されるほどの家柄となった。今も2000m²をこえる敷地に、内玄関・茶室、梲(卯建)のあがった屋根などを備えており、往時の繁栄をしのぶことができる。

津島湊 ㉚

〈M▶P.147,185〉 津島市天王川公園内 P
名鉄津島線津島駅🚶15分

古代以来の交通の要地、津島の渡し

津島駅前の津島神社まで続く天王通を800m進み、天王通1丁目の交差点で左折し、南へ200mいくと、津島市民憩いの場となっている天王川公園に至る。公園内の、天王まつりで巻藁船が通過する

津島湊の碑

木曽川が育んだ尾張西部

津島神社の天王まつり

コラム 祭

　天王まつりは、かつては津島祇園会と称されていた津島神社の夏季大祭である。明治以前は牛頭天王を、そして現在は須佐之男命をまつる祭礼として、500年以上も津島の人びとに親しまれてきた。

　宵祭の日(7月第4土曜日)、堤下・米之座・今市場・筏場・下構の5村(現在は町)では、午後7時に車河戸で如意とよばれる柱に12個の提灯をともし、太鼓を連打して祭りの開始を合図する。祭りに使う船は、2艘を結びあわせた双頭船で、それぞれの船の如意のまわりに、365個(閏年は366個)の提灯を半円形・山型に整えて巻藁船の形をこしらえていく。8時45分の出船の時間になると、提灯に灯がともされた巻藁船が、津島笛と太鼓をかなでながらゆっくりと天王川を漕ぎ渡る。このころになると、かつて織田信長や豊臣秀吉、代々の尾張藩主も興じた火と水の宵祭は最高潮に達する。9時30分、船は御旅所に到着、神事をとり行い、再び車河戸に戻り、午後10時30分ごろ幻想的な祭りはおわる。

　翌日は朝祭。南朝遺臣の子孫である服部家を車宿として朝祭のみ参加の市江車を先頭に、高砂・経政・吉野天人・班女・是界などの能人形をかざった屋台をのせ、唐破風の屋根をしつらえた6艘の車楽舟が、奏楽をかなでながら天王川を漕ぎ渡る。先頭の市江車から布鉾をもった10人の若者が御旅所へ渡るため水中にとびこむと、観衆は拍手喝采、朝祭はクライマックスを迎える。

　この祭りは「尾張津島天王祭の車楽舟行事」(国民俗)として、また車楽は「尾張津島の天王祭の車楽」(県民俗)としても文化財指定をうけ、くつわ踊り(県民俗)や秋祭りとともに市民に親しまれ、毎年数十万人の見物人が訪れる。

　なお、祭りの行われる天王川公園は、詩人野口米次郎ら津島ゆかりの人物の像もみられる。桜並木や老松、さらにはフジが四季の彩りをそえている美しい公園で、市民の憩いの場となっている。

天王まつりの朝祭

細い水路の横には、津島湊の碑がたっている。
　鎌倉時代の紀行文『海道記』に「市腋を立ちて津島の渡しという所を舟にて下れば……」という記述からも、古くから東海道の交通

の要地であったことがわかる。

　この地を重視したのが、勝幡城主織田信秀であった。彼とその子信長は、この地の有力者と結んで交通の要衝を押さえるとともに、その経済力を背景に台頭し、「天下布武」の足がかりをつかんだ。

円空作木造千体仏 ㉛

〈M▶P.147,185〉津島市天王通り3
名鉄津島線津島駅🚶10分

円空最盛期の作品 完全な形の千体仏

　津島駅から天王通を西へ700mいくと、上街道との交差点にでる。その少し手前の道路の右側にある小さな地蔵堂のなかに、円空作木造千体仏がある。

　1632(寛永9)年、美濃で生まれた天台宗の僧侶円空は、各地を行脚遍歴し、布教のかたわら多数の仏像をつくった。彼が活躍した17世紀後半は、飢饉・風水害で農民たちが困窮していた。円空は人びとの神仏にすがろうとする気持ちにこたえ、救済の願いをこめて多くの仏像をつくった。そのうち約5000体が発見されており、鉈彫りによる独特の作品は、形式にとらわれない素朴な美しさで人びとを魅了している。

　地蔵堂の千体仏は、円空最盛期の延宝年間(1673～81)の作品で、本尊の地蔵菩薩像を中心に5～7cmの小さな仏像1008体が、光背の形式で配置されている。円空作の千体仏のなかでも完全な形で残る貴重な作品である。

　津島市南東部の百町バス停から南へ600mいったところに、廃寺となった徳成寺の千体地蔵(県民俗)がある。この地蔵は、1720(享保5)年、百町村の大椙八左衛門が施主となってつくられたもので、中尊地蔵1体と中列地蔵10体、木像の千体地蔵933体からなっている。施主が、一族から使用人に至るまで、名前と年齢を

円空作木造千体仏のある地蔵堂

木曽川が育んだ尾張西部

記した木札を仏像胎内におさめており，当時の地蔵信仰の様子を示す貴重な資料となっている。さらに500m東にいった蓮光寺には，絹本著色二河白道図(国重文)がある。

成信坊 ㉜
0567-26-3397

〈M▶P.147,185〉津島市本町1-41 Ｐ

名鉄津島線津島駅 徒10分

伊勢長島一向一揆の悲劇を伝える名刹

津島駅から天王通を西へ700mいくと，上街道と交差する。その交差点を右にまがり100mいった右手に，成信坊(浄土真宗)がある。古くは天台宗の寺院であったが，1391(明徳2)年，慶専が本願寺綽如上人の教えをうけ，一向宗に改宗した。その後，1575(天正3)年に信長が伊勢長島の一向一揆を制圧したときに，住職の祐念が，退路をとざされた本願寺教如上人の身替わりとなり，「我こそ教如なり」とさけび，信長軍の矢をうけて絶命した。この間に教如は成信坊に移り，無事であった。このことがあって，成信坊に対し本願寺から津島御坊の名があたえられたといわれる。以後，門跡が東行する際にはこの寺で休息をとるのが恒例となった。

成信坊は別名，「ひき臼寺」ともよばれている。食べ物にかかわる道具を大切にした津島の人びとが，古くなった石臼を読経のあと寺におさめ，それを境内にしきつめたことに由来する。

なお近くには，鎌倉時代の作と考えられる木造地蔵菩薩立像(県文化)が安置されている西光寺(浄土真宗)がある。さらに上街道沿いに西へ300mいくと，南北朝から室町時代にかけての作といわれる絹本著色阿弥陀・十一面観音・地蔵三尊画像や，「天文八(1539)年」銘の四天王像(いずれも県文化)の残る浄蓮寺(浄土真宗)があり，かつての真宗王国にふさわしく浄土真宗の由緒ある寺院が多い。

浄蓮寺から東へ300mのところに蓮台寺(時宗)がある。この寺には，ともに寄木造で，「貞和三(1347)

成信坊

年」の銘がある木造弥阿上人坐像(県文化)や、「文明二(1470)年」の銘がある木造一向上人坐像(県文化)が安置されている。さらに南へ200mいくと、鎌倉末期から室町初期の作といわれる三尊来迎繡仏(県文化)を安置する弘浄寺(浄土宗)がある。

興禅寺 ㉝
0567-28-5835

〈M▶P.147,185〉津島市今市場町3-22　P
名鉄津島線津島駅 徒歩7分

曹洞宗の古刹
津島神社社家の菩提寺

津島駅から天王通を西へ250mいき、飲食店などがあるビルの横筋を南へいくと、すぐに興禅寺に着く。福井県の永平寺と神奈川県の総持寺を両本山とする曹洞宗の寺院で、1381(永徳元)年に萬山喜一が創建した大寺院であったが、1585(天正13)年の地震で多くの堂が破壊された。19世紀中ごろの『尾張名所図会』に、現在の海部郡東部に末寺が10カ寺あり、山門に「海東古禅林」と記された特別な存在の寺院であったことがわかる。僧侶への食事の合図でたたくため廊下などにさげてあるものを雲版というが、この寺には、「延文三(1358)年」銘の雲版(県文化)がある。また、津島神社社家である堀田家の菩提寺として、代々の墓がある。

興禅寺の雲版

津島の町並み ㉞

〈M▶P.147,185〉津島市今市場町・本町・筏場町ほか
名鉄津島線津島駅 徒歩10分

江戸時代の門前町の面影
町全体が「お茶室ロード」

津島駅をおりて天王通を西へ約700mいき、上街道との交差点を左へまがった辺り一帯には、歴史を感じさせる古くからの町並みが残っている。

織田信秀・信長の時代の16世紀、津島神社門前の村々では、年寄または宿老とよばれた人びとを中心に、郷村制的な自治組織が営まれ、現在の本町付近は、米之座・堤下(塘下)・今

津島の町並み

食べる

コラム

あかだ・くつわ

津島神社の門前では，米の粉を熱湯でこね，それを輪切りにし，のばしてちぎり，油で揚げた「あかだ」や，うるち米ともち米に砂糖をまぜ，同じく熱湯でこねたあと，せいろで蒸してから轡の形に仕上げて油で揚げた「くつわ」を食べることができる。どちらもたいへんかたいが，これを食べると病気をしないという言い伝えがある。

レンコンの砂糖漬け

尾張特産のレンコンを薄切りにし，砂糖をまぶして乾燥させた菓子。レンコンの口あたりと甘味がまじりあった菓子で，茶を愛好する地域の人びとに親しまれている。

もろこ寿司

尾張地方では，祭りなどハレの日や法事のときなどに，「もろこ」という小魚を甘辛く煮て，酢飯のうえに並べ，このうえに葉蘭をのせて蓋を押し，寿司にした「もろこ寿司」を御馳走としてつくっている。名物として津島神社門前に続く天王通で食べることができる。

あかだ・くつわ

市場・筏場・下構の津島五カ村とよばれていた。

この地域は江戸時代になってからも上街道沿いの門前町として栄え，今も当時の面影を残している。とくに本町筋とよばれる一帯には大規模な町家が多く，表通りには格子戸の家並みがみられる。頑丈で質のよい母屋の奥には，洗練された生活を象徴するように茶室が設けられ，中庭には水琴窟がおかれている家も多く，町全体が「お茶室ロード」と表現され，津島の伝統文化の象徴となっている。

また，2階屋の1階庇のうえには，町内や隣組の守り神となっている小さな祠(屋根神)がみられ，信仰の一端を垣間みることができる。

屋根神

天王信仰のふるさと津島

6 水郷のふるさとを歩く

佐屋川沿いは水郷の風情を今に伝えている。吉川英治らの句碑があり、文学散歩道となっている。

龍照院 ㉟ 〈M▶P.147,192〉 海部郡蟹江町須成門屋敷上1364 P
0567-95-2917　　JR関西本線蟹江駅 徒歩15分

木曽義仲ゆかりの寺院
重文の十一面観音像

　蟹江駅をでて西側の踏切を渡り、北西に400m進んで突き当りを右折し、しばらくいってT字路を左折すると、右側に龍照院(真言宗)がある。

　この寺は、733(天平5)年に行基が創建したと伝えられ、1182(寿永元)年に木曽義仲が平家追討を祈願して、七堂伽藍および18坊を建立、明恵上人が中興したといわれる。1584(天正12)年の小牧・長久手の戦いにおける蟹江合戦で兵火にあい、本堂・鎮守のみを残し、ほかは焼失した。76町余あったとされる寺領も、太閤検地により3町歩を残し没収された。墓地にあるイチョウは樹齢400年以上の古木で、豊臣秀吉が植えたとされ、信仰の対象となっている。

龍照院木造十一面観音立像

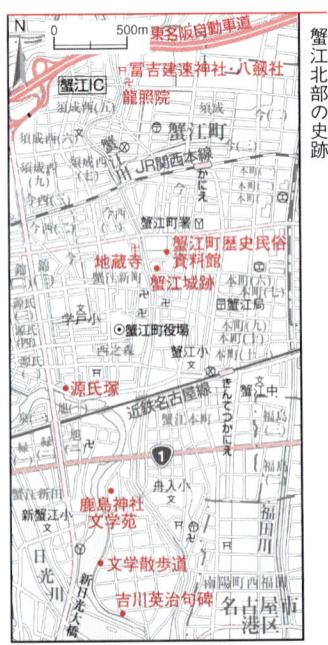

蟹江北部の史跡

本尊である木造十一面観音立像(国重文)は、おだやかな表情や流れる衣文に藤原末期の技法がうかがわれるが、引き締まった頰や肩の曲線に新しい表現がみられる。胎内に「寿永元(1182)年」の墨書銘がある。この像は保存しながら拝観できる新しいタイプの収蔵庫に安置されている。このほか、定朝様式の木造大日如来坐像、「明応九(1500)年」銘の鰐口などがある。

冨吉建速神社・八劔社 ㊱
0567-95-0647

〈M ▶ P.147,192〉海部郡蟹江町須成門屋敷上1363 **P**

JR関西本線蟹江駅 徒15分

同じ敷地に2つの神社 須成祭ゆかりの神社

龍照院の西隣、蟹江川にかかる天王橋のたもとに冨吉建速神社・八劔社がある。この2社は、拝殿奥の塀越しの石垣上に南向きに並んでたっている。向かって右が冨吉建速神社、左が八劔社である。同一敷地内に2つの神社があるのは、大変珍しい。

社伝によると、733(天平5)年に行基の勧請で創建され、1182(寿永元)年に木曽義仲が再建したとされる。江戸時代後期には、両神社を中心に定市の六斎市が設けられ、門前町が繁栄した。

冨吉建速神社は、1614(慶長19)年以来牛頭天王社と称されてきた。しかし1872(明治5)年の「海東郡寺社調」では今の社名に改称されており、それまで末社であった熱田五神をまつる八劔社が本社になっている。明治の国家神道下では、本地垂迹説による仏教の天部神である牛頭天王では好ましくないので、祭神として建速須佐之男命をたてたと考えられる。

冨吉建速神社本殿(国重文)は、正面に板扉をつけ、まわりに擬宝珠高欄つきの縁をめぐらし、脇障子が簡素である。八劔社本殿(国重文)は、正面に3間の板戸をつけ、六葉や八双金具で釘を隠すなど装飾に工夫をこらしている。両本殿ともに建立年代はあきらかではないが、前流れの美しい屋根の曲線などの建築

冨吉建速神社本殿(右)と八劔社本殿

水郷のふるさとを歩く

様式・手法に，室町時代後期の特徴を残している。八劔社本殿の蟇股は，桃山時代への推移を示すものとしてとくにすぐれている。

棟札も多数保存されており，造営・修理，信仰，社域，尾張藩との関係などをあらわす資料となっている。このほか，鋳鉄造釣灯籠，石造狛犬，神前鏡などの工芸品や木造狛犬の彫刻があり，江戸時代の技術がしのばれる。

付近には織田信長が1555(弘治元)年に清洲(須)攻めでとおったとされる道や酒蔵，寺社が点在し，歴史の風情を感じることができる。

蟹江城跡 ㊲

〈M ▶ P.147, 192〉海部郡蟹江町蟹江本町城 P
JR関西本線蟹江駅 15分

徳川家康連合軍が勝利
蟹江合戦の舞台

蟹江駅から右手へ道なりに南へ向かい，1つ目の信号を右折し100m進んで左折すると，蟹江町産業文化会館と蟹江町歴史民俗資料館がある。その前をとおって道の突き当りを右折し，クランク状に進むと右側に蟹江城跡がある。

蟹江城は，永享年間(1429～41)に北条時行の孫時任が築き，その後，斯波氏が増築して本丸・二の丸・三の丸が配された。まわりを三重の堀で囲み，正門は海に面していた。

豊臣秀吉は，1584(天正12)年の小牧・長久手の戦いで勝利するために，長島城の織田信雄と清洲城の徳川家康とを分断すべく中間の蟹江城を乗っ取った。その後，織田信雄・徳川家康連合軍が反撃に転じ，蟹江合戦で勝利した。蟹江城は落城し，翌年の大地震で大破した。

江戸時代になると，蟹江は佐屋代官所の支配下におかれ，城下町から伊勢湾海上交通の中継地，さらに商業交易都市へと変貌をとげ繁栄した。また，蟹江川にかかる昇平橋の東の神明社(祭神天照大神)の秋祭(現在は，9月最終土・日曜日実施)が盛大であるとして，1717(享保2)年に6代尾張藩主徳川継友は，祭り行列を名古屋城内へ召しだし観

蟹江城址碑

須成祭・須成祭事

コラム

蟹江町須成祭（県民俗）は冨吉建速神社・八劔社の祭礼で、8月の第1土曜日に宵祭、翌日の日曜日に朝祭が行われる。

『尾張志』によると「牛頭天王社」の祭りで、全国に広く分布している、牛頭天王をまつれば疫病からのがれられるという、天王信仰の1つである。

祭りの1週間前に蟹江川を河口まで船でくだり、祭事の御神体となるヨシを刈ってくる茣刈神事が行われる。その際、船から投げられる粽をうけとって食べると「夏病みしない」といわれている。

宵祭では1年をかたどる365個の提灯をともした巻藁船が、朝祭では高砂人形を乗せた車楽舟が、飾橋を出発して天王橋まで蟹江川をのぼる。途中にある御葭橋は、祭りの舟がとおるときだけはねあがる全国でも珍しい橋である。

舟が天王橋に到着すると、宵祭では、ほおずき提灯と餅が、朝祭では、舟上の花が投げられる。この花をうけとり家にかざると、「雷が落ちない」「良縁に恵まれる」といわれている。昔は宵祭で若者が好きな娘の尻をつねって告白したことから、「つねり祭」ともいっていた。

祭りの起源は不明だが、織田信長・豊臣秀吉も訪れ、祭りを後世に残すように命じたと古文書に記されていることから、500年以上の伝統を誇る川祭である。

6月から10月の約100日かけて数々の祭事が行われるため、別名「百日祭り」ともいう。都市祭礼化した豪華盛大な祭りとは異なり、素朴な祭りで、生活のなかに息づいている。また、各祭事に地域的特色や古い形式が認められるなど大変貴重な祭りである。

須成祭の朝祭

賞したこともある。

現在は「蟹江城址」碑・本丸井戸跡を残すのみだが、黒塗りの民家や土蔵など古い町並みが残り、江戸時代の繁栄ぶりを伝えている。

地蔵寺 ❸ 〈M▶P.147,192〉 海部郡蟹江町蟹江新町上ノ割31 P
0567-95-3441　近鉄名古屋線近鉄蟹江駅 🚶10分

蟹江城主の祈願所

蟹江駅から駅前商店街を450m北へ進み、2つ目の信号を左折し、まっすぐいくと蟹江川にでる。その右岸堤防を北上した左手に地蔵

水郷のふるさとを歩く　195

地蔵寺絹本著色千手観音画像

寺(真言宗)がある。

1540(天文9)年に蟹江城主渡辺与三郎が、祈願所として留林僧都を開基に建立した寺院で、当時は名古屋の大須観音の末寺となっていた。最近では交通安全や合格祈願で参詣する人も多い。

寺には、絹本著色文殊菩薩画像と絹本著色千手観音画像(ともに県文化)がある。ともに鎌倉時代から室町時代初期の制作とされる。文殊菩薩画像は獅子に乗る典型的な図柄で、中国宋風に描かれている。仏身や乗具の美しい色彩と勇猛な獅子の描写がすぐれている。また、千手観音画像は十一面の宝冠と四十臂の手をもち、両脇侍をしたがえて精妙に描かれている。大和絵の秀作といえよう。

付近には平安中期の陰陽師安倍晴明の持ちものが埋められたとされる、晴明塚がある。

源氏塚 ㊴

〈M▶P.147,192〉海部郡蟹江町本町西之森天目
近鉄名古屋線近鉄蟹江駅🚶15分

伝説 源義朝の知多内海敗走

近鉄蟹江駅をでて尾張温泉のアーチの下をくぐる道を西に向かい、新記念橋を渡って500mいくと、右側に源氏塚公園がある。

1159(平治元)年に平治の乱で平清盛に敗れた源義朝は、知多の内海へとのがれる途中で蟹江に立ち寄り、一時漁民たちにかくまわれたという。当時、小島であったこの地には、今でも源氏島という地名が残っており、石碑がたてられ公園として整備されている。

公園の西側には源義朝知多内海敗走伝説によって勧請されたといわれる、八幡社(祭神応神天皇)がある。

源氏塚

いな饅頭

コラム 食

　饅頭といっても甘くない，海部郡蟹江町の名物料理。川魚のイナのえら・はらわた・中骨をぬき，特製の練り甘味噌に，ギンナン・ユズ・麻の実・生シイタケをまぜあわせ，腹のなかにつめて焼きあげたものである。

　イナとは若いボラのことで，出世魚なので縁起物とされた。内臓の一部は「へそ」といわれ，珍重された。

　昔は各家庭でつくられていたともいわれるが，熟練した技術が必要で，現在では専門店の名物料理となっている。

　また，源氏塚と同様の遺跡として，海部郡立田村松田のねじ柳跡や，同郡弥富町荷之上の柴ケ森がある。

　源氏塚付近を流れる佐屋川の下流は，水郷の風情を今に伝えている。夜寒橋のたもとにある鹿島神社文学苑は，水郷風景の美しさを後世に伝えるためにつくられた。江戸川乱歩を指導した蟹江出身の探偵小説作家小酒井不木をはじめ，山口誓子・水原秋桜子・阿波野青畝・山口青邨・中村汀女ら，この地を訪れた文人・俳人の句碑が26基もある。

　夜寒橋から佐屋川河口まで川沿いに１kmの文学散歩道が続き，桜並木の合間に板碑が並んでいる。春には野鳥がさえずり，夏には川面をボラがはね，秋には稲穂がゆれ，冬には伊吹おろしが吹くなど，四季折々の風情を楽しむことができる。その終点のさき，佐屋川をのぞむ土手に「佐屋川の　土手もみちかし　月こよひ」と詠んだ吉川英治句碑がある。

弥勒寺 ㊵
0567-52-0153

〈M▶P.147〉海部郡十四山村鳥ケ地新田字下之割3　P
近鉄名古屋線佐古木駅🚗10分

蟹江合戦の難を逃れた本尊

　佐古木駅の東側の県道を南下し，十四山東部小学校前の三叉路を左折して1.2kmほどいった左側，「海南こどもの国」の北隣に弥勒寺(曹洞宗)がある。

　『尾張名所図会』によると，弥勒寺は，もともと海東郡川邊村(現，海部郡七宝町桂)にあった。1584(天正12)年の小牧・長久手の戦いにおける蟹江合戦の兵火で廃寺となり，本尊を池に沈めたとされる。その後，1691(元禄４)年に海東郡広済寺の卜外和尚が現地に再興し，

水郷のふるさとを歩く

弥勒寺　　　　　　　　　　　　　　　　　　　　愛知県埋蔵文化財調査センター

造営したという。

　銅造阿弥陀如来坐像(県文化)は、高さ52cm、腹前で印を結び左足をうえに組んでいる。全体として、顔の部分は綿密に仕上げてあるが、両手の指がともに6本あるようにみえるなど体部の仕上げに粗さがみられる。背面の刻銘によれば、梵鐘や鰐口などを専門とした鋳工藤原宗次によって、1500(明応9)年に制作された。宗次の銘がある仏像としては、ほかに稲沢市の地蔵寺金銅阿弥陀如来坐像があり、体部の技法が似かよっている。

　十四山村周辺は、木曽川河口に広がる三角州上の干潟を干拓してできた新田開発地で、神戸新田・四郎兵衛新田などの個人名、文政年間(1818～30)の政成新田といった開発年号、大宝新田のような美名がつけられている。筏川をくだった飛島村には、一切経蔵や津金文左衛門遺愛碑など干拓にまつわる史跡が点在する。

　また、弥勒寺から西の弥富町にはいると、鍋田川沿いに森津のフジがある。森津新田の開発当時に植えられたフジで、『尾張名所図会』には、花が満開になると昼間でも空がみえず、まるで紫の雲におおわれたようだと記されている。1959(昭和34)年の伊勢湾台風により樹勢に衰えがみられるものの、往時をしのばせる枝ぶりは健在で、時期になると大勢の花見客が訪れる。

愛知県埋蔵文化財調査センター ㊶
0567-67-4164
〈M▶P.147,199〉 海部郡弥富町前ケ須新田字野方802-24　P
近鉄名古屋線近鉄弥富駅🚶15分

　近鉄弥富駅南口から国道1号線にでて、西に400m進んで前ケ須

弥富金魚

コラム

産

　江戸時代末期に大和郡山の金魚商人が，弥富町前ケ須に金魚を休めるための池をつくったことにはじまる。本格的養殖は，明治中期に採卵・孵化の技術を大和郡山から取り入れてからで，木曽川下流の水郷地帯の水量と土質に恵まれて大きく発展した。

　専業者が多く，高級金魚を含むほとんどの品種を生産することで知られ，金魚養殖日本一を誇る。弥富金魚は1994(平成6)年に，向井千秋が搭乗したスペースシャトル「コロンビア」に持ちこまれ，宇宙酔いの仕組みをとく実験に貢献したことでも知られている。

交差点を左折し600m進むと，筏川の橋の手前左側に愛知県埋蔵文化財調査センターがある。県内の発掘調査による出土品を収蔵・活用し，埋蔵文化財の調査研究・保存の普及などを行う中心施設として，1987(昭和62)年に開所した。発掘調査で出土した遺物や資料が，閲覧室に展示されている。

愛知県の埋蔵文化財の調査・研究に関する拠点

　北隣には水郷地帯の歴史・産業を紹介している弥富町歴史民俗資料館と，名古屋城にあった尾張藩御用の離れ休息茶屋の一部を移築した竹長押茶屋がある。また，木曽川改修工事の付帯事業としてつくられた立田輪中人造堰樋門は，水利史遺跡として弥富町中山の輪中公園内に保存されている。

服部家住宅 ㊷
0567-67-2339

〈M ▶ P.147,199〉海部郡弥富町荷之上字石仏419　P
近鉄名古屋線近鉄弥富駅 🚗 8分

弥富駅周辺の史跡

　近鉄弥富駅北口前の道を東に向かい，JR弥富駅東の踏切を北へ400mいくと，左手に用水の閉切り水門がある。そのさきを道に沿って500m北東に進んで信号を左折し，国道155号線を900m進み，弥富IC北交差点を左折する。100m進み右折し田園地帯を500m進んだゆるやかなS字状をすぎたところを左折すると服部家住宅(国重文)がある。

　服部家は，織田信長との一向一揆の戦い後，

水郷のふるさとを歩く　199

服部家住宅外観(左)と主屋平面図

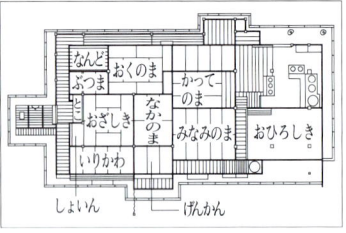

 1576(天正4)年ごろに旧領地内の荷之上城跡地に居を構えた。弥右衛門尉正友は、戦乱で離散した百姓を招き寄せて荷之上村を復興したという。また、長島一向一揆で中絶していた尾張津島天王祭の市江車を再興し、車屋を司ってきた。江戸時代には新田開発など多大な功績があったため、尾張藩より苗字帯刀を許され、代々大庄屋をつとめてきた。

 服部家住宅には、上層農家の規模をもつ主屋・離れ座敷・表門の3棟が、また、武家屋敷の面影を残す土塀・文庫蔵ならびに宅地、建物修理に関する普請文書・古図がある(いずれも国重文)。

 主屋は入母屋造・茅葺きで、周囲の庇は桟瓦葺きである。入口は大戸口のほかに土間の入口が3カ所と、南正面には式台つきの玄関があり、身分により出入口を区別していた。1576(天正4)年に建築、1653(承応2)年に修復されており、現存のものはこのときの建築とみられる。板戸に残るやりがんなの跡、座敷の柱・長押に残る手斧仕上げの跡、各部屋を仕切る鴨居に小材を打ちつけた樋端造の手法など、構造的には各所に当初の趣が感じられる。また、一般的な農家の建築手法とは異なり、頑丈な角材を使用し、鳥居建て形式でつくられている。鳥居建ては、屋内の柱を結ぶ桁・梁の軸組みが鳥居に似ていることからよばれるが、一般的には四つ建て形式という。これは、大黒柱を中心とする建築技法前の古い形式である。離れ座敷は、1780(安永9)年に買いうけて移築したものであり、表門は長屋門で建築年代は近世後期と推定される。

 最近、主屋を利用してフルートの演奏会が開かれるなど、文化財活用の一方法として注目されている。

苗字帯刀を許された大庄屋の住宅
主屋は四つ建て形式の建物

7 佐屋宿から輪中の里へ

今も水屋が残る輪中を歩き，水害から生命・財産をまもった人びとの知恵と努力を学ぶ。

西条八幡社 ㊸　〈M▶P.147,201〉海部郡佐屋町西条字二町田35 P
名鉄津島線佐屋駅🚶20分

洗練されたスタイルの一間社流造

佐屋駅南の県道を東に向かって600mいくと，西善太の信号交差点がある。右折して突き当りを左へいき，右手前方に火見櫓がみえる道を右へいくと，地蔵堂と並んで西条八幡社(祭神天照大神)がある。

八幡社本殿(県文化)の創建時期は，詳細はあきらかではないが，1470(文明2)年再建の棟札が保存されており，現在の社殿は，建築の構造手法と棟札の記述を照らしあわせると，1610(慶長15)年の建立と考えられる。一間社流造・檜皮葺きで，向拝における角柱・虹梁・組物・木鼻などは当初のまま残され，桃山時代の特色がよくみられる。

隣接する地蔵堂は，勝軍延命地蔵菩薩を本尊としている。毎年2月24日に行われる「餅投げ」では，その餅を食べると安産や学業成就などの利益があるとして，多くの人で賑わう。また，17年ごとに行われる大祭(開帳)では，村中を白さらしで囲むなどして祭りを盛りあげる。

西条八幡社の北西200mに，津島天王祭市江車車田址の碑がある。「車田」は，江戸時代に尾張藩主が津島天王を篤く信仰して，

西条八幡社

佐屋中心部の史跡

津島天王祭の朝祭の中心になる市江車(県民俗)にあたえた五十三石余の土地をさし、この田地からの年貢収入は市江車のいっさいの支出にあてられた。なお、市江車に乗るものは、津島天王祭の朝祭の前日に佐屋町西保にある星大明社(祭神饒速日命)で星宮試楽を演奏する。その後、船で行き来していた風習の名残りで、船頭を先頭に紅白の梅花や布鉾をもつ少年、能人形をもつ青年の順に津島に向かって行進し祭りを盛りたてる。朝祭で市江車は先頭を切って堂々と進み、乗り込んだ裸男が船上からつぎつぎと川へとび込み布鉾を手に川岸まで泳ぎ、津島神社に奉納する。こうして長い歴史にささえられた祭事の伝統が、今にうけつがれている。

佐屋宿 ㊹

〈M▶P.147,201〉 海部郡佐屋町佐屋
名鉄津島線佐屋駅 🚶10分

三里の渡しの起点佐屋宿 東海道の脇街道としての佐屋路

　佐屋駅南の県道を西に向かい、佐屋駅西交差点を右折し500mいくと須依の交差点がある。この交差点を左折し、まっすぐ200mほど進んで佐屋の交差点辺りまでいくと、佐屋路のなかでもっとも大きな宿場であった佐屋宿に着く。

　江戸時代の東海道は、鳴海から熱田にはいり七里の渡しで海上を桑名へ渡った。ところが、船の苦手な人や女性・子どもたちは、熱田から万場・神守をとおり、佐屋から海上の少ない三里の渡しを利用し桑名へ渡った。この脇街道が佐屋路である。

　佐屋路は、江戸幕府3代将軍徳川家光が、1634(寛永11)年に上洛からの帰途、伝馬所として公認したことにはじまり、1666(寛文6)年に官道に指定されて正式な脇街道となった。1781(天明元)年、尾張藩は、藩の西半分の海東・海西の109カ村をおさめる佐屋代官所を設けた。この代官所は、街道の治安と三里の渡しを監督する

「佐屋代官所址」碑

佐屋宿

「海の関所」としての役割もになっていた。三里の渡しは、佐屋川を南下し伊勢長島を経て桑名に至る3里の航路で、明治の中ごろに佐屋川がせきとめられるまで大いに賑わった。

江戸時代に佐屋宿をとったとされる歴史上の人物としては、松尾芭蕉、オランダ商館医師のケンペル、シーボルト、呉服・両替商の三井高利、全国を歩き「大日本沿海輿地全図」を完成した伊能忠敬らがあげられる。

佐屋宿は三里の渡しの起点であるため、佐屋路が公認されると同時に、本陣・脇本陣・旅籠が設けられ、増水による川止めなどの場合は、旅籠不足のため民家に泊まることまで認められた。佐屋宿は、1843(天保14)年の『佐屋路宿村大概帳』によれば、本陣2軒・脇本陣2軒・旅籠31軒、宿内人口1260人であった。現在、佐屋交差点の代官所跡をはじめ、道標・三里の渡し跡・本陣跡のほか、旅籠(越後屋)の連子窓や佐屋代官の住居であった建物の一部に残されている忍返などが、佐屋宿の面影を伝えている。

「佐屋代官所址」碑の北隣には懐恩碑、南西には三里の渡し跡、また、南東400mのところには水鶏塚がある。懐恩碑は、愛知県出身の最初の首相である加藤高明が揮毫したもので、その生誕地は懐恩碑の南100mほどの旧佐屋川沿いであったとされる。水鶏塚は、松尾芭蕉が1694(元禄7)年に佐屋の門人山田庄右衛門宅に逗留したおりに詠んだ「水鶏鳴くと 人のいへばや 佐屋泊」の句にちなみ、1735(享保20)年に遺徳をしのんで、同好の有志によってゆかりの地に築かれたといわれている。

船頭平閘門 ㊺ 〈M▶P.147〉 海部郡立田村福原
0567-24-6233 名鉄津島線佐屋駅🚶60分

木曽川と長良川を結ぶ「小パナマ」

佐屋駅から南西約4kmの道程なので、タクシーの利用が便利である。佐屋駅南の県道を西に向かい、立田大橋を渡りきった交差点を左折し木曽川右岸堤防を2.5km南下すると、船頭平閘門(国重文)

佐屋宿から輪中の里へ 203

船頭平閘門(左)とその航空写真

がある。近代化遺産として、県内ではじめて重要文化財に指定された建造物である。

閘門は、船が水面の違う川・水路などを進むときに、水面の高さを一定に保つ働きをする水門をさす。船頭平閘門の規模は、全長56m、水位調整時の停船場である閘室は、長さ24m・底敷幅5.6mである。閘室の両端には門扉を収容する閘頭部があり、両端の門扉がそれぞれ大門扉・小門扉をもつ複閘式の閘門となっている。閘室の護岸は、自然石による45度の勾配の練石積みであり、閘頭部の側壁は垂直の赤レンガ積みであるが、船や筏が衝突する恐れのある部分および戸当りは花崗岩で築かれている。なお、この閘門は、現状の景観や構造をいかして1994(平成6)年に改築された。

1887(明治20)年から1911年まで、オランダ人技師ヨハネス・デ・レーケの指導に基づいて、長良川の東側に新しく木曽川を掘り、長良川と木曽川を分ける堤防(背割り堤)を築いて佐屋川が埋められた。また、立田輪中の西側3分の1を削り木曽川の流路を築く本格的な改修工事が行われ、木曽三川は分流されて現在のような流れに固定された。

この改修工事で水害が減少し、農耕地も増大して多大な成果があがったが、木曽三川を自由に乗り入れられなくなると、かえって不便な状態になることが予想された。このため、改修工事中の1902(明治35)年に船頭平に閘門を築き、長良川と木曽川の間を行き来できるようにした。

船頭平閘門周辺は、船頭平河川公園として遊歩道・水生植物園などの整備が行われ、サクラやサツキの花見の時期には賑わう。敷地内には、デ・レーケ像や木曽三川に関する各分野の図書や研究論文

輪中

コラム

　木曽三川の河口付近には，自然堤防や砂州などができ，そこに集落が形成された。付近の湿地は開墾され，川の流れに向かって逆U字型に堤防が築かれた（尻無堤）。川下に堤防を築かなかったのは水はけのためで，これが輪中の原型となった。

　やがて，まわりを取りまくように堤防がつくられ，この堤防に囲まれた地域を「曲輪」「囲」，「輪の内」とよんだ。その後「輪中」とよばれるようになり，この地方固有の名称となった。

　江戸時代，御囲堤の外（西側）におかれた地域では，水害が多発した。多くの輪中で，あらたな輪中堤の建設や補修を余儀なくされた。最盛期に80カ所ほどあった輪中も，明治の木曽三川改修工事完成により統合され，1932（昭和7）年には18カ所になった。

　輪中に暮らす人びとは洪水から生命・財産をまもるため，初期には「助命壇」といわれる小山を築いた。これが変化していき，石垣を盛りあげ，そのうえに小屋をたてた。これを水屋といい，江戸中期から明治にかけて数多くつくられている。

　洪水・暴風雨に耐えうるために，水屋は輪中堤防と同じ高さにつくられた。その内部には，住居が洪水で水没しても，当分の間，生活できるように，米俵・味噌樽・漬物桶・塩桶・梅干樽・薪・煮炊き用鍋などがおいてあった。衣類・布団のはいったタンスや長持が，平素からもち込まれているところもあった。また，「揚げ舟」といわれる救命用・連絡用の小舟が，水屋の土間や軒先の天井下に常備してあった。この水屋も，取りこわされたところが多いが，今でも立田村の鵜戸川沿いにはいくつか点在している。

水屋

を収集保存している木曽川文庫があり，治水のあり方を学ぶ場として活用されている。また，立田村では，船頭平閘門北東，木曽川対岸の小茂井に「立田赤蓮保存田」，森川に「森川花はす田」を設け，天保年間（1830～44）に陽南寺住職の平野龍天が広めたといわれる立田赤蓮を品種別に栽培・保存している。真夏の湿田に咲く可憐な花は，低湿地帯につちかわれてきたハス文化の伝統を感じさせる。

佐屋宿から輪中の里へ

釜地蔵寺 ㊻ 〈M▶P.147,206〉 海部郡佐織町根高イ130 P
名鉄津島線藤浪駅 🚶10分

継子いじめ身代り伝説
近世尾張六地蔵

藤浪駅をでて西へいくと用水があり、これを右折してまっすぐ進むと、右手に佐織町歴史民俗資料室を併設した、佐織町中央公民館がある。この前を左折して300m進み、四つ角を左へいくと釜地蔵寺(真言宗)がある。

寺伝によると、この地に正直者の夫婦とその子どもが住んでいた。子どもが3歳のとき、母親が死に後妻がきた。子どもは地蔵尊をまつり、亡き母をしのんで毎日熱心に拝んでいた。継母は日ごろから継子いじめをしていたが、先妻の三回忌に大釜に沸かした湯で、この子どもを殺そうとした。そのとき、子どもが大切にしていた地蔵が身代わりになり助かった。地蔵の法力に改心した継母と父親は、釜のうえに地蔵尊をおき供養した。これが寺の始まりという。

釜地蔵寺鋳鉄地蔵菩薩立像

本尊の鋳鉄地蔵菩薩立像(県文化)は、高さが96cmで、直径43cm・深さ28cmの鉄釜のうえに木蓋をおき、そのうえに安置されている。このため、一般に「釜地蔵」とよばれている。前後別々に鋳造しつなぎあわせたもので、左手を胸の前にまげて宝珠をもっている。背面に文字の形がはっきりみえる印があり、地元住民の発願により、1653(承応2)年に名古屋在住の辻弥兵衛之種がつくったことがわかる。

尾張地方は鉄仏が散在する地域である。釜地蔵寺は、名古屋市熱田区の観聴寺、江南市布袋町の常観寺などの鉄地蔵と並び尾張六地蔵の1つで、その5番札所にあたる。

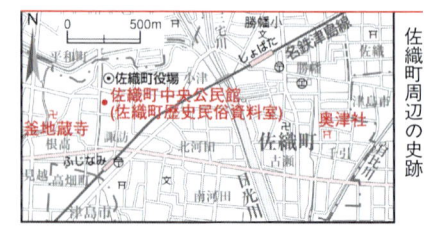

佐織町周辺の史跡

寺の前は、かつての津島へと向かう上街道で、江戸時代

木曽川が育んだ尾張西部

奥津社 ㊼ 〈M ▶ P.147, 206〉 海部郡佐織町千引字屋敷36 P
名鉄津島線勝幡駅 徒15分

　勝幡駅をでてすぐ南の道を東へ向かい、佐織勝幡郵便局がある交差点をこえて最初の四つ角を右折する。まっすぐ南へいくと左側に奥津社(祭神は杵島比売命・多紀理比売命・田杵津比売命)がある。

　奥津社の社殿に所蔵されてきた3面の鏡は、縁の断面が三角形で、背面中央に中国の神像と獣形の文様をもつ三角縁神獣鏡(県文化)である。これらの鏡は現在熱田神宮におさめられているが、このうちの2面は、京都府相楽郡山城町の椿井大塚山古墳(4世紀)出土のものと同笵鏡(鋳型が同じ鏡)であった。

　奥津社は直径25～30mの墳丘上にたっている。社殿のたつ部分以外の発掘調査結果から、古墳時代初頭につくられた古墳と考えられている。この古墳の被葬者が、大和政権から派遣されたものなのか、あるいはこの地方で成長し勢力を強化していった人物なのか、非常に興味深い。

　なお、佐織町諸桑の満成寺(浄土真宗)裏で、1838(天保9)年に古船が発掘されている。これは、弥生中期から古墳時代にかけてのものと推定されており、この地域が海上交通の拠点であったことがわかる。その後の地形の変化で拠点は津島に移ったが、江戸時代には伊勢参り客のみやげ物として佐織縞が農家の副業として織られるなど、佐織町は毛織物産業の町として栄えた。また、豊かな水と緑に恵まれたために農業が発展し、なかでも矢生姜の生産量は全国シェアの8割を占めたことがある。近年、安価なショウガの海外からの輸入により、生産農家も様変わりしつつある。

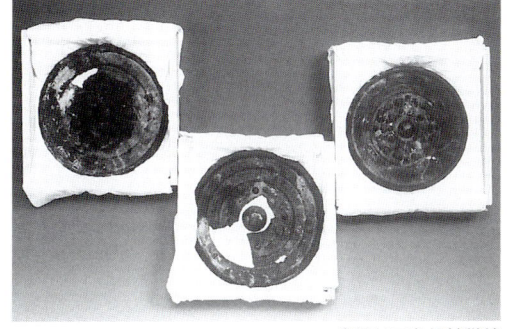

奥津社三角縁神獣鏡

三角縁神獣鏡出土の古墳

佐屋宿から輪中の里へ

西音寺 ㊽

〈M▶P.146〉 海部郡八開村藤ヶ瀬字西藤25 P
名鉄尾西線六輪駅 🚶50分

尾張の俳諧三老の一人
横井也有の墓所

西音寺

六輪駅から北西約4.5kmの道程なので、タクシーの利用が便利である。六輪駅から北へ100mいくと県道がある。左折して北西へ5kmいくと木曽川左岸堤防にでる。右折して東海大橋の下をくぐり、虹の里八開を右にみながら右折し、1つ目の四つ角を左折すると西音寺(浄土宗)がある。

当寺は、尾張の俳諧三老の1人、横井也有(1702～83)の墓所となっている。横井也有は尾張藩重臣の長男として生まれ、側用人・大番頭・寺社奉行の要職を歴任した。武士としての学問教養・武術にはげむ一方、和歌・俳諧・謡曲・平曲・書画・漢詩文・狂歌などをたしなんだ。在所で屋敷のあった藤ヶ瀬をたびたび訪れては句会をもよおし、この辺りの風景を俳句や和歌に詠んだ。わかりやすく気どらない言葉で、川柳にもつうずる機知に富んだ俳風であり、その著作『鶉衣』は江戸時代俳文の代表作である。

六輪駅から西音寺に向かう道筋には、御囲堤がしっかりと確認できる場所や、愛知県のアメリカ移民のさきがけとなった山田芳男の功績をたたえた、通称「丸島コロンブス」の碑もある。

海と生きる知多

Chita

蔵のまち

中部国際空港

① やきもの散歩道
② 廻船問屋瀧田家
③ 陶栄窯(登窯)
④ 常滑市民俗資料館
⑤ 窯のある広場・資料館
⑥ 正住院
⑦ 高讃寺
⑧ 旧中埜家住宅
⑨ 博物館「酢の里」・小栗家住宅
⑩ 新美南吉記念館
⑪ 常楽寺
⑫ 武豊停車場跡地
⑬ 壱町田湿地植物群落
⑭ 諏訪神社・万葉の歌碑
⑮ 岩屋口古墳
⑯ 観福寺
⑰ 横須賀御殿跡の碑
⑱ 業平塚
⑲ 東海市立平洲記念館・郷土資料館
⑳ 法海寺
㉑ 知多市歴史民俗博物館
㉒ 知多木綿のさと岡田
㉓ 大草城跡
㉔ 齊年寺
㉕ 大野城跡
㉖ 円通寺
㉗ 長草天神社
㉘ 大府市歴史民俗資料館
㉙ 延命寺
㉚ 村木砦古戦場
㉛ 入海貝塚
㉜ 善導寺
㉝ 緒川城跡
㉞ 乾坤院
㉟ 洞雲院・坂部城跡

海と生きる知多

◎知多散歩モデルコース

細井平洲のふるさと東海市をめぐる　　名鉄常滑線聚楽園駅 15 観音寺 5 八柱神社 10 西方寺 5 細井平洲誕生地の碑(宝国寺門前) 10 細井平洲先生旧里碑 2 東海市立平洲記念館・郷土資料館 5 東海市循環バス 25 名鉄常滑線太田川駅

木綿のまち知多をめぐる　　名鉄常滑線寺本駅 12 法海寺 12 名鉄寺本駅 5 名鉄常滑線朝倉駅 10 知多市歴史民俗博物館 10 名鉄朝倉駅 25 岡田 2 岡田の町並み・慈雲寺 1 大門前 25 名鉄朝倉駅

於大の方ゆかりの地東浦・阿久比をめぐる

(1)東浦コース　　JR武豊線緒川駅 8 善導寺 10 緒川城跡 8 緒川城主三代の墓(於大公園) 5 乾坤院 10 東浦町郷土資料館 20 JR緒川駅

(2)阿久比コース　　名鉄河和線坂部駅 5 洞雲院 5 坂部城跡 5 名鉄坂部駅

港町大野と焼物のまち常滑をめぐる　　名鉄常滑線大野町駅 7 齊年寺・大野の町並み 7 名鉄大野町駅 10 名鉄常滑線常滑駅 5 常滑市陶磁器会館 1 やきもの散歩道Bコース 1 常滑市陶磁器会館 5 名鉄常滑駅

醸造のまち半田・武豊をめぐる　　JR武豊線半田駅 8 旧中埜家住宅 10 國盛・酒の文化館 3 蔵の町・博物館「酢の里」3 JR半田駅 6 JR武豊線武豊駅 10 武豊町歴史民俗資料館 15 醸造蔵・武豊停車場跡 10 堀田稲荷社 10 JR武豊駅

源義朝ゆかりの地と廻船のまち内海をめぐる　　名鉄知多新線野間駅 3 法山寺 12 野間大坊 25 野間灯台 7 良参寺 5 岩吉久吉乙吉頌徳記念碑 20 南知多町郷土資料館 15 西岸寺 2 海難除地蔵 1 泉蔵院 20 名鉄知多新線内海駅

御幣鯛の島と古墳の島をめぐる

(1)篠島コース　　師崎港 7 篠島港 5 神宮干鯛調製所 25 神明神社 10 帝井 30 歌碑公園 40 篠島港

(2)日間賀島コース　　師崎港 15 日間賀島東港 10 日間賀神社 15 日間賀島資料館 25 日間賀島西港 10 師崎港

㊱平泉寺　　　　　　記念碑　　　　　　㊸羽豆神社
㊲鵜の山ウ繁殖地　　㊵泉蔵院　　　　　㊹篠島
㊳野間大坊　　　　　㊶岩屋寺　　　　　㊺日間賀島
㊴岩吉久吉乙吉頌徳　㊷光明寺

焼物のまち常滑

常滑市は六古窯の1つ常滑(知多)古窯群の中心地で、今も焼物の町としての雰囲気が色濃く残っている。

やきもの散歩道 ❶

〈M▶P.210,212〉 常滑市栄町ほか P
名鉄常滑線常滑駅 🚶 5分

焼物のまち常滑を実感

常滑駅から東に約100m進み、陶磁器会館西の信号を渡って東に400mほど進むと、常滑市陶磁器会館がある。この会館は、やきもの散歩道の出発点であり、案内所でもある。また、ここでは現代の常滑焼陶芸家の作品が展示・販売されている。

やきもの散歩道は、焼物のまち常滑の雰囲気が残る家並みのなかをとおって、窯場や煙突のある工場などを散策できるようになっている。江戸時代以降、焼物生産の中心は常滑市街の丘陵上に集まったので、散歩道はせまくまがりくねった路地となっている。また、ここでは、かつての窯場を利用した陶房もあり、そのなかには、陶芸体験のできる陶房や、陶芸家みずからの作品を展示・即売している工房もある。また、散歩道では、土留めに土管を使用した土管坂をはじめ、焼酎瓶などを利用した塀など、焼物のまちの雰囲気を十分に味わうことができる。

なお、毎年10月に、やきもの散歩道フェスティバルが開催され、多くの人で賑わう。

土管坂

常滑市中心部の史跡

212　海と生きる知多

土管

近代の常滑焼を代表するもの。明治時代から盛んに生産された。都市の上下水道などに使用。

焼酎瓶

醤油・酢や焼酎などの容器。アルコール分がぬけないようにかたく焼かれている。

やきもの散歩道イラストマップ

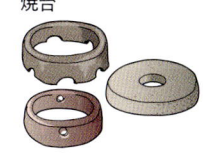

焼台（やきだい）

土管などの製品を積み重ねて焼くときに使用。製品により大きさや形が異なり、よび名もかわる。

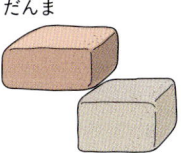

だんま

焼物を焼成するときに、窯の出入口をふさぐために使用された。

エゴロ

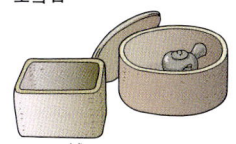

石炭や薪（まき）を燃料として焼いた灰が、朱泥（しゅでい）製品にかからないように、このなかにいれて焼く。匣鉢（さやばち）ともいう。

電纜管（でんらんかん）

地下に埋設されたケーブル保護のために使用。穴の数はさまざま。明治時代に京都市電話局からの特注品として生産された。

ロ号（ろごう）

第二次世界大戦中、ロケット燃料用の耐酸容器として、軍の発注をうけて生産された。

焼物のまち常滑　213

廻船問屋瀧田家 ❷
0569-36-2031
〈M▶P.210,212〉 常滑市栄町4-75
名鉄常滑線常滑駅🚌知多半田行競艇場口🚶1分

廻船とよばれた常滑船の資料館

バス停からすぐ東の細い坂道を80mほどのぼると，廻船問屋瀧田家がある。ここは，江戸時代末に廻船業をはじめた瀧田金左衛門の居宅を復元・整備したもので，ここには，800石積みの弁財船の模型や，当時廻船で使用された船箪笥をはじめとする船道具などが展示され，常滑船とよばれた廻船の歴史が紹介されている。

常滑船は，大野や内海をはじめとした知多半島各地の湊を本拠地とする尾州廻船（尾張船）の1つである。18世紀後半以降，常滑焼のほかに常滑近辺で醸造された酒や味噌など，多種多様な商品をおもに江戸や上方へ運んだ。

廻船問屋瀧田家

陶栄窯（登窯） ❸
〈M▶P.210,212〉 常滑市栄町6-141・142
名鉄常滑線常滑駅🚌知多半田行競艇場口🚶5分

常滑に唯一残る登窯（国民俗）展示工房館で陶器づくり

バス停から南に60mほど進み，左折して路地を約200mいくと，陶栄窯（国民俗）にでる。陶栄窯は，現在常滑に残る唯一の登窯である。登窯は，天保年間（1830〜44）に鯉江方救によって導入された。それまでの大窯にくらべて，土管などの焼き締まった真焼物の大量生産が可能となったため，常滑では明治末までに60基以上が築かれ，広く普及した。

陶栄窯は，1887（明治20）年に30人ほどの窯仲間により，丘の東斜面に築かれたものである。この窯は，長さ22m・幅9.6mの連房式の登窯で，

陶栄窯

214　海と生きる知多

知多古窯と常滑焼

コラム

　知多半島の丘陵地は，粘りのある良質な陶土が豊富で，平安時代末期から本格的な窯業生産がはじまった。

　中世六古窯のなかでは，歴史がもっとも古く，その規模も最大で，丘陵地には1万基をこえる窖窯が築かれた。これらの窯では，碗・皿・甕や壺などが焼かれた。甕や壺は，おもに貯蔵容器として用いられたが，中世には経筒や蔵骨器など宗教的な目的に使用されたものもある。

　また，知多半島で焼かれた製品は，海路で北は青森県から南は鹿児島県まで運ばれた。第二次世界大戦後，知多半島の開発とともに古窯の発掘調査が数多く行われてきた。そのなかでも篭池古窯(常滑市)・大高山古窯(半田市)・板山長根古窯(阿久比町)は，県史跡として保存・公開されている。

　室町時代になると，窖窯から大窯への転換が進み，製品も大型の甕や鉢に限定されてくる。窯も現在の常滑の市街地周辺に集中し，今日の常滑焼へと引きつがれていった。江戸時代前半には，主として大型の甕が焼かれ，墓棺や便槽などに使用された。

　江戸時代後半になると，甕などのほかに，茶器や酒器類などの生産もはじまり，工芸品としての焼物も生産されるようになる。今日の常滑焼を代表する朱泥の急須は，幕末から明治にかけて中国から技法が伝えられ，その後大きな発展をとげた。また，登窯の導入によって焼き締まった真焼物の量産が可能となり，明治以降，上下水道や灌漑用に土管が大量に生産されるようになった。なお，日本初の鉄道が敷かれた新橋駅では，排水用に常滑焼の土管が使用された。

　近年では，急須など伝統的な常滑焼のほかに，トイレや浴室などのタイルをはじめとして，セラミックスなどの新しい商品の生産も進められている。

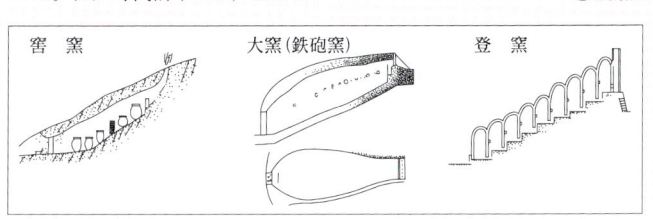

篭池古窯

窖窯　　　　大窯(鉄砲窯)　　　　登窯

窯の変遷(常滑市誌編さん委員会編『常滑市誌』別巻「常滑窯業誌」による)

焼物のまち常滑　　215

炎がうえにあがる性質を考えて、斜面に沿って8つの焼成室をもち、全国的にみても大型の部類にはいる。背後にある10本の煙突は、火のまわりを考慮して両端が長く、真ん中は短くなっている。燃料として、最初は薪(まき)を使用していたが、やがて石炭も利用できる折衷式に改造された。しかし、倒焔式(とうえん)石炭窯(がま)の導入や石炭から石油・ガス・電気へと燃料が変化するにしたがい、常滑の登窯は徐々に姿を消していき、陶栄窯も1974(昭和49)年の窯出しが最後となった。

　陶栄窯の北には、登窯広場がある。ここには、水琴窟(すいきんくつ)・陶壁などがあり、やきもの散歩道の中間点として、休憩場所にもなっている。また、広場にある展示工房館では、倒焔式角窯(かくがま)が見学でき、陶芸教室で陶器づくり(要予約・有料)を楽しむこともできる。

常滑市民俗資料館(とこなめしみんぞくしりょうかん) ❹
0569-34-5290

〈M▶P.210,212〉　常滑市瀬木町(せぎ)4-203　P
名鉄常滑線常滑駅🚌知多半田行常滑東口🚶7分

常滑焼の歴史を学べる資料館

　バス停から資料館への案内板にしたがって路地を50mほど進み、大善院(だいぜんいん)(真言宗(しんごん))横の急な坂道をのぼっていくと、常滑市民俗資料館がある。資料館の前庭には、常滑焼の大甕(おおがめ)や、1970(昭和45)年の大阪での万国博覧会に出品された陶器のベンチなどが並び、焼物の町の資料館という雰囲気がでている。ここでは、常滑焼の製造工程を常滑の陶器の生産用具・製品(国民俗)によってわかりやすく展示しており、ビデオなどにより常滑焼に関する基本知識を得ることができる。また、市内の窯跡から出土した甕や壺などが年代順に並べられており、平安時代末から現代までの常滑焼の歴史をたどることも

常滑市民俗資料館　　　　　　　　　　　　　　同資料館内展示室

海と生きる知多

できる。

　民俗資料館の東隣にある常滑市立陶芸研究所には、平安時代末から室町時代までの古窯跡から出土した甕や壺をはじめ、江戸時代以降の陶工が制作した常滑焼の名品が展示されている。また、陶芸家をめざす研修生の作品展示や販売もあり、絵付け体験(要予約・有料)もできる。

窯のある広場・資料館 ❺
0569-34-8282

〈M▶P.210,212〉常滑市奥栄町1-47 P
名鉄常滑線常滑駅 🚌 知多半田駅行常滑東口
🚶 2分

飴色の窯とテラコッタや染付便器が見もの

　バス停の西、奥条四丁目交差点を左折して、150mほど進むと、窯のある広場・資料館(国登録)にでる。ここは、1921(大正10)年から1971(昭和46)年まで、石炭を燃料として土管などを焼いていた倒焔式角窯とその窯を囲む建物や煙突をそのまま保存し、資料館として公開している。石炭窯は、傾斜地を利用して薪を燃料としていたそれまでの登窯にくらべ生産効率が高いので、明治後半から急速に普及した。

　奥行11mの窯の内部は耐火レンガでできているが、何度も窯焚きを繰り返すうちに、釉薬がかかった状態になり、美しい飴色になっている。

　窯がある黒板塀の建物の横には、高さ21mの赤レンガ造りの煙突がそびえている。かつて常滑には、こうした煙突が林立して

資料館の窯内部　　　　　　　　　　　　　　　窯のある広場・資料館

焼物のまち常滑

世界のタイル博物館

いた。現在、黒板塀の建物は資料館となっており、建築物の窓回りや軒回りをかざるテラコッタや美しい絵や色をほどこした明治から昭和初期にかけての染付古便器などが展示されている。

資料館の南隣には、世界のタイル博物館がある。メソポタミア・エジプトなどから出土したタイルをはじめ、イスラム・中国・ヨーロッパなど、世界各地のタイルが展示されている。

なお、窯のある広場・資料館の隣にある工房では、タイルの染付けなどを体験(有料)することができる。

正住院（しょうじゅういん） ❻　〈M▶P.210,212〉 常滑市保示町1-56 P
0569-35-2216　名鉄常滑線常滑駅🚌上野間駅行保示🚶1分

江戸時代の伽藍が残る寺
高久隆古の襖絵

バスをおりると、正住院(浄土宗)の本堂裏辺りにでる。正面にまわって、大きな楼門をくぐり境内にはいると、本堂をはじめとして、鐘楼や六角堂などが整然とたち並んでいる。

正住院は龍松山(りゅうしょうざん)と号し、寺伝によれば1487(長享元)年に成岩(半田市)の常楽寺(じょうらくじ)を隠居した栄覚上人(えいかくしょうにん)により創建された。『尾張名所図会(ずえ)』には、山号は栄覚上人の徳を慕った竜神が夜ごと門前のマツに竜灯を献じたことに由来すると記されている。昭和の初めごろまで本堂の西は砂浜の海岸で、「書院より海面を眺む風景、実に絶倫なり」(『尾張名所図会』)と賞せられていた。寺には、土佐派(とさ)

正住院

の高久隆古(1801〜59)が潮湯治(海水浴)のために滞在したおりに描いた襖絵などの作品(県文化・非公開)が伝えられている。

高讃寺 ❼ 〈M▶P.210,212〉 常滑市西阿野字阿野峪71-1 P
名鉄常滑線常滑駅🚃上野間駅行阿野🚶15分

天武天皇勅願により創建 仁王様がいます知多の古刹

バス停から南の唐崎橋を渡ってすぐ左におれ、東に1kmほど歩くと、西阿野の交差点にでる。交差点の北東に高讃寺(天台宗)がある。高讃寺は、684年に天皇の勅願により、行基によって創建されたと伝えられる知多三山の1つである。かつては七堂伽藍300坊を有する「国中随一の大刹」(『尾張志』)であったが、戦国時代にたび重なる兵火によって多くは焼失したといわれている。現在の高讃寺は焼失を免れた坊の1つである。

参道を進むとなかほどに山門がある。山門には、南北朝時代の作でたび重なる兵火を免れた木造の仁王像2体(県文化)が安置されている。山門をくぐり境内にはいると、正面に本堂がある。ここには、鎌倉時代の作で鉈彫りの木造聖観世音菩薩像(県文化・非公開)や、平安時代につくられた木造阿弥陀如来立像(県文化・非公開)がある。

高讃寺の西の国道を1.8kmほど南にいくと、多賀神社(祭神伊弉諾尊)がある。多賀神社の社叢(県天然)には、暖地植物のオガタマノキをはじめとした、典型的な暖帯林をみることができる。

高讃寺

多賀神社のオガタマノキ

焼物のまち常滑

❷ 山車祭りと醸造のまち

半田には、からくり人形を伴う山車が数多く残っており、各地区の祭礼に登場する豪華絢爛な山車は、一見の価値がある。

旧中埜家住宅 ❽　〈M▶P.210,220〉半田市天王町1-30　P
名鉄河和線知多半田駅 🚶 3分

明治の洋風建築（国重文）
中埜半六の別邸

　知多半田駅の東口から200mほど北へ進むと、右手に旧中埜家住宅（国重文）がある。ドイツの山荘を模したといわれるこの建物は、1911（明治44）年に半田を代表する実業家の1人であった中埜半六の別邸としてたてられたものである。軸組みとなる部分を外観にあらわし、白いスタッコ塗りに仕上げ、木造の骨組みにレンガを使用するハーフティンバー形式とよばれる構造で、白い壁に幾何学的な線を描く化粧柱と手割りのスレート瓦の三角屋根の外観が美しい。暖炉・照明などの設備もそのまま残っており、明治の洋風建築を当時のままの姿でみることができる。

半田駅周辺の史跡

　1950（昭和25）年に財団法人桐華学園に移管してからは、学園本館として使用されていた。現在は半田市街地の活性化事業の一環で、紅茶専門店として活用されている。

　旧中埜家を北へ、交差点を渡って1本東側の路地を北へはいっていくと、摂取院のイブキ（県天然）がある。摂取院の東の道は地元では紺屋海道とよばれ、古い半田の町の雰囲気がよく残っている。

旧中埜家住宅

220　海と生きる知多

知多の山車祭り

コラム

3月下旬から5月初めにかけて、知多半島は祭り一色となる。尾張は山車祭りの宝庫といわれ、からくりを乗せた山車が数多くみられる地域である。そのなかでも知多半島には半田市の31台（5年に1度、31台が勢揃いする）を筆頭に、100余台の山車が現存している。全国にあるからくり人形を乗せた山車は約200台といわれており、知多半島に約半数が集中していることになる。

知多半島の山車は、名古屋型と知多型に大別されるが、美浜町の小野浦には千石船をかたどった船山車がある。また常滑市の大谷や坂井、美浜町の上野間のように、若衆組織による祭礼の運営が今なお行われている地域もある。

半田市内では、「けんか祭り」の異名をとる乙川祭りを皮切りに10地区で祭礼が行われ、成岩神社の祭礼では大獅子小獅子の舞（県民俗）が、八幡神社の祭礼では板山獅子舞（県民俗）が奉納される。また「山辺の高山、海辺の亀崎」と、高山祭りと並び称される亀崎潮干祭の山車（県民俗）は、伊勢湾台風以後長らく浜への曳きおろしがとだえていたが、1995（平成7）年から再び亀崎の砂浜に山車が曳きおろされるようになった。

半田市立博物館では、各地区の山車が交替で展示されている。

亀崎潮干祭 　　　　　　　からくり人形

博物館「酢の里」と小栗家住宅 ❾

0569-24-5111
〈M▶P.210,220〉　半田市中村町2-6
JR武豊線半田駅 🚶 5分

醸造業の施設が集中　豪商の邸宅（非公開）

半田駅前の大通りを東へ400mほどいくと、源兵衛橋にでる川沿いに黒板塀の蔵が軒を連ね、監督黒澤明の映画「姿三四郎」の撮影地にもなったこの一角に、博物館「酢の里」がある。19世紀前半、

山車祭りと醸造のまち　　221

小栗家住宅

初代中野又左衛門(4代目から中埜と改姓)は酒の搾り粕を原料にした粕酢をつくるようになった。「酢の里」では酢造りの歴史を学ぶことができる。

「酢の里」から北へ200mほどいくと、左手に小栗家住宅(国登録)がある。小栗家は万三商店という屋号で、江戸時代以来、醸造業に加えて肥料などをあきなう、この地方屈指の豪商であった。主屋にある棟札には、1870(明治3)年に棟上げされたことが記されている。一般公開はされていないが、通りに面して主屋・表門・辰巳蔵が並び、建築当時の様子がうかがえる。

小栗家住宅から北へ100mほどいくと、國盛・酒の文化館がある。1972(昭和47)年まで約200年にわたり酒造りが行われていた蔵を改造し、機械化が進む前の酒造りの道具を数多く展示している。

酒の文化館から西へ500mほどいき、路地を北にはいっていく。蔵や常夜灯が点在するこの道は、地元では紺屋海道とよばれ、かつては交通の要所として多くの人びとが行き交ったという。国道にでると、目の前に半田赤レンガ建物(旧カブトビール半田工場、国登録)がみえる。1898(明治31)年にたてられ、現存するレンガ造りの工場としては最大級のものだという。

新美南吉記念館 ❿
0569-26-4888
〈M▶P.210〉 半田市岩滑西町1-10-1 P
名鉄河和線半田口駅🚶20分

童話『ごんぎつね』の舞台にたつ記念館

半田口駅から西へ1.2kmほどいくと、童話の森と名づけられた木立のなかに新美南吉記念館がある。新美南吉(1913〜43)の代表作である『ごんぎつね』の舞台となった中山の地に、1994(平成6)年に開館し、南吉の生涯や作品が紹介されている。

新美南吉は1913(大正2)年、現在の半田市岩滑に生まれた。半田中学校(現、半田高校)卒業後、雑誌『赤い鳥』に童謡や童話を投稿するようになり、1932(昭和7)年1月号に『ごんぎつね』が掲載さ

山車文化をささえた醸造業

コラム 食

　半田市を中心に分布する知多型とよばれる山車は、随所にほどこされた彫刻や幕をかざる豪華な刺繡を特徴としている。こうした豪華絢爛な山車とからくり人形は、知多半島の経済力の高さを示しているが、その中心は海運業や醸造業であった。内海船に代表されるように、18世紀後半には知多半島は廻船の一大拠点となるが、こうした廻船を利用して製品が江戸に運ばれ、醸造業もまた大きく発展していった。

　知多半島では酒・酢・味噌・溜・ビールなど、さまざまな種類の醸造を行ってきた。

　江戸と上方の中間に位置することから「中国酒」とよばれた尾張の酒は、18世紀後半になると大消費地である江戸でもしだいにシェアをのばしていった。尾張の酒の大半を占めたのが知多の酒で、江戸への船積みが便利な半田・亀崎が酒造りの中心となり、約100軒もの酒蔵があったという。また19世紀前半には、酒の搾り粕を原料にした粕酢がつくられるようになった。当時江戸で流行していた早ずしにあう酢として大きく売上げをのばし、現在でも半田を代表する産業となっている。明治になるとワインやビールの醸造も行われるようになり、本場ドイツの技術・機械を導入した半田の丸三麦酒株式会社の「カブトビール」は、20世紀初めには全国5位のシェアを占めたという。

　溜や醬油の醸造も盛んに行われ、とくに武豊は、武豊線の開通や武豊港の開港によって、味噌・溜の一大生産地となった。

蔵と運河

れた。結核のため29歳の若さで没した南吉だが、「東の賢治、西の南吉」といわれ、その作品は今なお多くの人びとに愛されている。とくに『ごんぎつね』は多くの国語教科書に採用されているほか、絵本やミュージカル、合唱オペラにもなっている。

　記念館のすぐ北側を流れる矢勝川は『ごんぎつね』で兵十がウナギをとっていた川として登場し、秋になると東西約2kmにわたってヒガンバナで真っ赤に彩られる。

　記念館周辺には南吉ゆかりの場所も多い。半田口駅近くには南吉

矢勝川のヒガンバナ

の生家があり、当時のままに復元して公開されている。南吉は8歳のときに新美家の養子となったが、記念館の西、知多半島道路半田常滑IC近くにある南吉の養家も整備され、公開されている。また、南吉の作品には、故郷である岩滑を舞台にしたものが多く、これらをめぐる文学散歩コースも整備されている。

常楽寺 ⓫
0569-21-0268　〈M▶P.210〉 半田市東郷町2-41　P
名鉄河和線成岩駅 🚶 5分

家康が3度訪れた古刹 本尊に弘長3年の墨書銘

成岩駅から西へ100mほどいき、昭和町三の交差点を南に400mほどいくと、右手に常楽寺（浄土宗）がある。1484（文明16）年、空観栄覚上人がこの地にあった仏性寺という天台宗の寺を修造して、浄土宗の寺として再興したことにはじまるという。中興の祖第8世典空顕朗上人は、徳川家康の従兄弟にあたり、徳川家とゆかりの深い寺である。家康自身も3度、常楽寺を訪れたとされている。1924（大正13）年、火災によって本堂や、創建当時の建物である庫裏など多くの貴重な建物が焼失したが、観音堂や薬師堂、土蔵などは焼け残った。

本堂にまつられている本尊の木造阿弥陀如来立像（国重文）は、像高79cmの小柄な仏像で、顔面内部に墨書銘がある。銘文から1263（弘長3）年に法橋円覚によってつくられたと考えられており、こ

常楽寺

の時代の仏像の基準となる作品といわれている。

　常楽寺から昭和町三の交差点まで戻り，そこから北西へ15分ほど歩くと半田市立博物館がある。伝統産業である酢造りの工程を模型で復元してあるほか，県や市の文化財に指定されている31台の山車の実物が交替で展示されている。また山車からくり人形の複製があり，自分の手で実際にあやつることもできる。

武豊停車場跡地 ⑫　〈M▶P.210,226〉知多郡武豊町字道仙田地内
JR武豊線武豊駅 🚶10分

1886年開通　愛知県下で最初の官営鉄道

　武豊駅から1kmほど南へ進むと里中の交差点にでる。ここに武豊停車場跡地の碑があり，当時使われていた転車台が，2002(平成14)年復元されている。もともと武豊駅はこの交差点付近にあり，武豊線が開通して100周年を迎えた1986(昭和61)年に記念の碑がたてられた。

　武豊線は，東海道線の建設用資材の運搬を目的として建設されたが，開通後は武豊港から陸揚げされた資材の運搬だけでなく，旅客業務も行った。武豊駅は，1892(明治25)年に現在の場所に移転したが，その跡地は1930(昭和5)年に貨物専用の武豊港駅として復活し，1965年まで利用された。廃業後そのまま放置されていた転車台を発見したのは，武豊小学校の児童たちだった。

　里中交差点の南西側には，味噌・溜の醸造蔵がたち並んでいる。現在は数少なくなったものの，最盛期(大正期)には50軒余りの醸造蔵があったという。

　里中交差点から国道を400mほど北へいくと，堀田稲荷社(祭神倉稲魂神)があり，1810(文化7)年に奉納された算額(県民俗)がある。江戸時代には，絵馬に数学の問題を記した算額を寺社に奉納する風習が広く行われていた。絵馬殿のなかには，複製と算額の内

武豊停車場跡地

山車祭りと醸造のまち

容の説明がある。さらに800mほど北へ進み、小迎の信号を右にはいると、醸造「伝承館」がある。塩を貯蔵していた蔵をそのまま展示施設にしたもので、溜を搾るときに用いた槽を動かすことができるなど、道具の使い方を体験することもできる。

壱町田湿地 ⓭ 〈M▶P.210〉知多郡武豊町字壱町田地内 P
名鉄河和線上ゲ駅 🚶40分

珍しい食虫植物の自生地　7〜9月に計5日間公開

　上ゲ駅から西に約3kmあるため、南成岩駅または知多武豊駅からタクシーの利用が便利である。車の場合、知多半島道路を半田ICでおりて左折し、宮本町6の信号を右折、新鹿子田橋南の信号を左折して南知多道路の下をくぐると、左手に壱町田湿地植物群落(県天然)がみえてくる。

　壱町田湿地は、国内稀産のシロバナナガバノイシモチソウや、東海地区特産種で、すでに絶滅したといわれていたヒメミカキクサをはじめ、7種類の食虫植物が自生する湿地として全国的にも有名である。普段は湿地保護のためなかにはいることはできないが、湿地植物の最盛期である7〜9月の間に計5日間ほど一般公開されている(問合わせ：武豊町歴史民俗資料館)。

　武豊町歴史民俗資料館は上ゲ駅から南へ400mほどのところにあり、伝統産業である味噌・溜の仕込み蔵が復元されているほか、からくり人形の実物も展示されている。また、富貴駅をおりて踏切を渡り、最初の角を右にまがって200mほどいくと、樹齢300年といわれる白山社のクロガネモチ(県天然)がある。

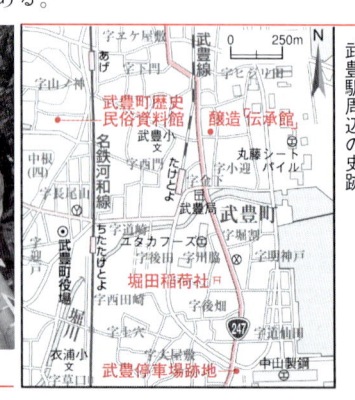

壱町田湿地

武豊駅周辺の史跡

226　海と生きる知多

③ アユチ潟と細井平洲のさと

米沢藩主上杉鷹山が師とあおいだ儒学者細井平洲が生まれた町には、平洲の足跡が多く残る。

アユチ潟と万葉の歌碑 ⑭ 〈M▶P.210,228〉 東海市高横須賀町北屋敷59
名鉄河和線高横須賀駅 🚶10分

県内最古級の万葉の歌碑

　高横須賀駅から線路沿いに北に進み，国道155号線バイパスを左折すると，左手にみえる横須賀小学校手前の杜が諏訪神社(祭神武南方主命)である。境内には『万葉集』の「年魚市潟　塩干家良思　知多乃浦爾　朝榜舟毛　奥爾依所見」をきざんだ万葉の歌碑がある。この碑は1818(文政元)年，近くに住んでいた吉田定興により，句の内容にもっともあったこの地にたてられたもので，万葉の歌碑としては県内でも最古級のものである。

　伊勢湾の名古屋市南部から東海市に至る干潟は，古代から「アユチ潟」とよばれた。アユチ潟を見渡す臨海部の台地上には，知多半島最古の前期古墳であるカブト山古墳(東海市名和町)があり(現在は消滅)，出土した三角縁神獣鏡・六神鏡(ともに県文化)は，名古屋市博物館に所蔵されている。

万葉の歌碑

岩屋口古墳 ⑮ 〈M▶P.210,228〉 東海市高横須賀町岩屋口
名鉄河和線高横須賀駅 🚶15分

　高横須賀駅東の高横須賀駅東交差点を右折し，家下交差点の手前の路地を左にはいって線路沿いの歩道を約500m進み，左手にみえる丘へと向かう。丘の南側にある階段をのぼると，岩屋口古墳の石室が大きく開口しているのがみえる。

　この古墳は6世紀末ごろ

岩屋口古墳

に築かれ，知多半島では最大規模の横穴式石室をもつ。石室に使われた大形の石材は養老山系(岐阜県)のもので，揖斐川をくだり，海路で運ばれたと推定されている。古墳からは伊勢湾をみおろすことができる。当時この地域と付近の海を支配した豪族が葬られたとみられる。

観福寺 ⓰
0562-32-1846　〈M▶P.210,228〉 東海市大田町天神下ノ上5　Ｐ
名鉄河和線高横須賀駅 🚶15分

　高横須賀駅から東に向かい，高横須賀駅東交差点を左折して北に進み，城之腰の交差点で左折して西に約100m向かうと，右手に観福寺(天台宗)がみえてくる。
　この寺は常滑市の高讃寺，南知多町の岩屋寺とともに「知多の三古刹」とよばれている。寺伝によれば，702(大宝2)年に行基が創建したとされている。

　江戸時代に知多四国巡礼を開創した亮山和尚が植えたとされる紅白のツバキをみながら仁王門をくぐり，参道をのぼると，正面に本堂(県文化)がみえてくる。本堂の外陣には，1467(応仁元)年に奉納された青銅製鰐口がさがっており，歴史の古さを物語っている。
　2代尾張藩主徳川光友は，ここから1.5kmほど西に横須賀御殿を築いたこともあり，当寺をたびたび訪れ，1665(寛

観福寺周辺の史跡

観福寺本堂

観福寺本堂の宮殿

文5)年には,本堂などを再建している。

本堂内陣には柿葺き・入母屋造1間四方の宮殿(国重文)がしつらえられており,背面の板壁に「宝治二(1248)年」の墨書がある。各所に鎌倉時代の特徴をよくとどめ,建築年代のわかる建造物として価値が高い。宮殿のなかには当初,阿弥陀如来がまつられていたと考えられるが,今は平安時代の作とされる木造十一面観音菩薩立像(県文化)が安置されている。秘仏であり,17年に1度開帳されるのみである。

観福寺の東,城之腰交差点付近の丘のうえは,この地の地頭職であった荒尾氏の居城,木田城があった場所である。荒尾氏は鎌倉幕府・室町幕府の奉公衆としてつかえ,戦国期には織田方につき,今川氏の圧力に抵抗した。かつてはこの交差点付近までが観福寺の寺域であった。

横須賀御殿跡 ⑰

〈M▶P.210,228〉 東海市高横須賀町御亭 P
名鉄常滑線尾張横須賀駅 🚶10分

2代尾張藩主の別荘
お庭焼の製品も出土

尾張横須賀駅から西に向かい,横須賀町交差点を右折し北へ400mほど歩くと,左手に東海市民体育館と東海市立勤労センターがみえてくる。勤労センターの東に横須賀御殿の碑がたっている。

この辺りは,2代尾張藩主徳川光友が,1666(寛文6)年に臨江亭(横須賀御殿)とよばれる別荘をたてた場所であり,碑にはその由来などが記されている。光友はたびたびこの地を訪れ,ときに潮湯治(海水浴)を楽しんだといわれる。

藩主がここでお庭焼にいそしんだという記録が残されており,隣接する烏帽子遺跡からは,葵紋の刻された陶磁器片や窯で使用する道具が出土している。

アユチ潟と細井平洲のさと

業平塚 ⑱

<M ▶ P.210, 230> 東海市富木島町外面
名鉄常滑線太田川駅市循環🚌 水深 🚶 5分

業平塚

業平伝説が残る地
宝珠寺に業平坐像と位牌

　バス停から東へ進み、後田交差点をこえた右手集落のなかに、鎌倉時代の特徴を有する五輪塔が7基あり、業平塚とよばれている。これは、平安時代初期の歌人で『伊勢物語』の主人公でもある在原業平と、彼を慕ってこの地にきて非業の死をとげた「あやめ」のための供養塔と言い伝えられている。

　周辺には業平の屋敷跡や、彼が京都鞍馬の貴布弥明神をまつったとされる貴船神社、在原業平坐像や位牌がおさめられている宝珠寺(曹洞宗)があり、業平にまつわる伝説が多く残っている。

東海市立平洲記念館・郷土資料館 ⑲
052-604-4141
<M ▶ P.210, 230> 東海市荒尾町蜂ケ尻67 🅿
名鉄常滑線太田川駅市循環🚌 平洲記念館前 🚶 5分

平洲記念館周辺の史跡

上杉鷹山の師、細井平洲のすべてを知る

　市循環バスをおり、バス停近くの階段をのぼると、儒学者細井平洲を記念する東海市立平洲記念館がみえてくる。ここでは、平洲直筆の書・画・書簡などの展示をはじめ、新設された平洲ホール(情報コーナー)では、DVDやパソコンを使って平洲について多角的に学習することができる。併設されている郷土資料館には、松崎遺跡

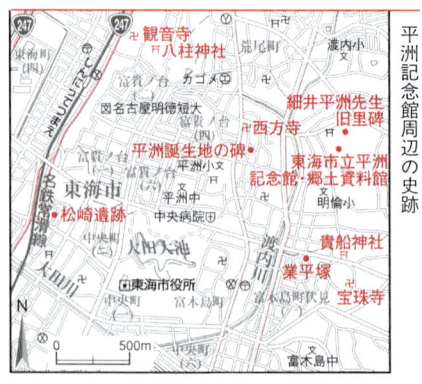

上杉鷹山の師細井平洲

コラム

「なせばなる。なさねばならぬ何事も。ならぬは人のなさぬなりけり」。この言葉を残した米沢藩主上杉治憲(鷹山)が生涯師とあおいだのが、江戸時代中期の代表的儒学者細井平洲である。

細井平洲は1728(享保13)年、平島村(現、東海市荒尾町)に生まれた。平洲は、名古屋・京都・長崎で学んだのち、24歳のとき、江戸で私塾嚶鳴館を開き、人材育成と学問の探究に没頭した。そして、37歳のとき、のちに米沢藩主となる若き上杉治憲の師として迎えられたのである。

藩主となった治憲は、平洲の教えにしたがって、窮乏していた藩財政を立て直し、名君とたたえられ、今日でも財政の立直しや企業の経営に広く参考にされている。

平洲は、西条(愛媛県)・人吉(熊本県)・紀州(和歌山県)・郡山(奈良県)各藩に賓師として迎えられ、郷里の尾張藩でも9代藩主徳川宗睦の侍講となり、尾張藩校明倫堂の初代督学をつとめている。

1801(享和元)年、江戸で74歳の生涯を閉じ、浅草の天嶽院に葬られた。

平洲の学問は実践を重んじ、1つの考えにかたよることなく、広い知識をいかして経世済民をめざすものであった。「学思行相須って良となす」という平洲の言葉は、学問と思索と実行がそろってはじめて、学問をした価値があるという意味である。何事もみずから進んで率先して行う「先施」の考え方とともに、吉田松陰、西郷隆盛など多くの人びとに影響をあたえたといわれる。

細井平洲像

出土の製塩土器をはじめ、市内の各遺跡から出土した考古資料や民具が展示されている。なお、神明社の境内には、平洲の七回忌に門人たちがたてた「細井平洲先生旧里碑」の顕彰碑がある。

また、荒尾町内には誕生地の碑(宝国寺門前に碑があり、家屋の柱が記念館に保存されている)、細井家の菩提寺である西方寺(浄土宗)、幼少期に学んだ寺子屋があった観音寺(真言宗)、1781(天明元)年に寄進した灯籠が残る八柱神社(祭神高御魂神ほか)など、平洲ゆかりの地が数多く残り、平洲をしのびながら歴史散歩を楽しむことができる。

4 大野谷とその周辺

港を中心に近世の産業が発展した大野には，平安時代末に鴨長明が潮湯治に訪れている。

法海寺 ⑳ 〈M▶P.210, 232〉 知多市八幡字平井19
名鉄常滑線寺本駅 🚶12分

白鳳時代の寺院遺跡に由来する寺院

寺本駅から線路に沿って南へ400mほど歩いて，薬師通りを左におれ，集落のなかをクスの大木を目印に進むと，法海寺(天台宗)の境内にはいる。法海寺は，668年，新羅国明信王の太子道行上人を開祖とするという寺伝をもつ古刹である。1973(昭和48)年と1991(平成３)年の２度にわたり行われた発掘調査の結果，知多半島では唯一の寺院遺構が確認され，出土した瓦などから，創建は白鳳期(７世紀後半)と推定されている。

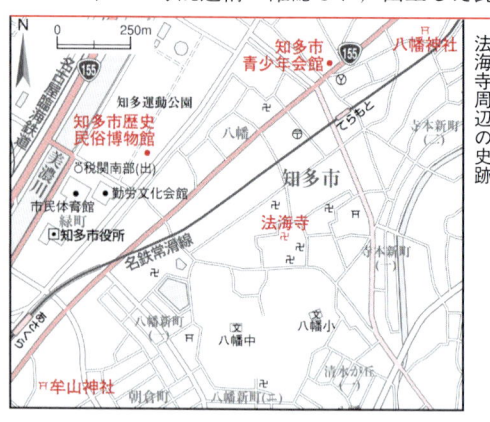

法海寺周辺の史跡

現在，寺には本堂のほか阿弥陀堂・十王堂などの堂宇があるが，かつては12坊の伽藍があったとされる。境内の東にある仁王門は，1538(天文７)年の造営といわれ，寺に残るもっとも古い建築物であるという。寺宝として，鎌倉時代の金剛界及び胎蔵界曼荼羅，室町時代の涅槃像・紅頗黎色阿弥陀如来図(いずれも県文化・非公開)が伝わる。

法海寺の北東約

法海寺

232　海と生きる知多

尾張万歳

コラム　芸

知多市の八幡には、新春になると烏帽子・素襖で扇子をもつ太夫と大黒頭巾をかぶり鼓をもつ才蔵がひと組となり、新年の寿祝と家内安全を願い、うたい舞う尾張万歳(国民俗)が伝えられている。

尾張万歳は、正応年間(1288～93)に長母寺(臨済宗、名古屋市東区)の無住国師が、寺の雑役をしていた村人に、法華経をわかりやすくうたえるものとして教えたのが起源といわれるが、定かではない。

八幡地区で尾張万歳が演じられるようになったのは、ここが長母寺領であったことによる。尾張万歳は、農地に適した土地が少ない知多半島の貧しい農民たちにとって、農閑期の貴重な収入源となったので、農間稼ぎとしてうけつがれてきた。万歳師たちは遠く関東から関西の各地にでかけていったという。しかし第二次世界大戦後になると、万歳を演じる人は激減していった。

現在は、八幡地区に尾張万歳保存会がつくられ、その技術と保存がはかられている。知多市青少年会館には、大正時代に使用された尾張万歳の衣装や小道具が展示されている。また、知多市歴史民俗博物館では、映像コーナーのビデオで尾張万歳をみることができる。

尾張万歳

900mにある八幡神社(祭神誉田別 尊ほか)は、法海寺の鬼門鎮護のために創建されたと伝えられる。本殿の基礎は、城積みといわれる伝統的な黒鍬の石工技法で組まれている。黒鍬とは土木の特殊技能集団で、石組みのほか堤づくりを得意とし、知多半島のため池づくりなどに活躍した。農閑期には三河・美濃地方から近畿地方にまで出稼ぎにいき、その技術は各地で高く評価された。

知多市歴史民俗博物館 ㉑
0562-33-1571

〈M▶P.210,232〉知多市緑町12-2　P
名鉄常滑線朝倉駅🚶10分

知多市の民俗資料と打瀬船の実物を展示

朝倉駅西のロータリーから駅前の道路を北へ700mほどいくと、知多市歴史民俗博物館がある。ここは、知多市におけるかつての代表的な生業であった「漁業」「農業」「知多木綿」をテーマとし、これに関連する民俗資料や近世の古文書などを展示している。このなかには、知多半島の漁撈用具(国民俗)や知多木綿生産用具及び木綿

大野谷とその周辺　233

打瀬船

牟山神社の梯子獅子

問屋関係資料(県民俗)も含まれており，当地方で盛んだった打瀬網漁に実際に使われていた「藤井丸」という打瀬船の実物が展示されている。また，知多市内で発見された縄文時代からの考古資料などをみることもできる。

博物館の南約1kmのところに，牟山神社(祭神天之御中主命)がある。ここは朝倉の産土神で，漁をする人や廻船を業とする人には海上鎮護の神であった。毎年10月の第1日曜日に祭礼が行われ，梯子獅子(県民俗)が奉納される。

梯子獅子は，31段の梯子と高さ9mの櫓のうえで，雄獅子の面をかぶった2人1組の獅子が，曲芸的な演技や離れ業を繰り広げるものである。その起源は，慶長年間(1596〜1615)，朝倉村にイノシシがあらわれ農作物を荒らしたので，村人が協力して梯子をつくり，イノシシを退治したところ，その翌年には大豊作となった。このことから毎年，豊年祭とイノシシの供養のため梯子にのぼって雄獅子の舞を演じるようになったといわれている。

知多木綿のさと岡田 ㉒

〈M▶P.210〉知多市岡田字中谷・西島
名鉄常滑線朝倉駅🚌東岡田行岡田🚶2分

多くの蔵が残る町並み

バス停から西へ150m進み，登りの交差点を左におれると，岡田の集落をとおる旧道にはいる。この旧道沿いには，かつて知多木綿の中心地として繁栄した岡田の古い町並みが残っており，なまこ壁の蔵や石垣，黒板塀の蔵，長屋門のある家などを多くみることができる。また，改造した蔵で知多木綿の製作を体験することもできる。
知多木綿は，18世紀前半から生産が盛んになったが，当初は伊勢

愛知用水とため池

コラム

　知多半島は丘陵が多く、大きな河川もないことから、干ばつがおこりやすく、農業用水の確保に長年苦心してきた。このため知多半島各地に灌漑用のため池が多く築造された。江戸時代の『寛文村々覚書』には、800をこえるため池が記録されている。しかし、その多くは雨水をたくわえるだけのもので、厳しい干ばつには対処できなかった。

　1948(昭和23)年、知多郡八幡町(現、知多市)の久野庄太郎は、高校の教員であった浜島辰雄と「木曽川の水を知多へ」という人びとの願いを実現するために、当時の首相吉田茂や関係機関に熱心に働きかけた。

　こうした運動の結果、1955年に愛知用水公団が設立された。1957年には愛知用水の工事が着工されて、5年後の1961年に完成した。この用水は、木曽川上流に建設された牧尾ダムの水を岐阜県八百津町兼山で取水し、犬山から尾張東部、さらに知多半島先端までの112kmにおよぶもので、幹線水路により各地に農業用水や上水道用水を供給している。

　愛知用水の完成により、用水利用地域では大規模な開発がはじまった。知多半島でも農業開発が進み、役割をおえたため池は姿を消しつつある。

愛知用水流域図(『知多市誌』より作成)

できらしていたので、伊勢晒の名で江戸に出荷されていた。天明年間(1781〜89)に、岡田村の中島七右衛門が晒の技法を伊勢から伝え、晒工程に工夫を加えて知多白木綿をつくりだしたころから、生産量も増大した。明治時代には、臥雲辰致が発明したガラ紡を導入するなど機械化が進み、岡田は知多木綿の中心地として大きく発展し、工場で働く女性が各地から集まり活況を呈した。

大野谷とその周辺　235

岡田の蔵

　旧道を10分ほど歩くと、太郎坊の交差点にでる。交差点の北にある慈雲寺(臨済宗)は、14世紀中ごろ大野の宮山に城を築いてこの地域を支配した一色範光が創建した寺で、境内には「一色修理大夫範光」ときざまれた宝篋印塔がある。

大草城跡 ㉓

〈M▶P.210,236〉知多市大草字東屋敷　P
名鉄常滑線大野町駅 🚶15分

織田有楽斎が築城
宝治元年銘の梵鐘

　大野町駅から西の県道を200mほど北へ進み、大野町三の交差点を右におれ名鉄の高架橋を渡ると、左前方に木々のしげった台地がみえてくる。この台地が大草城跡で、現在は大草公園となっている。

　大草城の名が歴史上にはじめて登場するのは応仁の乱(1467〜77)のころで、当時この地方を支配した一色義遠が城を築いたといわれるが、その場所は不明である。現在の大草城跡は、1584(天正12)年ごろ、織田信長の弟の織田長益(有楽斎)がこの地を支配したときに、水に乏しい大野城を廃してあらたに築いた城の跡である。公園内のグランドとなっている場所が本丸跡で、ここには天守閣を模した展望台があり、伊勢湾や大野の町を見渡すことができる。本丸跡や二の丸跡の周囲に、土塁跡や堀跡などの遺構がよく残って

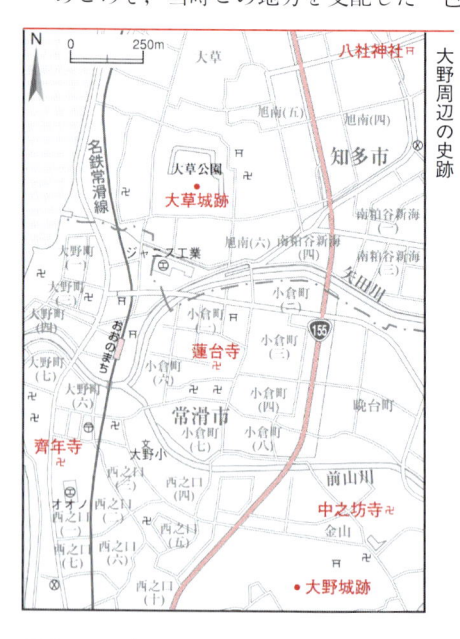

大野周辺の史跡

海と生きる知多

大草城跡

いる。また，城跡の北東にある枡形(ますがた)の地形が大手門跡といわれている。

大草城跡から東の国道155号線を横切ると，北東300mに八社(はっしゃ)神社(祭神天照大神(あまてらすおおみかみ))の森がみえる。この神社は，1470(文明(ぶんめい)2)年の棟札(むなふだ)によると，大野荘の総社であった。社宝には，かつてこの地を支配した一色兵部少輔(ひょうぶしょうゆう)が，1462(寛正(かんしょう)3)年に三河への出陣にのぞんで奉納したという「宝治元(ほうじ)(1247)年」の銘をもつ梵鐘(ぼんしょう)(国重文・非公開)が伝えられている。

齊(斉)年寺(さいねんじ)❷ 〈M▶P.210,236〉常滑市大野町9-13 P
0569-42-0234　名鉄常滑線大野町駅 徒 7分

雪舟の絵が伝わる寺　鴨長明も訪れた大野海岸

大野町駅の西の県道を南へ600mほど歩くと，齊年寺(曹洞宗(そうとう))がある。この寺は，大野(宮山(みややま))城主佐治為貞(さじためさだ)が，1531(享禄(きょうろく)4)年父宗貞(むねさだ)の菩提(ぼだい)をとむらうため大野城内に建立(こんりゅう)したことにはじまる。このとき為貞は，雪舟筆紙本墨画淡彩慧可断臂図(せっしゅうひつしほんぼくがたんさいえかだんぴず)(国宝・非公開)，青磁香炉(せいじこうろ)などを寄進した。1584(天正(てんしょう)12)年ごろに佐治氏が大野城から退去し，城も廃絶となったため，寺は家臣の粟津九良兵衛(あわづくろべえ)によって現在地に移されたという。寺の参道にある総門や山門は，このとき大野城内から移築されたといわれている。なお，雪舟の慧可断臂図は現在，京都国立博物館に保管されているが，齊年寺では複製をみることができる。

齊年寺のある大野の地は，中世には伊勢や桑名(くわな)と結ぶ港町として発達し，江戸時代には廻船業をはじめとして，知多半島における商業の中心地の1つであった。駅近くの大野橋付近は，町の中心地として有力商人たちが大勢住み，今も路地には古い町並みが多くみら

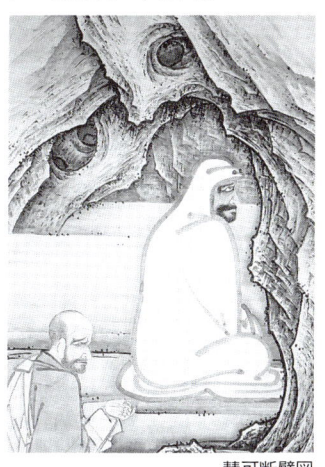

慧可断臂図

大野谷とその周辺

潮湯治（『尾張名所図会』）

れる。

　大野橋の南に，ひときわ目をひく**イブキ**（県天然）の巨木がしげっている。この辺りは，天保年間(1830〜44)の村絵図に「大野御殿」と記載されており，尾張藩主が郡内を巡検する際の逗留先であったという。なお，大野の海岸は古くかかから潮湯治(海水浴)の名所で，平安時代末に鴨長明も当地を訪れ，「生魚の　御あへも清し　酒もよし　大野のゆあみ　日かずかさねむ」と和歌に詠んでいる。江戸時代になると歴代の尾張藩主の保養地にもなり，また多くの潮湯治客で賑わった。

大野城跡 ㉕　〈M▶P.210,236〉常滑市金山字城山46-1　P
名鉄常滑線大野町駅 🚶20分

知多の海を制した佐治氏の居城　展望台から伊勢湾を一望

　大野町駅から県道を約1kmほど南進し，西の口七丁目の交差点を左におれ，住宅地を東に700mほどいくと堀田の交差点にでる。右手前方の山が**大野城(宮山城)跡**である。現在は城山公園として整備され，山頂の展望台からは，伊勢湾を一望することができる。展望台横の一段高い場所に佐治神社があり，ここに櫓が設けられていたという。展望台から東の階段をおりたところに，土塁の一部が残っている。

　大野城は，伊勢湾の海上権を掌握しようとした一色氏によって，14世紀中ごろに築城されたといわれる。その後，大野周辺を支配したのが佐治氏である。大野城跡から西850mにある神

大野城跡の展望台

238　海と生きる知多

一口香・尾州早すし

コラム

一口香

　大野は中世から商業の町として栄えたため、町人の間では喫茶の風習が日常的にみられ、多くの茶菓子がつくられてきた。その1つが一口香で、小麦粉を一口大にまるめて焼き、なかにいれた黒砂糖が飴状になって皮に付着し、なかが空洞となった菓子である。

　一口香は、1659（万治2）年に2代尾張藩主徳川光友が潮湯治のために大野に滞在したおり、庄屋が「芥子香」という名前の菓子を献上したところ、ひと口食べると香ばしい味わいで、光友により「一口香」と名づけられたと『尾張名所図会』に記されている。一口香は、大野の和菓子屋や常滑市陶磁器会館で購入することができる。

尾州早すし

　江戸時代、寿司といえば馴鮨や押鮨など、手間のかかる高級品であった。しかし、酒粕から粕酢がつくられるようになると、安価な粕酢で握った握り寿司が江戸時代後半に庶民の味として広まっていった。この粕酢の醸造に成功したのが半田の中野（のちに中埜）又左衛門で、彼は粕酢を大量生産し、江戸へ廻船で運んだ。このことが江戸前の握り寿司の普及につながったといわれる。このときの握り寿司を復元したのが「尾州早すし」である。山吹色をした酢飯のうえにネタがのった寿司である。尾州早すしは半田市内の飲食店や南知多町の旅館で味わうことができる。

明社に伝わる1497（明応6）年の棟札には、「宮山之城主佐治伊賀守為永」の名がみられるので、このころには佐治氏が大野城を拠点に大野一帯を支配していたと考えられる。佐治氏は4代にわたって伊勢湾の海上権を握り、織田信長と姻戚関係を結ぶなどして知多半島西部を支配した。なお、大野城跡の北西にあたる小倉地区にある蓮台寺（時宗）には、初代大野城主佐治宗貞の墓といわれる寿山塚がある。

　大野城跡から東へ400mほどいくと、中之坊寺（真言宗）がある。寺には、中国から渡来した絹本著色仏涅槃図（国重文）が伝わるが、現在は常滑市民俗資料館に保管され、年1回秋に一般公開されている。

絹本著色仏涅槃図

⑤ 徳川家康の生母於大が暮らしたまち

於大の方がわが子を思い、暮らした東浦・阿久比の町は、今も緑が多く残り、歴史散歩に最適の地である。

円通寺 ㉖
0562-46-1736

〈M▶P.210〉 大府市共和町小仏68 **P**

JR東海道本線共和駅 🚶 45分

知多四国遍路結願の寺　本尊は馬頭観音

共和駅から北西約3.5kmの道程なので、タクシーの利用が便利である。伊勢湾岸道路の真下を並走する国道302号線の神戸交差点を約200m南に進み、左手の丘陵にのぼる道をいくと、円通寺(曹洞宗)に到着する。

寺には、鎌倉時代後期の作とされるスギ材寄木造の木造毘沙門天立像(県文化)が伝えられて、本尊の木造馬頭観世音菩薩立像(平安時代)や青銅鋳造鰐口(室町時代)など、多くの文化財が所蔵されている。古くは馬頭観音を信仰する馬方の帰依を集めていたが、今では「不浄除け」の信仰で知られる。

円通寺木造毘沙門天立像

円通寺は知多四国八十八所巡礼の88番札所、つまり結願の寺である。知多半島の八十八所巡礼は、弘法大師のお告げを感得した亮山阿闍梨によって江戸時代後期に開創され、現在も東海地方はもとより全国各地から多くのお遍路さんが訪れている。

長草天神社どぶろくまつり

長草天神社 ㉗

尾張・知多のどぶろくまつり

〈M▶P.210,241〉 大府市長草町本郷44 **P**

JR東海道本線共和駅 🚶 20分

共和駅西口から西に向

大府駅周辺の史跡

かい，共和駅西の交差点を右折し，共和町2丁目の交差点を左折すると，約1kmで本郷交差点にでる。ここから右手にみえる森が長草天神社(祭神菅原道真)である。

江戸時代前期から伝えられる長草天神社どぶろくまつりは，1月ごろからどぶろくづくりをはじめ，祭礼の当日(2月25日直前の日曜日)神社に奉納し，無病息災を祈願したのち，一般にふるまわれる。どぶろくまつりは全国各地にあるが，ここでは中国の想像上の動物で，酒を好むとされる猩々も登場し，毎年多くの参拝者で賑わう。

大府市歴史民俗資料館 ㉘
0562-48-1809

大府の窯業史を知る資料館

〈M▶P.210,241〉 大府市桃山町5-180-1
P
JR東海道本線大府駅 徒歩10分

大府駅東口の道路を約800m北東に進むと，大倉公園に着く。この公園の一角に大府市歴史民俗資料館がある。

1階には茅葺きの農家が復元され，農具や民俗資料が展示されており，2階では市内の遺跡から出土した遺物をみることができる。大府市横根町から出土した「藤井宮大明神御酒瓶子」のヘラ描きの銘文をもつ藤井宮御酒瓶子(県文化)，平安末期に遠く京都の鳥羽離宮東殿にも供給された吉田古窯出土の瓦や陶器類は，当地方の中世における窯業生産や流通を考えるうえで貴重な資料である。

藤井宮御酒瓶子

徳川家康の生母於大が暮らしたまち

延命寺 ㉙
0562-46-0544 〈M▶P.210,241〉 大府市大東町1-279 **P**
JR東海道本線大府駅🚶10分

水野氏と縁のある天台寺院　文殊楼門とよばれる山門

　大府駅東口の道路を北東に進み，桃山町五丁目交差点を右にまがり，若草町三丁目交差点を左折する。新池東交差点さきの右手集落のなかを約200m進むと，左に延命寺（天台宗）がみえてくる。

　延命寺は鎌倉時代の創建とされ，室町時代には七堂伽藍を備えていたと伝えられる。1533（天文2）年には，後奈良天皇から山号「寶龍山」の勅額を賜与され，東浦周辺に勢力を誇った水野氏（徳川家康の生母於大の実家）と関係するなど寺勢を高めた。江戸時代には尾張藩から保護をうけ，寺格を維持した。

　山門は1836（天保7）年に起工し，5年の歳月をかけて完成したもので，階上に文殊菩薩像を安置することから「文殊楼門」とよばれている。

　寺には刺繡普賢菩薩像（県文化）のほか，絹本両界曼荼羅，絹本花鳥図など多くの文化財が収蔵されている（いずれも非公開）。

延命寺山門

村木砦古戦場 ㉚
〈M▶P.210,244〉 知多郡東浦町森岡字取手地内
JR武豊線尾張森岡駅🚶6分

織田・水野連合軍と今川軍の合戦の地

　尾張森岡駅から線路の西に並走する国道366号線を300mほど北に向かうと，右手の線路との間に八剱神社がみえてくる。この神社周辺が村木砦跡である。尾張に侵入し，この砦を築いた今川義元軍に対し，織田信長・水野信元（於大の兄）連合軍は1554（天文23）年正月，攻撃をしかけ勝利をおさめた。現在では新田開発などによって海は遠ざかったが，当時この周辺は衣ヶ浦に面した入江であった。

　ここから800mほど北に向かった石ヶ瀬川周辺には，1558（永禄元）年に水野信元軍と今川義元・松平元康（のちの徳川家康）連合軍がたたかい，さらに1560年の桶狭間の戦いで今川軍が敗走したのち

にも，水野軍と松平軍が衝突した石ケ瀬古戦場がある。尾張・三河の国境の地は，戦国期には戦火のたえない不安定な地域であった。

入海貝塚 ㉛

〈M▶P.210,244〉知多郡東浦町緒川屋敷一区
JR武豊線緒川駅 🚶 8分

縄文時代早期の貝塚と入海式土器

　緒川駅から西に向かい，国道366号線を横断して300mほど小道を進むと，南北につながる旧道にでる。丘陵の下を走るこの旧道を北に400mほど歩くと，左手に入海神社参道の坂道が丘陵のうえへと続いている。坂をのぼると，境内の片隅に「史跡　入海貝塚」の石柱がある。

　入海貝塚(国史跡)は，大正の初めごろに確認され，第二次世界大戦後に実施された発掘調査の結果，神社の拝殿と本殿の東に幅約10m・延長80mにわたって弧を描くように続いていることが判明した。また出土した土器は縄文時代早期の基準資料として入海式土器とよばれ，東海地方の縄文文化を考えるうえで重要な遺跡となっている。出土遺物は東浦町郷土資料館(石浜字桜見台18-4，☎0562-82-1188)でみることができる。入海貝塚は東に低地部をみおろす丘陵の端に立地するが，かつては恵み豊かな干潟が眼下に広がっていたことであろう。

入海貝塚

善導寺 ㉜
0562-83-3434

〈M▶P.210,244〉知多郡東浦町緒川屋敷二区38 P
JR武豊線緒川駅 🚶 8分

於大の菩提寺蒙古来襲を警戒した書状

　緒川駅から西に約500m，国道366号線を横断し丘陵に向かって坂道をのぼると，善導寺(浄土宗)の堂宇がみえてくる。この寺は1443(嘉吉3)年，音誉上人が開創したとされる。もとは海沿いの低地にあったが，たびたび水害にあったため，1605(慶長10)年，水野分長によって台地上の現在地に移された。

　家康の生母於大は，この寺を自身の菩提所とし，三尊阿弥陀如来像・善導大師自画像・善導大師立像・善導大師所持の柄香炉などを

徳川家康の生母於大が暮らしたまち　　243

緒川駅周辺の史跡

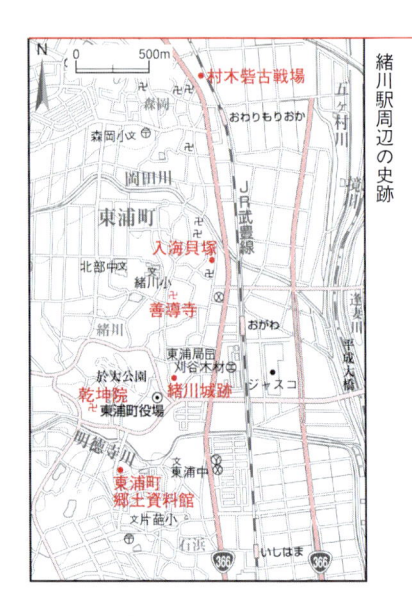

寄進している。また於大が寺を訪れた際に着用したと伝えられる夜着も残っている。

寺には「異国降伏祈願施行状」(県文化・非公開)が伝えられている。これは鎌倉幕府が諸国の守護をつうじて社寺に命じた敵国降伏の祈禱の施行状である。この祈願は1300(正安2)年に行われたものであるが、蒙古来襲による文永の役(1274年)・弘安の役(1281年)ののちも、長期間にわたって幕府が再襲来を警戒した様子がわかる。

緒川城跡 ㉝

〈M▶P.210,244〉 知多郡東浦町字古城ほか
JR武豊線緒川駅 🚶15分

於大誕生の地
水野氏の居城

緒川駅から西に向かい、鉄道と平行して走る国道366号線を南に進む。東浦役場東交差点を右折して西へ約300mいき、東浦役場前交差点北側の住宅地の細い道を北に約300m進むと、右手に小高い丘がみえてくる。石碑と案内板がたっているこの丘の小公園が、緒川城の主郭の一部であり、主郭北西部の土塁が残されている。

緒川城は、文明年間(1469～87)に水野貞守が築城したと伝えられる。水野氏は貞守の曾孫4代水野忠政のときに、知多半島北部から三河国の刈谷にかけて勢力を拡大した。忠政の子於大は、1528(享禄元)年、緒川城で生まれている。

初代城主貞守・2

緒川城主の墓

244　海と生きる知多

都に運ばれた知多の塩

コラム

平城宮跡出土の木簡に，つぎのようなものがある。
(表) 尾張国智多郡番賀郷
　　　　花井里丸部□麻呂
(裏) 調塩三斗神亀四年
　　　　　　　　十月七日

これは，727(神亀4)年に，現在の東海市周辺と考えられる智多郡番賀郷花井里の丸部□麻呂が，都に「調」(税)として塩をおさめた際の荷札である。

『万葉集』には，「藻塩垂る」「藻刈り塩焼く」といった表現がみられ，海藻を利用して海水を濃縮し，さらにそれを土器にいれて煮つめることによって塩をつくったと推定されている。

名鉄常滑線太田川駅の北，約1kmの線路沿いにある松崎遺跡では，数万点の製塩土器が，厚さ50cmもの層になって堆積していた。土器は7世紀末から9世紀にかけてのものが中心で，まさしく木簡の書かれた時期と重なる。

平安時代に編纂された『延喜式』にも尾張国の塩づくりについて多くの記述がみられる。尾張国の調の種類を記した部分には「生道塩1斛(石)6斗を調塩と共に納める」との記述があり，塩の使用法については「生道塩を京都の東寺にある仏像に1日に5合7勺お供えする」と記されている。さらに「生道塩はイクチと読み，堅塩である。塊をくだいて1斗の量の塩を得る。生道とは尾張国の郡里の名前である」との記述もあり，祭祀に使われる特殊な固形の塩が，尾張の一地域でつくられ，都に運ばれたことがわかる。

東浦町生路には伊久智神社(JR東浦駅北約1km)があり，塩土老翁をまつっている。境内には製塩土器が出土する伊久智貝塚があり，『延喜式』の記述と整合する。

知多半島の沿岸部には，ほかにも製塩に関係する遺跡が数多くあり，東浦町郷土資料館では塩に関する展示がみられる。まさに，海とともに生きた先人の足跡である。

知多式製塩土器(東海市松崎遺跡出土)　　　　伊久智神社

代賢正・3代清忠の墓所(五輪塔)は，東浦町役場北西於大公園の一隅にあり，4代忠政の墓所は乾坤院にある。

乾坤院(けんこんいん) ㉞
0562-83-2506

〈M▶P.210,244〉知多郡東浦町緒川字沙弥田1 P
JR武豊線緒川駅🚶20分

水野氏の菩提寺 / 於大の生家

　緒川駅から西に向かい，左折して線路と平行して走る国道366号線を南に進む。東浦役場東交差点を右折して西へ向かい，東浦役場前交差点を左へ700mほど進むと，於大(おだい)公園のさきの丘陵に乾坤院(曹洞宗(そうとう))がみえてくる。

　この寺は，1475(文明7)年，初代緒川城主水野貞守によって緒川城の守護を目的に創建された。城からみて乾(いぬい)(北西)と坤(ひつじさる)(南西)の中間方向に位置することからこの名がついたといわれ，乾坤が壮大な天地も意味することから山号を宇宙山にしたという。水野家の繁栄とともに多くの寄進をうけて諸堂が整備され，江戸時代には於大の生家の菩提寺として手厚い保護をうけ，尾張・三河・遠江(とおとうみ)に61の末寺をもつ曹洞宗中本山として栄えた。於大も3里四方の山林を寄進したと伝えられる。

　寺には，絹本著色(けんぽんちゃくしょく)弁財天像・絹本著色諸尊集会図(しゅうえず)・紙本墨書(しほんぼくしょ)正法眼蔵(しょうぼうげんぞう)写本(いずれも県文化・非公開)など多くの文化財がある。また本堂左手には，於大の父，水野忠政をはじめ同家の墓所がある。

乾坤院山門

水野家の墓所

虫供養と虫送り

コラム 行

　知多半島では、農民が田畑で駆除する虫たちを供養する行事や、地域から疫病や田畑の虫を送りだす行事が各地に伝えられている。

　虫供養行事は、仮設の道場にもちまわりの阿弥陀仏などの軸をかけて念仏をとなえるものである。民謡などの余興が行われる地域もある。知多市から常滑市にかけての大野谷・阿久比町・東浦町のものがよく知られている。大野谷では年末から年始に、阿久比町と東浦町では秋彼岸のころに行われる。

　虫送り行事は常滑市矢田地区にみられる豊作祈願の行事で、7月初旬にオンカ送りと虫送りに分けて行われる。

　オンカ送りでは「斎藤実盛」と「フウフの鳥」の人形を竹のさきにつけて高く掲げ、太鼓をたたき、ホラ貝を吹きながら川沿いを行列し、虫送りでは松明をもって行列する。

　知多の虫供養行事、尾張の虫送り行事は、どちらも県無形民俗文化財に指定されている。

虫送り行事(常滑市矢田地区)

洞雲院と坂部城跡 ㉟
0569-48-0544
〈M▶P.210,248〉知多郡阿久比町卯坂字英比67 P
名鉄河和線坂部駅 🚶 5分

於大・家康再会の地

　坂部駅の西、線路と平行して走る県道を約200m南に向かうと、右手にはいる道がある。この道をはいり、三叉路を右に進むと洞雲院(曹洞宗)の山門がみえてくる。

　寺伝によれば、948(天暦2)年に菅原道真の孫、菅原雅規が天台宗の久松寺を創建、1494(明応3)年に雅規の後裔、久松定益が曹洞宗の洞雲院として再建したという。於大が再嫁した久松家の菩提寺である。

　織田氏と今川氏の対立のなか、岡崎城主松平広忠は、

洞雲院

徳川家康の生母於大が暮らしたまち

坂部駅周辺の史跡

妻於大の実家(緒川城主水野信元)が織田方についたのを理由に於大を離縁し、水野家に帰してしまった。1547(天文16)年、兄信元のはからいで再婚したのが坂部城主久松俊勝である。於大は遠く離れて人質生活を送るわが子竹千代(のちの徳川家康)を想い、着物や菓子などを送り続けたという。

　寺には於大がおさめた血書阿弥陀経・金襴の袈裟・調度品などが残り、俊勝の墓・於大の遺髪塚もある。

　洞雲院から駅へ戻る途中、さきの三叉路を右に進むと、「久松家創業地城山公園」の石碑がある。左手の小道をのぼると、水田地帯を見渡せる高台の平坦地に久松定益築城の坂部城跡がある。

　久松俊勝と再婚した於大は、俊勝が岡崎城代として移るまでの15年間この地で暮らし、1560(永禄3)年、上洛をめざす今川義元の先発隊として出陣した家康と16年ぶりの再会をはたしている。

平泉寺 ㊱
0569-48-0176　〈M▶P.210,248〉知多郡阿久比町椋岡字唐松29　P
名鉄河和線植大駅 🚶 10分

県内最古の紀年銘をもつ仏像　源頼朝も参詣

　植大駅の西、線路と平行に走る県道を約800m北へ向かうと、右手に平泉寺(天台宗)の駐車場がみえてくる。

　平泉寺は鳳王山円月坊と号する古刹であり、その名は1190(建久元)年、源頼朝が野間に父義朝の墓参に訪れ、当山へ参詣した日が中秋の名月の時期であったことから「月の明らかなるに過ぎる何も無くさえ渡れば、円月坊と称すべし」と命じたことに由来する。

　寺には木造不動明王立像・木造毘沙門天立像・木造阿弥陀如来坐像(いずれも県文化)が伝えられており、阿弥陀如来坐像には、在銘仏像のなかでは県内最古となる「仁平三(1153)年九月二十八日」の銘がある。3体とも平安時代後期の作である。

廻船のまち南知多

6

「内海米船　野間塩船よ」とうたわれた南知多は、古くから海運業が盛んであった。野間には源義朝ゆかりの史跡が多い。

鵜の山ウ繁殖地 ㊲
〈M▶P.210〉知多郡美浜町上野間字曽力ほか
名鉄知多新線上野間駅 🚶20分

わが国最大のカワウの繁殖地

上野間駅から東へ15分ほど歩くと、ハイキングコースであるオレンジラインの案内板がある。ここを左へはいっていくと鵜の山ウ繁殖地（国天然）がある。総面積約12haのわが国最大級のカワウのコロニー（繁殖地）である。

ここにカワウが棲み着いたのは、天保年間（1830〜44）といわれている。カワウは森にコロニーをつくって集団生活をするため、大量の糞によって木々を枯らすこともあった。ここではその糞が良質の有機肥料として利用されたため、人びとはカワウを大切に保護してきた。明治時代には糞を集める権利を入札制にし、その収益は小学校の建設や寺社の修復などにあてられたという。

しかし化学肥料の普及によって採糞が行われなくなると、積もった糞によって木は枯れ、鵜の山はしだいに荒廃していった。カワウは隣接する丘陵地に移動していき、1970年代にはまったく姿を消してしまった。

その後、地元の人びとが植林などを行って、カワウを鵜の山に戻す努力を続けた結果、1990年代には再び営巣しはじめ、現在鵜の山には約1万羽が棲息している。

鵜の山

野間大坊 ㊳
0569-87-0050
〈M▶P.210,250〉知多郡美浜町野間字東畠55　P
名鉄知多新線野間駅 🚶10分

源義朝が最期を遂げた場所

野間駅から案内にしたがって西へ1kmほどいくと、大御堂寺（県史跡）がある。大御堂寺（真言宗）は野間大坊の名で広く知られ、源義朝ゆかりの寺として有名である。白河天皇の勅願によって

249

野間から内海にかけての史跡

承暦年間(1077〜81)に建立されたと伝えられるが、源義朝をとむらうために平康頼が小堂をたてたことにはじまるという説が有力である。また、源頼朝が墓参に訪れた際に、堂塔伽藍を再建したともいわれている。

1754(宝暦4)年にたてられたとされる本堂には、木造阿弥陀如来坐像(県文化)が安置されている。鐘楼堂にある梵鐘(国重文)には、「建長二(1250)年」の銘がある。客殿(県文化)は、徳川家康によって寄進された伏見城の客殿が火災にあったため、旧規模で再建されたものだという。知多四国霊場では大御堂寺を50番とし、客殿を野間大坊として51番にしている。

初代尾張藩主徳川義直が狩野探幽に描かせ、大御堂寺に寄進したと伝えられるのが、絹本著色義朝最期図・絹本著色頼朝先考供養図(ともに国重文)である。野間大坊ではこの複製を用いて絵解きが行われている。このほかにも鎌倉後期の代表的な作品の1つである錫杖(県文化)や、1771(明和8)年に寄進された算額(県民俗)、覚禅鈔(県文化)など多くの文化財を所有している。

本堂横には義朝の墓と伝えられる宝篋印塔がある。平治の乱に敗れた義朝

源義朝の墓

は，野間内海荘の荘司であった長田忠致のもとに身を寄せたが，恩賞めあての忠致・景致父子に，入浴中に殺されてしまった。このとき「木太刀1本なりともあらば，かかる不覚はとらじ」と悔やんだという故事にちなみ，今でもおびただしい数の木太刀が奉納されている。

野間駅に戻る途中，右手の山のなかに磔の松跡地がある。源頼朝が長田父子をつかまえ，この松に磔にして殺したと伝えられている。野間駅をすぎてさらに東にいくと乱橋がある。義朝が殺されたと聞いてかけつけた家臣が，長田一族とこの辺りでたたかったという。この橋の北にある法山寺(臨済宗)には，長田父子が義朝を殺害したとされる湯殿跡がある。

岩吉久吉乙吉頌徳記念碑 ㊴

〈M▶P.210,250〉知多郡美浜町小野浦字東川 P
名鉄知多新線野間駅 🚶50分

聖書の和訳に協力した最初の日本人

野間駅から南西に約3.8kmあるため，タクシーの利用が便利である。車の場合，南知多道路の美浜インターでおりて右折し，上野間の信号を左折して国道247号を南へ進む。野間灯台をすぎてさらに1.2kmほどいくと，左手に岩吉久吉乙吉頌徳記念碑(三吉碑)がある。現存する最古の日本語訳聖書である『約翰福音之傳』の翻訳に協力した岩吉・久吉・音吉(乙吉)の3人の業績を記念してたてられたものである。

音吉たちの生涯は春名徹の『にっぽん音吉漂流記』や三浦綾子の『海嶺』などで取りあげられ，広く知られるようになった。1832(天保3)年，米などを積んで江戸に向かった宝順丸は，途中の遠州灘で消息をたった。14人の乗組員は全員が死亡したと考え

宝順丸乗組員の墓　　　音吉の肖像

廻船のまち南知多　251

られ、良参寺(曹洞宗)に墓がたてられたが、実際には音吉ら3人が14カ月の漂流ののち、フラッタリー岬(現、アメリカ合衆国ワシントン州)に漂着していた。その後3人はマカオに送られて『新約聖書』の日本語訳を手伝うことになり、『約翰福音之傳』を完成させた。そして1837年にモリソン号に乗って日本に向かったが、異国船打払令による砲撃にあい、帰国できなかった。音吉はその後通訳として2度日本を訪れたが、結局日本に戻ることなく、1867(慶応3)年にシンガポールで没した。2004(平成16)年に当地で音吉の墓が発見され、遺骨の確認作業の結果、骨壺のなかから歯が発見された。歯は骨壺の底にたまった泥とともに火葬され、173年ぶりの帰国が実現することになった。

　三吉碑から国道を北に300mほどいき、看板にしたがって路地を東へはいっていくと良参寺(曹洞宗)がある。ここには、宝順丸の乗組員14人の戒名をきざんだ詣り墓がある。

泉蔵院 ㊵ 〈M▶P.210,250〉知多郡南知多町内海南側69 P
名鉄知多新線内海駅🚌師崎港行白砂の湯前🚶1分

全国に雄飛した廻船集団の拠点

　バス停前の、内海の町や伊勢湾を一望できる小高い丘のうえに泉蔵院(真言宗)がある。1754(宝暦4)年に奉納された算額(県民俗)は非公開だが、江戸中期の和算を知るうえで貴重な資料である。1824(文政7)年に再建された金毘羅堂は、内海船の有力船主であった前野小平治の寄進によるものである。瀬戸内や上方と江戸とを結ぶ内海船は、近世後期に活躍した廻船集団で、菱垣廻船や樽廻船に対抗

泉蔵院　　　　　　　　　　　　　　　　　　　　内海の町並み

して直接買い入れた米や大豆・魚肥などを売る「買積み」という方式で大きな利益をあげていた。ここから内海川にかけての一帯には、今も黒板塀の屋敷や蔵が残っており、当時の繁栄ぶりをうかがうことができる。海難事故も多かったようで、前野小平治らが1787(天明6)年に奉納した海難除地蔵が内海川の河口近くにある。

内海川を渡ると、唐人お吉の像がたっている。その前の石段をあがると西岸寺(浄土宗)があり、そこに「唐人お吉」の先祖の墓がある。内海の船大工の家に生まれた斎藤きちは、伊豆の下田へ一家で転居したのち、17歳のときにアメリカ総領事ハリスにつかえた。世間から「唐人」とさげすまれ悲運の生涯を送ったきちの物語は、小説や芝居、映画となって広く知られるようになった。

岩屋寺 ㊶
0569-62-0387

〈M▶P.210,255〉 知多郡南知多町山海字間草109 P
名鉄知多新線内海駅 師崎港行 十一屋前 25分

尾張高野の異名をもつ知多半島屈指の古刹

バス停から北東へ2kmほどいった山のなかに、岩屋寺(尾張高野山宗)がある。寺伝によれば、715(霊亀元)年、元正天皇が行基に命じて岩屋に7堂12坊の大伽藍をつくらせたという。

寺には、1451(宝徳3)年に大野城主佐治盛光が寄進した大蔵経(国重文)がある。1250(南宋の淳祐10)年に刊行されたもので、欠本が少なく、よく完備している。また金銅法具類(国重文)は弘法大師(空海)が入唐のおりに願ってもち帰った法具で、808(大同3)年に奥之院を開いた際に用いられたとされている。

岩屋寺からさらに奥に歩いていくと、深い木立のなかにあざやかな朱塗りの塔がみえてくる。奥之院の納骨堂である。『張州府志』によれば、808年に弘法大師が来山し、816(弘仁7)年再度来山して100日の護摩をおさめ、岩穴に聖観音を安置したのが奥之院であるといわれている。

岩屋寺奥の院

光明寺 ㊷
0569-65-0610

〈M▶P.210, 255〉知多郡南知多町豊浜字鳥居37-2 P
名鉄知多新線内海駅 🚌 師崎港行豊浜 🚶 3分

県内でもっとも古いといわれる算額

バス停から国道247号線を東へいくと、「とら薬師」と書かれた大きな看板がみえてくる。そこが光明寺(浄土宗)である。薬師堂にはいると、右手の壁に算額が掲げられている。江戸時代には日本独自の数学である和算が発展したが、問題を絵馬に記して寺社に奉納した算額は、和算の発展に大きく貢献した。全国には現在900枚近い算額が残っているといわれているが、文献で確認されているものを加えると、2600枚ほどになるという。光明寺に残る算額は、1752(宝暦2)年に奉納されたもので、県内でもっとも古く、全国的にも古いものといわれている。

光明寺から北西に400mほどいくと、豊浜の町をみおろすように正衆寺(曹洞宗)がある。江戸時代に尾張藩の船奉行をつとめた千賀氏の菩提寺であり、本堂裏山の一角に千賀氏歴代の墓所がある。また光明寺の東、高浜のバス停から奥にはいった高台には「須佐の古寺」の別称で親しまれている極楽寺(曹洞宗)がある。本尊の木造阿弥陀如来立像(県文化)は白木造りのようにみえるが、もとは漆のうえに金箔をつけた漆箔像であったようである。

『万葉集』に「味鴨の住む 須佐の入江の 荒磯松 我を待つ兒らは ただ一人のみ」とうたわれた須佐の入江とは、現在も漁港として賑わう豊浜の古いよび名である。港の入口にある荒磯松公園と、光明寺の西にある豊浜小学校に万葉の歌碑がたてられている。

豊浜といえば、毎年7月中旬の土・日曜日に行われる鯛まつりが有名である。現在のような大鯛(長さ10数m・高さ6m)がつくられるようになったのは大正時代からで、木と竹の骨組みに布を張

光明寺

254　海と生きる知多

知多半島南端の史跡

りつけてつくった大小のタイ5匹が登場し、町や海の中を練りまわる。とくに海のなかを進む大鯛の姿は、海の祭りにふさわしく壮観である。

羽豆神社 ㊸

〈M►P.210,255〉知多郡南知多町師崎字明神山2 P
名鉄河和線河和駅・知多新線内海駅🚌師崎港行終点🚶2分

時の権力者によって篤く信仰されてきた神社

バス停の目の前にうっそうとした森がみえる。羽豆神社の社叢(国天然)である。全域に暖地性のウバメガシが繁茂し、海からの風をうけて根や幹をたわめ、交差した枝が緑のトンネルを形づくっている。

羽豆神社は672〜685年ごろ、日本武尊の東征のおりに、この地の水軍を率いてしたがった建稲種命をまつってたてられたという。知多半島の最先端にある羽豆岬は、古くから海上交通の要衝であり、ここにたつ羽豆神社は、つねに時の権力者たちから篤く信仰

羽豆神社の社叢

廻船のまち南知多

されてきた。

　南北朝期，熱田神宮大宮司千秋昌能は，この地に羽豆崎城を築くとともに，社殿を修造したという。神社後方に「羽豆崎城址」の碑がある。後醍醐天皇の皇子宗良親王は，1369(正平24)年，ここから伊勢を経て吉野に向かったといわれている。また，14世紀末から15世紀なかばごろまで知多半島を支配していた一色氏も，1434(永享6)年に盛貞が神社を修造している。1408(応永15)年に一色道範が寄進した紺紙金字妙法蓮花経及び心阿弥陀経(県文化)は，室町時代写経の代表的遺品であり，当時の上流武士の信仰を知ることができる。

　師崎港から河和駅行きのバスに乗り，矢梨でおりる。北へ300mほど進み，浜の交差点を西へ300mほどいくと，右手に阿奈志神社のホルトノキ(県天然)がみえる。樹高13mで，分布の北限に近い愛知県でこれだけの大樹は珍しい。知多半島の気候の温暖さを示している。

御幣鯛の島，篠島 ㊹

〈M▶P.210, 255〉知多郡南知多町篠島
名鉄河和線河和駅または師崎港🚢篠島港下船🚶
5分

伊勢神宮へ奉納する干鯛の島
篠島は「東海の松島」

　船をおりると左手にこんもりとした森がみえる。伊勢神宮が所有する中手島で，年に3回伊勢神宮に奉納される御幣鯛をつくる神宮干鯛調製所がある。御幣鯛とはタイの塩漬けを海水で洗ってから日干しにしたもので，中世以来，現在まで毎年調進し続けている。

　島の中央に位置する神明神社(祭神大土御祖神ほか)もまた，伊勢神宮との結びつきが深い。中世のころから伊勢神宮遷宮の翌年に旧社殿をさげ渡され，地元で造営遷宮する習わしになったといい，

神宮干鯛調製所

伊勢神宮の古材で本殿をたてかえる伝統は現在まで続いている。

1985(昭和60)年，社務所の改築工事の際に神明社貝塚が発見され，縄文時代後期の貝層から釣針などの骨角製の漁具類と，外洋性魚類の骨が多量に出土した。

神明神社からせまい路地を進んでいくと，帝井がある。1338(延元3)年，伊勢の大湊から海路東へ向かった義良親王(のちの後村上天皇)は，途中暴風雨にあって篠島に漂着した。このとき島民が飲料水用に掘った井戸が帝井で，篠島に水道が引かれる1962(昭和37)年ごろまで島民の飲料水として使用されていた。

島の南，篠島中学校のさきに歌碑公園がある。『万葉集』巻7にある「夢のみに　継ぎて見えつつ　小竹島の　磯越す波の　しくしく念ほゆ」は，篠島をうたったものといわれている。篠島は「東海の松島」ともよばれており，展望台からの眺めは絶景である。

古墳の島，日間賀島 ㊺

〈M▶P.210,255〉知多郡南知多町日間賀島
名鉄河和線河和駅または師崎港🚢日間賀島東港下船🚶10分

平城京の木簡が語る島の歴史　神秘的なほうろく流し

島の東端に日間賀神社(祭神豊受大神ほか)がある。境内には墳丘の裾を接するように14基の古墳が築かれており，北地古墳群とよばれている。副葬品のなかに，鉄製釣針や石錘といった漁具がある。日間賀島では，かつてイイダコを餌にした延縄をしかけるサメ漁が行われていたが，出土した釣針は，近代まで周辺の海域で用いられていたサメ釣り用の釣針とまったく同じつくりであるという。

また平城京出土の木簡などから，三河湾三島(日間賀島・篠島・佐久島)から贄としてクロダイなどの海産物が都に貢納されていたことがわかっているが，そのなかに「佐米楚割」がある。

「佐米」とはサメのことであり，「楚割」とは魚肉

北地古墳群

廻船のまち南知多

をさいて塩漬けにして干したものである。島の北側にある日間賀島資料館には，北地古墳群などからの出土品や漁業関連資料が展示されている。

　島では7月の第2土曜日の夜，1年間の海上安全と豊漁を祈願して「ほうろく流し」が行われる。直径50cmほどのほうろくとよばれる素焼きの大皿に小枝をのせ，御神火(ごじんか)で火をつけてつぎつぎと海上に流していくもので，小さな炎が左右にゆれながらただよう光景は神秘的である。

【愛知県のあゆみ】

　本州のほぼ中央部に位置する愛知県は，南は太平洋に面し，内には伊勢湾と三河湾をいだき，そして北は長野県・岐阜県から続く山並みで構成されている。両湾には木曽川・庄内川・矢作川・豊川が流れこみ，その周辺には農業に適した肥沃な沖積平野が広がっている。このような変化に富む地勢と経済的にも比較的豊かな土地条件のなかで，古来より人びとは人情味豊かで進取の精神をもちながらも堅実な気質の風土をつくりあげてきた。

東西文化の接触地域

　愛知県域に確実に人類が住みはじめたのは，今から約3万年前の旧石器時代後期ナイフ形石器の時代になってからである。それ以前にさかのぼるとされてきた人骨片出土の豊橋市牛川洞窟遺跡と，大形の礫石器が出土した新城市加生沢遺跡については，前者は人骨であるか疑わしく，後者もまた礫石器を石器と認めるか否かの論争があり，確実なものではない。ナイフ形石器は瀬戸市上品野遺跡や豊川市駒場遺跡，名古屋市中区堅三蔵遺跡などで，続く細石器・木葉形尖頭器は，岡崎市五本松遺跡や豊根村茶臼山遺跡などで発見されている。

　氷河期がおわりを迎え縄文時代にはいると，人びとの生活範囲は県内各地に広がりはじめた。草創期の代表的な遺跡としては，丘陵地に営まれた豊田市酒呑ジュリンナ遺跡があり，微隆起線文土器のほか，大陸とのつながりの深い局部磨製石斧や有舌尖頭器・石鏃・矢柄研磨器などが出土している。早期後半から前期の縄文海進によって埋没した遺跡の1つに，知多半島の南知多町先苅貝塚がある。ここでは，現在の海水準よりも10m前後低い地点から早期中ごろの押型文土器，カキ・クロダイ・シカ・イノシシなどの貝・獣魚骨が発見されている。瑞穂区大曲輪遺跡は縄文海進を示す前期の貝塚で，イヌをだいたような状態の人骨が出土し，縄文人の精神生活の一端をうかがわせている。

　三河湾沿岸と伊勢湾東岸は，縄文後・晩期に東京湾や仙台湾と並んで貝塚形成が発達した地域で，名古屋市緑区雷貝塚，刈谷市本刈谷貝塚，西尾市八王子貝塚，田原市吉胡貝塚，渥美町伊川津貝塚などが築かれた。吉胡貝塚では全国一の340体，伊川津貝塚では191体の人骨が出土し，特異な盤状集積葬人骨も含め，縄文人骨研究のうえで重要な地域となっている。晩期には東日本の大洞系土器や西日本の突帯文土器が波及して，東西文化の接触地域としての特色があらわれ，晩期末には突帯文土器の系統から条痕文土器が生まれ，当地域の独自色が形成された。

伊勢湾地域に花開いた弥生文化

　北部九州ではじまった弥生文化は，瀬戸内海をとおって伊勢湾地域まで一気に広がってきたが，初期弥生文化の広がりは遠賀川式土器の分布により示されている。尾張地域は太平洋岸における分布の東限にあたり，三河では強固に残る条痕文土

愛知県のあゆみ　　259

器文化圏がその東漸を強くはばんだ。遠賀川式土器を主体にもつ遺跡のうち,沖積低地に所在する清洲町朝日遺跡や台地上の熱田区高蔵遺跡などの拠点集落では,当初から環濠をめぐらす集落が築かれた。とくに朝日遺跡では中期に集落規模が拡大し,杭群と逆茂木でまわりをかためた防御性の高い居住域が築かれ,全国的にも有数の大集落に発達した。一方,三河では中期になってようやく弥生文化が浸透しはじめ,矢作川流域に豊田市川原遺跡・安城市古井遺跡群・西尾市岡島遺跡,豊川流域に豊橋市瓜郷遺跡などが形成された。

　伊勢湾地域の弥生文化の特色の1つに,愛知県から静岡県西部にかけて多くみられる三遠式銅鐸の分布がある。三遠式銅鐸は,県内では岡崎市法蔵寺銅鐸や小坂井町伊奈銅鐸など15点ほどが確認されており,名古屋市瑞穂区出土の中根銅鐸のような優品も残されている。最終段階には近畿式銅鐸に統一され,伝名古屋城濠出土銅鐸のような1m近い大形銅鐸がつくられた。

　後期には伊勢湾地域にもう1つの特色があらわれた。尾張平野部を中心にパレススタイル土器とよばれる色あざやかな丹彩土器が盛行し,畿内とは異なる土器文化圏が形成されたのである。ベンガラで壺や高杯を彩色したパレススタイル土器は,弥生後期における尾張平野部の繁栄と独自性を示すものであった。後期にはまた,朝日遺跡や名古屋市南区見晴台遺跡,吉良町中根山遺跡,豊橋市高井遺跡など県下各地で環濠集落が築かれ,「倭国大乱」時代における伊勢湾地域の緊張した状況を示している。

熱田断夫山古墳と尾張氏

　3世紀後半代になると清洲町廻間遺跡や尾西市西上免遺跡で前方後方形墳丘墓が築かれ,4世紀代には前方後円墳体制が確立していくなかで犬山市東之宮古墳や佐織町奥津社古墳,安城市二子古墳,豊橋市権現山古墳などが築造された。前方後方墳の東之宮古墳では後方部の竪穴式石室から11面の鏡,碧玉製腕飾り類,玉類,鉄製武器などが出土し,権威の大きさを示している。11面の鏡のうちの5面は舶載の三角縁神獣鏡で,同型の鏡が京都府や大阪府,大分県の古墳からも出土し,鏡の配布をとおした初期ヤマト政権の地方支配のあり方がうかがわれる。

　5世紀から6世紀にかけて古墳は大型化し,尾張では犬山市青塚古墳,春日井市味美二子山古墳,三河では吉良町正法寺古墳,豊川市船山1号墳などの全長90mをこす大形前方後円墳が築かれた。やがて5世紀末から6世紀初頭に名古屋市熱田区断夫山古墳が築造される。断夫山古墳は全長150mをはかる東海地方最大の前方後円墳で,被葬者は継体天皇の妃の1人目子媛の父尾張連草香とする説が有力である。ヤマト政権の中枢とも深く結びついた尾張氏は,交通の要衝地熱田を押さえるとともに,この時期から本格化した名古屋市東山地区や春日井市下原地区での窯業生産,知多半島での塩生産にも関与していたと考えられている。断夫山古墳の築造は,こうした尾張氏の勢力伸張を象徴するものであった。

横穴式石室が一般化した6世紀から7世紀になると、古墳は家族墓化し、一宮市浅井古墳群、西尾市羽角山古墳群、宝飯郡一宮町炭焼古墳群などの数十基からなる群集墳が築かれた。このうちの新城市から一宮町にまたがって分布する旗頭山尾根古墳群は、積石塚と半積石塚で構成された渡来系の人びとの墓と考えられる、珍しい古墳群である。

古代の国郡と寺院

　大化の改新後、愛知県域には尾張・参河(三河)の2国が設定された。尾張国の成立には尾張連による統一が背景にあったが、三河の地については『先代旧事本紀』に参河国造と穂国造が並立していたとあるので、この時期に参河国として統一されたとみられる。郡は、尾張国に中島・海部(平安後期に海東郡と海西郡に分割)・葉栗・丹羽・春部(春日部)・山田・愛智(愛知)・智多(知多)の8郡、参河国に碧海・幡豆・額田・賀茂・八名・宝飯(宝飯、延喜3年に設楽が分離)・渥美の7郡がおかれた。尾張の国府は稲沢市(中島郡)国府宮町付近に所在したとみられているが、発掘調査でも政庁跡を示す遺構はみつかっていない。参河の国府跡は豊川市国府町(宝飯郡)の白鳥遺跡とみられ、近年、正殿跡などの政庁関連遺構や「國厨」と墨書された須恵器などが発見されている。

　律令国家体制の確立とともに仏教が地方豪族の間にうけいれられていき、古墳築造にかわる新しい文化の象徴として寺院建立が進められた。県下最古の寺院は7世紀中ごろの建立とされる一宮市長福寺廃寺で、その後名古屋市中区尾張元興寺、岡崎市北野廃寺などがたてられた。8世紀中ごろには国分寺・国分尼寺の建立が進められ、尾張では稲沢市矢合町に国分寺、三河では豊川市八幡町に国分寺・尼寺がたてられた。『日本紀略』によれば、尾張国分寺は884(元慶8)年に焼失しその機能を願興寺(元興寺)に移したとあるので、9世紀末には国分寺の役割はすでに衰退していたとみられる。律令体制の緩みは、988(永延2)年に尾張国の郡司・百姓らが国司藤原元命の非法を訴えた31ヵ条の解文にもあらわれている。

　10世紀には荘園制の展開が本格化し、尾張では在地豪族層の開発になる小規模な寄進地系荘園が増加した。三河では11世紀になってから伊勢神宮領の御薗・御厨や大規模な荘園がつくられた。両国の荘園年貢の多くは絹織物と糸であった。

焼物生産のルーツ

　愛知県は古墳時代から現代まで、焼物生産が盛んな地域である。5世紀前半に朝鮮半島からわが国に伝わった須恵器生産は、本県域でも5世紀後半に名古屋市東山地区で開始され、大型古墳の被葬者によって須恵質埴輪の生産も行われた。奈良・平安時代には生産域が尾張東部丘陵一帯に広がり、猿投山西南麓古窯跡群(通称猿投窯)が形成された。本県の焼物生産の特徴は、平安時代初頭にわが国で唯一灰釉陶器の生産をはじめた点にあり、灰釉陶器は中国陶磁につぐ貴重な陶器として平安京や斎宮をはじめ日本各地に運ばれていった。

平安時代のおわりごろには、碗・皿類の大量生産が始まり、猿投窯から分かれて幸田や豊橋市二川窯などでも生産が進展した。なかでも知多半島の常滑窯と渥美半島の渥美窯では壺・甕などの大型製品、やや後れて瀬戸窯では釉をかけた高級製品がつくられはじめ、中世にはその生産がより特化していった。

中世の武士たち

　平治の乱後、平頼盛が尾張守に任ぜられると、尾張の武士の多くは平氏と結びついていった。海東荘や真清田社領などの平氏所領が多数形成され、尾張氏や中島氏らの在庁官人も平氏に服した。三河では、後白河院より源頼朝に三河国が知行国としてあたえられ、1185（文治元）年の守護・地頭の設置において、幕府創業に功績のあった安達盛長がその守護に任ぜられた。しかし、承久の乱のときに西国の武士の多くは京方に加わり領地を失った。尾張の没収地の多くは鎌倉御家人領となり、三河では足利義氏が承久没収地の大部分を手にし、安達氏にかわって三河守護職のほか額田・設楽2郡および吉良・碧海2荘の地頭職をてにいれた。以降、足利氏は三河を第2の本拠地とし、吉良・一色・細川・今川氏らを輩出した。1333（元弘3）年に足利尊氏が矢作で吉良氏らとあい、後醍醐天皇への内応を決意したと伝わるのは、背景にこうした足利一門の結びつきがあったからである。

　室町幕府成立後、観応の擾乱において高氏一族が没落すると、尾張では土岐頼康、三河では仁木義長が守護に任ぜられた。両国ともに国人層ら地つき武士の被官化が進み、守護領国支配へと向かっていく。尾張では1400（応永7）年ごろ、足利一門で武衛家ともよばれた斯波氏が守護となり、守護所を稲沢の下津において国衙領の掌握、守護請による荘園侵略、国人の被官化を強力に押し進めた。しかし、斯波氏は幕府の管領として常時在京していたため、守護代の織田氏が尾張の実質的な支配権を握ることになった。清洲（須）と岩倉に分かれていた織田氏の実権は、応仁の乱以後清洲城の織田敏定により統一された。

　幕府直轄領の御料所が多く分布する三河では、14世紀後半代に足利一門衆の一色氏が守護となり、一色氏はやがて幕府侍所の所司（四職）にもついた。しかし、応仁の乱を機に在地領主の交代が進むと、松平・戸田・水野・牧野・山家三方衆らの新興領主が台頭し、三河は尾張にさきんじて戦国動乱期にはいった。

　中世には京と鎌倉を結ぶ鎌倉街道をつうじて人の往来が盛んになり、文化が広まった。鎌倉時代には親鸞の弟子顕智らが岡崎の矢作で念仏勧進をおこない、一遍が甚目寺で踊念仏の勧化を行っている。15世紀中ごろ、三河の浄土真宗は蓮如の活動によって教線を広げ、のちに徳川家康の支配に抵抗する一向宗教団が形づくられていった。また連歌師の宗長や宗牧らが遍歴し、『宗長日記』や『東国紀行』に尾張・三河の武士たちの生活ぶりが記された。

近世を開いた信長・秀吉・家康

　応仁の乱後の四分五裂した尾張地方をほぼ統一したのは、織田信長であった。そ

の結果，今川義元と対立することとなり，1560(永禄3)年の桶狭間の戦いとなった。この戦いで今川氏を打ち破った信長は，やがて美濃の斎藤氏を滅ぼして岐阜へ移り，天下統一への意志を明確にした。そして，1575(天正3)年には長篠の合戦で武田勝頼を壊滅させ，翌年には安土城を築城して，畿内を抑えた。しかし，1582年の本能寺の変で明智光秀に討たれ，道半ばにして倒れた。

　信長の遺志をついだのが，豊臣秀吉である。現在の名古屋市中村区に生まれ，信長の家臣として頭角をあらわした秀吉は，信長の没後いち早く明智光秀を打ち破り，信長の後継者の地位を確実なものとした。その後1584年，徳川家康・織田信雄らと小牧・長久手に戦ったあと和睦し，さらには四国・関東・東北地方を平定して全国を統一した。

　秀吉没後に天下をとったのは，岡崎出身の徳川家康であった。1600(慶長5)年の関ヶ原の戦い，1615(元和元)年の大坂夏の陣を経て豊臣家を滅ぼした。この間，家康は第4子松平忠吉を清洲(須)城にいれ尾張藩主としたが，まもなく没したため1607年第9子徳川義直を尾張藩主とした。1610年家康は，諸大名に名古屋城の築造を命じた。名古屋には城下町もあいついで形成され，清洲の武士・町人や寺社が一挙に移り住んだ(清洲越)。

江戸時代の尾張と三河
　尾張は国全体が御三家徳川氏に支配されていたのに対し，三河はさまざまな領主が存在し交代した。江戸時代をつうじて三河の藩は18を数え，藩主の家系もたびたびかわった。三河のおもな城下町としては，岡崎・西尾・刈谷，挙母(現，豊田市)，吉田(現，豊橋市)，田原などがあった。このほかに，幕府の直轄地，旗本の知行地などもあり，三河の支配関係はきわめて複雑であった。したがって，強大な支配機構をもつ尾張では大きな一揆はおきなかったが，三河では一揆が頻発した。たとえば，1836(天保7)年加茂郡一帯でおきた一揆(鴨の騒立)は，247カ村の1万人余りが参加した大一揆であった。

　藩校としては，1783(天明3)年尾張藩に明倫堂が開設されている。その初代督学(校長)となったのが細井平洲であった。彼は現在の東海市の農家の出で，儒学者として名をなし，米沢藩に招かれ功をあげた。その後尾張藩に招かれて活躍し，藩内の武士・農民を教化した。三河諸藩の藩校としては，吉田藩の時習館，挙母藩の崇化館，田原藩の成章館などがあった。

名古屋の繁栄
　尾張徳川家の城下町名古屋は，初代藩主徳川義直以来の堅実な雰囲気がその後定着していき，今も持ち味となっている。その名古屋にも，一時はなやかな時期があった。7代藩主徳川宗春の時期(1730～39)である。宗春は江戸幕府の享保の改革に抗して積極的な経済政策をとり，遊郭の開設，芝居小屋の奨励なども行った。このため，江戸と上方の役者が移り住み，盛んに芝居が興行された。その繁栄の様子

愛知県のあゆみ

は、『享元絵巻』に活写されている。しかし、宗春の政策は当時苦境におちいっていた藩財政を一層窮迫させ、1739(元文4)年8代将軍吉宗によって隠居謹慎を命じられ、おわりを告げた。なおこれより20年ほど前に生きた尾張藩士で、無類の好奇心を発揮して日記『鸚鵡籠中記』を残したのが、御畳奉行朝日文左衛門重章である。三十数年にわたるこの日記には、身辺の雑事、巷間の噂話などがこと細かに記され、江戸中期に生きた中級武士の生活と意識がよくうかがえる。

江戸時代の産業と経済

木曽川沿いの尾張をまもるお囲い堤ができたのは、1609(慶長14)年のことであるが、これにより尾張では安定した農業が行えるようになり、新田開発もさかんに行われた。名古屋市南部の熱田新田などはその名残りである。三河では、尾張ほどの大規模な開発は行われなかったが、それでも、豊川河口などに新田がつくられた。

江戸時代には商品経済が進み、綿作や綿織物の生産が著しくなった。尾張北西部では結城縞などの綿織物が生産され、そのありさまは、『尾張名所図会』などに描かれている。また西三河などでは木綿が生産され、その様子は、松尾芭蕉の「不断たつ 池鯉鮒の宿の 木綿市」の句からもうかがえる。名古屋の有松・鳴海絞は三河木綿を用い、有松・鳴海で絞り染めをほどこして東海道沿いで売られたもので、歌川(安藤)広重の「東海道五十三次」にも描かれている。瀬戸では19世紀以降瀬戸物が陶器から磁器へと発達し、常滑焼では、名工が輩出した。また、西三河の高浜・碧南地域では三州瓦の生産が発展し、岡崎・吉田では花火づくりが活況を呈した。醸造業は、犬山・半田で酒造業が営まれ、岡崎で八丁味噌が製造された。

愛知県内を東西に走る東海道には、三河に7宿(二川・吉田・御油・赤坂・藤川・岡崎・池鯉鮒)、尾張に2宿(鳴海・熱田)が設けられた。その他の街道としては、美濃路・佐屋路・木曽街道・善光寺街道・姫街道(本坂道)・中馬街道などがあり、木曽川・矢作川・豊川などを使った舟運も発達した。

幕末の尾張と三河

1867(慶応3)年、三河の吉田宿近在で「御札降り」がはじまり、これが「ええじゃないか」に発展し、三河から尾張・美濃を経て、近畿地方にまで拡大して、討幕運動を勢いづけることとなった。

尾張藩は親藩であり、三河の諸藩の多くは譜代大名であったため、愛知からは尊王攘夷の志士が輩出されなかったが、刈谷藩から脱藩して天誅組の変に参加した松本奎堂は有名である。幕末の尾張藩には佐幕の動きもあったが、1868年の青松葉事件により決着をみた。事件の真相は不明だが、佐幕派の家臣を処分することで藩論を討幕派とすることに成功した。三河の諸藩も、討幕運動の大勢には抗することができず、討幕派にくみしていった。

愛知県の成立

廃藩置県が行われた1871(明治4)年末、尾張に名古屋県が、三河の岡崎に額田県

が成立した。翌72年，名古屋県は愛知県と改称し，額田県は愛知県に合併され，ここに愛知県が成立した。ただ，尾張と三河はその歴史・風土が異なることもあり，その後もしばらくは，三河の分県運動が続いた。「愛知」という県名は県庁所在地の愛智(愛知)郡からつけられたものであるが，元来は『万葉集』などにでてくる名古屋市南部の干潟を指す「年魚市潟」に由来すると考えられている。1878年，地方三新法が公布されると，名古屋は区となり，それ以外の尾張地域と三河には18郡がおかれた。その後，1889年に名古屋区は，県下で初の市となった。

明治新政府は地租改正を実施し，財政収入の安定化をはかったが，旧幕時代の貢租を減じないように設定されたので農民の反対が強く，1877年には春日井郡43カ村で地租改正反対運動がおきた。

全国的な自由民権運動の高揚をうけて，愛知県でも政治結社がつくられた。名古屋では宮本千万樹が羈立社を，知立では内藤魯一が交親社を結成した。民権運動の結果，大日本帝国憲法が発布され，1890年に最初の衆議院議員選挙が行われた。全国的には民権派が多数当選したが，愛知県では11人の代議士中，民権派はわずかに2人であった。

殖産興業の進展

1881(明治14)年には官営の愛知紡績所が岡崎で開業した。一方民営は，1885年に名古屋紡績会社が，1889年に尾張紡績会社が開業し，紡績業が愛知県の中心となる基礎をつくった。このあと，日露戦争による綿布の需要増加をうけて，豊田佐吉が1907年に豊田式織機会社を設立した。

産業発達の基礎をなす鉄道は，1886年に開通した武豊線(武豊・熱田間)が県内最初であった。この鉄道は，東海道線建設用の資材を運ぶために敷設され，1889年には東海道線が全線開通した。

明治前期の愛知県では，農業の比重がまだ高かった。そのような状況下で，明治用水が1880年に完成し，西三河の台地をうるおし近代的農業の振興に寄与した。この用水計画は，江戸時代末の都築弥厚らの計画が頓挫していたものを，明治にはいって岡本兵松らと愛知県が再び推進し，完成させたものである。

明治後期になると，愛知県では工業生産の比率が農業生産を上まわるようになった。紡績業・織物業などの繊維産業や，瀬戸・常滑を中心とする陶磁器産業が発達した。また機械工業も勃興し，時計・工作機械などの生産がはじまった。

大正から昭和期の愛知県

大正期になると，養蚕農家が急増し製糸業が発達した。これは，アメリカを中心とする外国への輸出が進んだためである。また，木綿産業も発達し，豊田佐吉による紡織機の発明により，綿糸紡績から綿布生産に比重が移っていった。

第一次世界大戦後には，重工業も発達しはじめた。名古屋は工業都市となり，大量の工場労働者をかかえ，労働争議が発生するようになった。民衆運動も労働争議

に触発されておこった。1914(大正3)年名古屋で電車焼討ち事件がおこったが、これは第一次世界大戦勃発後の不況にもかかわらず、電車賃値上げが提案されたことが発端であった。また、1918年には富山県ではじまった米騒動が名古屋にも波及し、さらに一宮市・瀬戸市・岡崎市・豊橋市でも発生した。

1933(昭和8)年、豊田自動織機製作所内に自動車部が設置された。一方、大陸の戦火の拡大とともに、県内には多数の軍需工場ができた。尾張には三菱航空機・愛知時計電機などが、三河には豊川海軍工廠などがつくられた。

第二次世界大戦が本格化すると、空襲も激化し名古屋の街も焦土となっていった。1945年5月には名古屋城が焼失、8月には豊川海軍工廠が激しい空襲をうけ、多数の死傷者をだした。また、戦争中の1944(昭和19)年12月には東南海地震がおきて名古屋市南部などが被害をうけ、翌1945年1月には三河地震で幡豆郡・碧海郡などが被害をうけた。

戦後の復興から21世紀へ

戦争で焦土と化した名古屋市は、戦災復興事業をはじめ、新しい都市づくりを計画した。100m道路を代表とする、現在の市街地の景観と繁栄の基礎づくりがここにはじまった。1950(昭和25)年からの朝鮮戦争による特需景気で、愛知県の経済も復興した。戦前からの繊維工業を核として、しだいに自動車工業・機械生産などが発展していくこととなった。1978年には、愛知県の製造品出荷額は全国第1位となっている。

1959年9月には伊勢湾台風が襲来し、尾張地方を中心に深刻な被害をもたらして死者・行方不明者3200余人をだしたが、その後、防災対策がはかられた。1960年代には、愛知用水・豊川用水が完成し、知多半島・東三河の水事情が格段に改善され、農業の振興、地域住民の生活向上におおいに貢献した。

1989(平成元)年には、中部新国際空港の建設地が常滑沖と決定され、2005年2月には、中部国際空港がセントレアの愛称で開港した。そして、同年3月には「自然の叡智」をテーマとした愛知万博(愛・地球博)が名古屋郊外で開催され、豊かな未来社会の創造へと歩みだしている。

【地域の概観】

徳川の城下町名古屋

　名古屋の地形は、北部から西部にかけての沖積平野、中央部の洪積台地、東部の丘陵地に大別することができる。高市黒人が『万葉集』のなかで「桜田へ　鶴鳴き渡る　年魚市潟　潮干にけらし　鶴鳴き渡る」と詠んでいるように、かつては台地の南縁までアユチ潟がはいり込んでいた。「あゆち」の名は『万葉集』や『日本書紀』に「年魚市」「年魚道」として登場するが、やがてこれが「愛知」の県名となったといわれている。

　台地縁辺部および沖積地では、縄文時代の大曲輪遺跡や弥生時代の朝日遺跡・見晴台遺跡・西志賀遺跡をはじめ、いくつもの遺跡が発見されている。朝日遺跡は、1972(昭和47)年からはじまる大規模調査の結果、多重の環濠などをもつ集落遺跡であることが判明した。

　ヤマト政権の支配下にはいった4～5世紀から、現在の名古屋市南部一帯を本拠とした尾張氏が朝廷と関係をもって勢力を拡大し、周辺の豪族をしたがえて、しだいに尾張の支配権を確立していった。台地の末端部には、5～6世紀に築造された断夫山古墳をはじめ多くの大形古墳が残されているが、尾張氏をはじめとする豪族たちが大きな勢力を誇っていたことがわかる。

　平安時代末からは、源氏と平氏の東西二大勢力のはざまにおかれ、尾張は軍事上重要な地域であるとともに、東西文化の接点でもあった。戦国時代には、戦国武将の群雄割拠のなか、三天下人として知られる織田信長・豊臣秀吉・徳川家康らが天下統一をめざしてぶつかりあった。この地には桶狭間や長久手などの戦いの跡地が残っている。

　名古屋の発展は、徳川家康の命による、1610(慶長15)年の名古屋城築城にはじまるといってよい。清洲(須)からの居城の移転とともに、清洲の武士・町人から寺社までも名古屋に移住させ、城下町の建設が進められた。これが有名な清洲越である。濃尾平野という豊かな後背地と交通の要地という立地条件に恵まれ、さらに7代藩主徳川宗春の文化・商業の両面にわたる積極政策により、江戸・大坂につぐ大都市へと発展した。

　明治以降、県都となった名古屋市は周辺地域を合併し、市域を拡大する一方、鉄道や港の整備ともあいまって日本有数の工業都市へと発展した。第二次世界大戦によって大打撃をうけたが、広い碁盤目状の道路網を中心とした画期的な復興事業により、めざましい復興をとげた。

　2005(平成17)年愛知万博(愛・地球博)の開催をきっかけに、さらなる発展が期待される。

犬山から瀬戸へ

　愛知県の北部にあたるこの地方は、かつての丹羽郡・東春日井郡・西春日井郡な

どの行政地域に相当する地域である。北は木曽川、東は東部丘陵を境に岐阜県に接し、地形的に西部から扇状地、中央部の洪積台地、東部の丘陵地からなる。西は犬山扇状地の扇端で一宮市と接し、南は庄内川の氾濫原で名古屋市に隣接する。縄文時代の遺跡は少ないが、弥生時代の遺跡は岩倉市の大地遺跡など西部に多くみられる。

古代には、犬山市に前期の東之宮古墳をはじめ、青塚古墳、春日井市の庄内川流域に二子山古墳を中心とする味美古墳群をはじめ、多くの古墳がつくられた。また犬山市の邇波県主の祖先をまつる大縣神社はじめ、小牧市から瀬戸市にかけて内々神社・深川神社など多くの『延喜式』式内社が残されている。また小牧市・春日井市には、大山廃寺・勝川廃寺など古代寺院の遺跡もある。東部丘陵には良質の陶土が分布し、早くから焼物がつくられ、尾北古窯跡群や猿投古窯跡群が発見されている。末期には荘園も発達し、犬山市あたりでは寄進地系の小弓荘、小牧市の味岡荘、春日井市の篠木荘などがあった。

中世には、織田一族が登場し、尾張を分割支配した。この地方の西部は織田敏広の支配する地域であった。敏広は岩倉に城を構えたが、やがて一族の内紛がおこり、信長によって統一されるが、その後の小牧・長久手の戦いなどの舞台となった。瀬戸では猿投窯から瀬戸窯が分立し、良質の陶土を利用して、独特の施釉陶器（古瀬戸）の生産がはじまり、中国から焼物の製法を伝えたという加藤景正の伝説もうまれた。

近世には、尾張藩が成立し、小牧から瀬戸地域は尾張徳川家が支配し、初代藩主義直が定光寺に廟所を定めまもらせた。犬山周辺は、尾張藩の付家老の成瀬家が支配した。藩の施策によって入鹿池築造、木津用水の開削が行われ、犬山から春日井市域にかけて新田開発が進んだ。瀬戸地域では19世紀はじめに、加藤民吉が九州から磁器の製法を瀬戸に伝え、いわゆる「せともの」として全国に販路を拡大していった。扶桑町・江南市域では幕末の開港により、養蚕業・製糸業が発達した。

近現代では、高度経済成長期に東名・名神高速道路が完成し、小牧ICを中心にトラックターミナルや多くの工場が誘致され、内陸工業地域が形成された。また東部の丘陵地は住宅地化が進行し、小牧市の桃花台ニュータウン、春日井市の高蔵寺ニュータウン、瀬戸市の菱野・水野両団地などが造成された。今日では2005（平成17）年愛知万博が当地方で開催され、ますます活力ある地域に生まれかわろうとしている。

木曽川が育んだ尾張西部

尾張西部は、木曽川の恵みをうけた犬山扇状地の下流域から伊勢湾まで広がる沖積平野に位置する、一宮市・稲沢市・津島市および海部郡の各町村を範囲としている。

この地域は日本列島のほぼ中央に位置し、古来より「日本第一の上国なり」と賞

されるほど，産業や文化などで先進的な面がみられたようである。

稲沢市の一色青海遺跡や，この地域の東部に位置する清洲町の朝日遺跡の発掘調査によって，すでに弥生時代には大阪府の池上曽根遺跡に匹敵する大型の建築物を備えた，大規模な集落が存在したことが知られている。律令制の時代になると，現在の稲沢市松下付近に国衙がおかれ，平安時代の大江匡衡のように，教育・文化の発展に寄与したすぐれた国司もあらわれた。また，国分寺や国分尼寺も同市の矢合付近にあり，この地域が尾張の政治・文化の中心となっていた。

中世になると，一宮市の真清田神社領が八条院領に，海部郡南東部の富田荘が鎌倉円覚寺に寄進されたことからわかるように，豊富な収穫物に恵まれていた。そのため，輸送・運搬のために整備された鎌倉街道沿いの村々も発展した。なかでも，その賑わいが『東関紀行』に紹介された甚目寺町の萱津宿はよく知られている。

近世，織田信長・豊臣秀吉を輩出したこの地域は，徳川家康の重視するところとなり，その子松平忠吉や徳川義直によって地域の整備が進み，義直が築いた木曽川堤の桜並木は，春になると今も人びとの目を楽しませている。また，彼らも愛でた5艘の巻藁船がつくりだす幻想的な天王まつりは，尾張の夏を彩る代表的な祭りとなっている。産業の面でも，農業だけでなく綿織物業の先進地として，江戸時代後期にはいち早く分業・協業が取り入れられ，マニュファクチュアの発展がみられた。その繁栄に伴い，教育・文化も発展，充実した寺子屋教育が進められて人材を輩出した。さらに，この地域が伊勢に近いこともあり，本居宣長の薫陶をうけて，津島市神守の石原正明など多くの国学者が育った。

近代になると，外国製の安価な綿織物が大量に輸入されるようになったが，素早い対応で，現在までうけつがれている毛織物業へと転換していった。

近年は，東海道新幹線や名神高速道路など陸上交通の要地であるだけでなく，名古屋港西部に位置する飛島村など，海外への輸出の要衝として港湾も整備され，発展を続けている。

春の木曽川堤や佐屋川沿いの文学散歩道の桜並木，初夏には，津島市の天王川公園でフジ棚いっぱいに広がる薄紫のフジ，梅雨時，禅宗様の多宝塔を美しく彩る稲沢の性海寺に咲き誇るアジサイ，秋になると稲沢市の円光寺のハギや一宮市にある妙心寺派の名刹妙興寺の紅葉など，いくつものめぐりくる季節とともに自然が彩りをそえる。そのなかで木曽川にはぐくまれた尾張西部は，伝統を重んじつつ新しい時代に向かって発展している。

海と生きる知多

知多半島は三方を海に囲まれているので，気候は温暖であるが，低く長い丘陵が中央を縦断している地形のため，大きな河川がなく，耕地面積もせまく，農業用水の確保に苦労してきた。縄文時代の早い段階から人びとは海岸近くで生活を営み，南知多町の先苅貝塚や東浦町の入海貝塚などの縄文遺跡がみられる。古墳時代ごろ

から、海岸で盛んに塩づくりが行われ、この塩は奈良時代になると税の1つである調として、都に運ばれていった。こうした塩づくりは、製塩方法をかえながら江戸時代まで知多半島の海岸で続けられた。

知多半島の丘陵地には、平安時代末から室町時代にかけて窯業が盛んに行われ、1万基をこえる窯が築かれたといわれている。知多(常滑)窯は、中世六古窯の1つに数えられ、その製品は海路を使って日本全国に運ばれた。この時期には、伊勢湾から知多半島を経て、三河国さらに東国とを結ぶ海上の交通路があり、鎌倉街道にかわる裏道として重要な意義をもっていた。平治の乱(1159年)で敗れ、東国へのがれようとした源義朝は、美浜町の大御堂寺で最期をとげ、また本能寺の変(1582年)後、母於大の方ゆかりの地である知多半島を経て三河国へ帰った徳川家康など、多くの人びとがこの交通路を利用した。南北朝から戦国時代には、大野城を拠点として西海岸を支配した佐治氏、緒川城を居城として東海岸を支配した水野氏などが、この交通路と海上権を掌握するために覇をきそった。

江戸時代になると、知多半島各地で酒造を中心とした醸造業が盛んとなり、江戸では「中国酒」として知多の酒が認められるようになり、注目を集めた。知多半島の醸造業は、酒をはじめとして、酢・味噌・溜などさまざまな種類におよび、今日まで伝えられている。こうした醸造品は、常滑焼などとともに、海路で江戸を中心とした地域に運ばれた。江戸時代には、知多の海運業は大きく発展し、内海・半田・大野などの各港を拠点とした廻船は、尾張船とよばれ、日本全国の物流のなかで大きな役割をはたしていたことが、近年注目されはじめている。

1886(明治19)年、東海道本線敷設の資材を武豊港から運搬するために、県内初の鉄道である武豊線が開通した。翌1887年には、明治天皇・皇后が行幸し、武豊において第1回陸海軍合同の大演習が行われている。このころから、知多全域で木綿生産・醸造業・焼物など、江戸時代から続いた「物づくり」がより一層発展していった。

しかし、鉄道・自動車を利用した陸上交通の発展により海運業は衰退し、また愛知用水の完成により、丘陵部では農地・宅地開発が進み、海岸部では臨海工業地帯が形成され、多くの廻船がいきかった知多の海も大きく変貌した。2005(平成17)年2月に中部国際空港が常滑沖に開港したことにより、知多半島は日本と世界をつなぐ玄関口として、新しい役割をになうことが期待されている。

【文化財公開施設】　　　　　　　　　　　　　　　　　　①内容，②休館日，③入館料

徳川美術館　〒461-0023名古屋市東区徳川町1017　TEL052-935-6262　①尾張徳川家に伝わる大名道具，②月曜日，年末年始，③有料

名古屋市蓬左文庫　〒461-0023名古屋市東区徳川町1001　TEL052-935-2173　①尾張徳川家の旧蔵書，②月曜日，第3金曜日，年末年始，③一部有料

名古屋市市政資料館　〒461-0011名古屋市東区白壁1-3　TEL052-953-0051　①市政・司法・建築物に関する資料，②月曜日，毎月第3木曜日，年末年始，③無料

名古屋城天守閣　〒460-0031名古屋市中区本丸1-1-1　TEL052-231-1700　①障壁画，城下の暮らし・金鯱などに関する資料，近世資料，②年末年始，③有料

切支丹遺跡博物館　〒460-0016名古屋市中区橘1-21-38(栄国寺)　TEL052-321-5307　①切支丹・消防に関する資料，②月曜日，年末年始，③有料

熱田神宮宝物館　〒456-8585名古屋市熱田区神宮1-1　TEL052-671-0852　①刀剣を中心とする国宝，国・県指定の文化財など，②毎月最終水曜日とその翌日，年末，③有料

名古屋市秀吉清正記念館　〒453-0053名古屋市中村区中村町字茶ノ木25　TEL052-411-0035　①豊臣秀吉・加藤清正関係資料，②月曜日，毎月第3金曜日，年末年始，③無料

名古屋市博物館　〒467-0806名古屋市瑞穂区瑞穂通1-27-1　TEL052-853-2655　①名古屋市を中心とする尾張の歴史資料，②月曜日，第4火曜日，年末年始，③有料

名古屋市見晴台考古資料館　〒457-0026名古屋市南区見晴町47　TEL052-823-3200　①考古資料，住居跡観察舎，②月曜日，第4火曜日，年末年始，③無料

有松・鳴海絞会館　〒458-0901名古屋市緑区有松町橋東南60-1　TEL052-621-0111　①絞に関する歴史資料の展示や絞の体験，②水曜日，年末年始，③有料

有松山車会館　〒458-0901名古屋市緑区有松町橋東北92-2　TEL052-621-3000　①からくり人形付山車，②水曜日，年末年始，③有料

昭和美術館　〒466-0837名古屋市昭和区汐見町4-1　TEL052-832-5851　①茶道具など，②月曜日，祝日の翌日，③有料

長久手町郷土資料室　〒480-1121愛知郡長久手町武蔵塚204　TEL0561-62-6230　①長久手の戦い・棒の手などに関する資料，②月曜日，祝日の翌日，年末年始，③無料

岩崎城歴史記念館　〒470-0131日進市岩崎町市場67　TEL0561-73-8825　①小牧・長久手の戦いや日進市の歴史・文化に関する資料，②月曜日，祝日，年末年始，③無料

南山大学人類学博物館　〒466-8673名古屋市昭和区山里町18　TEL052-832-3111　①考古・民俗に関する資料，②土・日曜日，祝日，2・8月，大学の事務休日，③無料

ＵＦＪ銀行貨幣資料館　〒460-8660名古屋市中区錦2-20-25　TEL052-211-1111　①古代から近代までの貨幣各種，②土・日曜日，祝日(銀行窓口休業日)，③無料

犬山市文化史料館からくり展示館　〒484-0082犬山市犬山北古券8　TEL0568-62-4802　①犬山祭の山車関係資料，考古・歴史・民俗資料，②月曜日，③有料

犬山城　〒484-0082犬山市犬山北古券65-2　TEL0568-61-1711　①犬山城主関係資料，②12月29～31日，③有料

どんでん館　〒484-0083犬山市犬山東古券62　TEL0568-65-1728　①犬山の山車4台，②12月29～31日，③有料

有楽苑　〒484-0081犬山市犬山御門先1　TEL0568-61-4608　①茶室如庵・旧正伝院書院，

②無休，③有料

博物館明治村　　〒484-0000犬山市内山1　TEL0568-67-0314　①明治時代の建造物，歴史・民俗資料，②12〜2月の月曜日(ただし祭日は開村)，12月31日，③有料

青塚古墳史跡公園ガイダンス施設　　〒484-0945犬山市青塚22-3　TEL0568-68-2272　①青塚古墳の資料，②月曜日，12月28日〜1月4日，③無料

清洲城(清洲文化広場)　　〒452-0932西春日井郡清洲町大字朝日字城屋敷1-1　TEL052-409-7330　①清洲城・清洲宿の資料，遺跡出土品など，②月曜日，年末，③有料

江南市歴史民俗資料館　　〒483-8177江南市北野町川石25-1　TEL0587-55-2321　①歴史・民俗資料，②第3月曜日，年末年始，③無料

小牧市歴史館　　〒485-8650小牧市堀の内1-1　TEL0568-72-0712　①市内の文化財・祭り，小牧長久手合戦資料，篠岡古窯跡群，②木曜日，年末年始，③有料

師勝町歴史民俗資料館　　〒481-8588西春日井郡師勝町熊之庄御榊53　TEL0568-25-3600　①民俗・考古資料，②月曜日，第3日曜日，月末，年末年始，③無料

春日井市道風記念館　　〒486-0932春日井市松河戸町946-2　TEL0568-82-6110　①小野道風から現代書家までの作品2000点以上を収蔵，②月曜日(休日の場合はその翌日)，年末年始，③有料

春日井市中央公民館民俗展示室　　〒486-0913春日井市柏原町1-97-1　TEL0568-33-1111　①四つ建て民家など民俗資料，②月曜日(祝日の場合はその翌日)，年末年始，③無料

春日井市教育委員会文化財課考古展示室　　〒486-0913春日井市柏原町1-97-1　TEL0568-33-1113　①考古資料，②土・日曜日，年末年始，③無料

ハニワの館　　春日井市二子町2-11-1(二子山公園)　TEL0568-32-9100　①二子山古墳出土の考古資料，②月曜日(休日の場合はその翌日)，12月29日〜1月3日，③無料

愛知県陶磁資料館　　〒489-0965瀬戸市南山口町234　TEL0561-84-7474　①2000点をこす内外の陶磁資料，②月曜日(休日の場合はその翌日)，年末年始，③有料

瀬戸蔵(瀬戸蔵ミュージアム)　　〒489-0813瀬戸市蔵所町1　TEL0561-97-1555　①陶磁器生産用具と製品，②年末年始，③有料

窯垣の小径史料館　　〒489-0833瀬戸市仲洞町39　TEL0561-82-0714　①やきもの，民俗資料，②水曜日(祝祭日の場合は翌日)，年末年始，③無料

瀬戸市マルチメディア伝承工芸館　　〒489-0829瀬戸市西郷町98　TEL0561-89-6001　①古窯，染付技術と作品，②水曜日(祝日の場合は翌日)，年末年始，③無料

深川神社宝物殿　　〒489-0076瀬戸市深川町11　TEL0561-82-2764　①国重文の狛犬など，②無休，③有料

中高記念館　　〒492-8137稲沢市国府宮2-7-17(稲沢市教育委員会TEL0587-32-1111)　①中島郡高等小学校の校舎，②11月初旬の数日間のみ公開(他の時期は非公開)，③無料

荻須記念美術館　　〒492-8217稲沢市稲沢町前田365-8　TEL0587-23-3300　①荻須高徳の作品・愛用品・アトリエ(復元)，②月曜日，祝日の翌日，12月29日〜1月3日，③有料

木曽川町立図書館　　〒493-0007葉栗郡木曽川町大字外割田字西郷中25　TEL0586-84-2346　①川合玉堂の作品，②月曜日，祝日の翌日，5月3〜5日，12月28日〜1月4日，③無料

真清田神社宝物館　　〒491-0043一宮市真清田1-2-1　TEL0586-73-5196　①桃花祭の飾り馬

具，社宝，②社務所への電話申し込み制，③有料

一宮市博物館　〒491-0922一宮市大和町妙興寺2390　TEL0586-46-3215　①「ひらけゆく尾張平野」「中世の一宮」「人々の生活」「織物のまちへ」などのテーマ，②月曜日(休日の場合は翌日)，祝日の翌日，12月28日〜1月4日，③有料

138タワーパーク　〒491-0135一宮市光明寺字浦崎21-3　TEL0586-51-7105　①各種イベント開催，②8月を除く毎月第2月曜日(祝祭日の場合はその翌日)，12月26〜30日，③無料(ただし，パーク内のツインアーチ138は有料)

尾西市三岸節子記念美術館　〒494-0007尾西市小信中島字郷南3147-1　TEL0586-63-2892　①アトリエ(復元)，作品，ハイビジョンコーナー，②月曜日(祝祭日，振替え休日の場合はその翌日)，祝日の翌日，12月28日〜1月4日，展示替えなどによる整理期間，③有料

尾西市歴史民俗資料館・別館　〒494-0006尾西市起字下町211　TEL0586-62-9711　①起宿を「街道」「湊」「機織」などのテーマで紹介，②月曜日(休日の場合は翌日)，祝日の翌日，年末年始，③無料

甚目寺町歴史民俗資料館　〒490-1111海部郡甚目寺町甚目寺東大門8　TEL052-443-0145　①甚目寺観音の復元，寺宝，民俗芸能の紹介，②水曜日，祝日の翌日，年末年始，③無料

七宝焼アートヴィレッジ　〒497-0002海部郡七宝町遠島十三割2000　TEL052-443-7588　①七宝焼体験コーナーは充実，展示・販売コーナーもあり，②月曜日，祝日の翌日，年末年始，③無料

美和町歴史民俗資料館　〒490-1292海部郡美和町花正七反地1　TEL052-442-8522　①戦国武将の紹介，テーマ別による定期的資料展示，②木曜日，土曜日の午後，年末年始，③無料

蟹江町歴史民俗資料館　〒497-0032海部郡蟹江町今蟹江浦23　TEL0567-95-3812　①蟹江町の歴史・民俗資料，②月曜日，祝日，年末年始，③無料

愛知県埋蔵文化財調査センター　〒498-0017海部郡弥富町前ケ須新田字野方802-24　TEL0567-67-4164　①愛知県内で発掘調査された埋蔵文化財，②土・日曜日，祝日，年末年始，③無料

弥富町歴史民俗資料館　〒498-0017海部郡弥富町前ケ須新田字野方731　TEL0567-65-4355　①弥富町の歴史・民俗資料，②月・火曜日，③無料

佐屋町中央公民館内郷土資料室　〒496-0907海部郡佐屋町稲葉字米野303　TEL0567-28-3000　①佐屋町の歴史・民俗資料，②月曜日，③無料

木曽川文庫　〒496-0947海部郡立田村福原　TEL0567-24-6233　①木曽三川に関する資料，②月曜日，祝日，③無料

佐織町中央公民館歴史民俗資料室　〒496-8011海部郡佐織町諏訪字郷西456-1　TEL0567-26-1123　①佐織町の歴史・民俗資料，②月曜日，年末年始，③無料

廻船問屋瀧田家　〒479-0836常滑市栄町4-75　TEL0569-36-2031　①廻船関係資料，②月曜日，年末年始，③有料

常滑市民俗資料館　〒479-0821常滑市瀬木町4-203　TEL0569-34-5290　①常滑焼に関する考古・民俗資料，②月曜日，第4火曜日，年末年始，③無料

施設名	住所・電話	内容
常滑市立陶芸研究所	〒479-0822常滑市奥条7-22　TEL0569-35-3970	①平安時代末からの常滑焼の名品，②月曜日，第4火曜日，年末年始，③無料
窯のある広場・資料館	〒479-0823常滑市奥栄町1-47　TEL0569-34-8282	①テラコッタと染付古便器，②月曜日，年末年始，お盆，③有料(世界のタイル博物館共通)
世界のタイル博物館	〒479-0823常滑市奥栄町1-130　TEL0569-34-8282	①紀元前から近代までの世界各地のタイル，②月曜，年末年始，お盆，③有料(窯のある広場・資料館共通)
半田市立博物館	〒475-0928半田市桐ヶ丘4-209-1　TEL0569-23-7173	①知多半島の自然と歴史，山車祭り，酢づくり，②月曜日，第2火曜日(祝日の場合は翌日)，年末年始，③無料
博物館「酢の里」	〒475-8585半田市中村町2-6　TEL0569-24-5111	①日本で唯一の酢の博物館，②第3日曜日，お盆，年末年始，③無料(要予約)
國盛・酒の文化館	〒475-0878半田市東本町2-24　TEL0569-23-1499	①日本酒をテーマとした企業博物館，②第4木曜日(祝日の場合は翌日)，お盆，年末年始，③無料(要予約)
新美南吉記念館	〒475-0966半田市岩滑西町1-10-1　TEL0569-26-4888	①新美南吉の自筆原稿・日記，作品のジオラマ，②月曜日，第2火曜日(祝日の場合は翌日)，年末年始，③有料
醸造「伝承館」	〒470-2343知多郡武豊町字小迎51　TEL0569-72-0030	①醸造道具類，②日曜日，祝日，お盆，年末年始，③無料
武豊町歴史民俗資料館	〒470-2336知多郡武豊町字山ノ神20-1　TEL0569-73-4100	①武豊町の歴史・伝統産業，JR武豊線と武豊港に関する資料，②月曜日，祝日，年末年始，資料整理日，③無料
東海市立平洲記念館・郷土資料館	〒476-0003東海市荒尾町蜂ケ尻67　TEL052-604-4141	①細井平洲関連資料，市内遺跡の出土品，②月曜日，5月4日，年末年始，③無料
知多市歴史民俗博物館	〒478-0047知多市緑町12-2　TEL0562-33-1571	①知多の漁撈用具，木綿関係資料，考古資料，②月曜日，年末年始，③無料
大府市歴史民俗資料館	〒474-0026大府市桃山町5-180-1　TEL0562-48-1809	①大府市内遺跡の出土品，農具・民具など，②月曜日，祝日，毎月最終金曜日，年末年始，③無料
東浦町郷土資料館(うのはな館)	〒470-2103知多郡東浦町石浜桜見台18-4　TEL0562-82-1188	①塩つくりの歴史，世界各地の岩塩，於大の方の生涯など，②月曜日，年末年始，③無料
南知多町郷土資料館	〒470-3321知多郡南知多町内海柴井1-66　TEL0569-65-2880	①内海船に関する資料や漁業道具，考古資料，②月曜日(祝日の場合は翌日)，年末年始，③無料
日間賀島資料館	〒470-3504知多郡南知多町日間賀島東側83　TEL0569-68-2388	①北地古墳群の出土品，漁業道具，②水曜日，年末年始，③無料

【無形民俗文化財】

国指定

尾張万歳［万歳］　知多市八幡（尾張八幡神社）　正月

尾張津島天王祭の車楽舟行事［車楽上の芸能］　津島市神明町（海部郡佐屋町を含む）　7月第4土・日曜日

県指定

国府宮の儺追祭［祭り神事］　稲沢市（国府宮神社）　旧暦1月13・14日

板山獅子舞［獅子芝居］　半田市板山町（八幡神社）　4月第2日曜日

大獅子小獅子の舞［獅子舞］　半田市成岩本町（成岩神社）　4月第2土・日曜日

尾張の虫送り行事［虫送り］　常滑市矢田　6月下旬

尾張の虫送り行事［虫送り］　中島郡祖父江町島本　7月10日

須成祭［車楽上の芸能］　海部郡蟹江町（冨吉建速神社）　8月第1土・日曜日

水法の芝馬祭［祭り神事］　一宮市浅野白山　旧暦8月1日

知多の虫供養行事［虫供養］　知多郡阿久比町・東浦町　秋分の日

くつわ踊［風流踊］　津島市中野町　10月第1土・日曜日（休止中）

朝倉の梯子獅子［獅子舞］　知多市新知（氏神牟山神社）　10月第1日曜日

長久手の棒の手［棒の手］　愛知郡長久手町　10月第2日曜日ごろ

桜の棒の手［棒の手］　名古屋市南区元桜田町　10月第2日曜日ごろ

大脇の梯子獅子［獅子舞］　豊明市栄町（大脇神明社）　10月第2日曜日

守山の棒の手［棒の手］　名古屋市守山区大森・川村町　10月第2日曜日ごろ

小木田の棒の手［棒の手］　春日井市小木田　10月第2日曜日ごろ

尾張旭市の棒の手［棒の手］　尾張旭市庄中町ほか　10月第2日曜日ごろ

安良の棒の手［棒の手］　江南市安良　10月第3日曜日

今市場の獅子芝居［獅子芝居］　江南市今市場　10月第3日曜日（休止中）

知多の虫供養行事［虫供養］　常滑市・知多市　12月15日〜1月15日

岩作のオマント［馬の塔］　愛知郡長久手町岩作　開催年不定期

ばしょう踊［雨乞い］　一宮市北方町　随時

【おもな祭り】国・県指定無形民俗文化財を除く

上野間裸まつり　知多郡美浜町上野間地区　1月1日

定納の元服・オビシャ　海部郡八開村二子（白山社）　2月12日

三宮社の御武射　稲沢市大塚南（三宮社）　旧暦1月12日

管粥　海部郡佐屋町日置（日置八幡宮）　旧暦1月15日

きねこさ祭　名古屋市中村区岩塚町（岩塚七所社）　旧暦1月17日

長草天神社どぶろくまつり　大府市長草町本郷（長草天神社）　2月25日前の日曜日

三宅天王祭「一時上﨟」　中島郡平和町三宅（津島神社）　2月26日

尾張旭市の打ちはやし　尾張旭市庄中町（直会神社）　3・12月第1日曜日

乙川祭り　半田市乙川（若宮神社）　3月20日前後の土・日曜日

小牧神明社の春祭　小牧市小牧（神明社）　4月第2日曜日

上半田地区祭礼・ちんとろ祭りの三番叟　半田市上半田（入水神社）　4月中旬土・日曜日

岩滑祭	半田市岩滑(八幡社)	4月中旬土・日曜日
岩滑新田の祭礼	半田市岩滑新田(神明神社)	4月中旬土・日曜日
下半田地区祭礼	半田市下半田(業葉神社)	4月中旬土・日曜日
協和地区祭礼	半田市協和(白山神社)	4月中旬土・日曜日
向山神楽獅子神事	半田市乙川(市杵島神社)	神社の神事時
石刀祭	一宮市今伊勢町(石刀神社)	4月19日以降の最初の日曜日
若宮まつり	名古屋市中区栄(若宮八幡社)	5月15・16日
出来町天王祭	名古屋市東区出来町	6月第1土・日曜日
筒井町天王祭	名古屋市東区筒井町	6月第1土・日曜日
尾張西枇杷島まつり	西春日井郡西枇杷島町内	6月第1土・日曜日
尾張旭市の打ちはやし	尾張旭市井田町(八幡神社)	7月第1日曜日
虫送り行事	丹羽郡扶桑町小渕(小渕神明社)	7月第3日曜日
こがし祭り	稲沢市北市場(立部神社)	夏休み最初の土曜日
針名神社天王祭り	名古屋市天白区平針(針名神社)	7月20日
輪くぐり	中島郡祖父江町高熊(八幡社)	7月第4日曜日
屯倉村祭囃子	中島郡平和町上三宅(屯倉社)	7月第4日曜日
牛立天王祭	名古屋市中川区牛立町(牛立八幡社)	7月第4日曜日
諏訪社虫送り	豊明市沓掛町(諏訪社)	7月下旬
岩倉山車夏まつり	岩倉市(旧岩倉街道)	8月第1日曜日の前日
豊浜須佐おどり	知多郡南知多町豊浜(各地区)	8月13〜16日
香の物祭り	海部郡甚目寺町上萱津(萱津神社)	8月21日
小牧神明社の秋葉祭	小牧市小牧(神明社)	8月第4土・日曜日
ざい踊り	尾張旭市(稲葉・三郷地区)	8月末
横須賀祭り	東海市横須賀町(愛宕神社)	9月第4土・日曜日
蟹江新町日吉神楽	海部郡蟹江町蟹江新町(日吉神社)	9月最終土・日曜日
尾張津島秋まつり	津島市神明町(津島神社)	10月第1土・日曜日
大田まつり	東海市大田町(大宮神社)	10月第1土・日曜日
戸田まつり	名古屋市中川区戸田(八幡社・天満社ほか)	10月第1土・日曜日
有松祭り	名古屋市緑区有松町	10月第1日曜日
上高根警固祭り	豊明市沓掛町(住吉社)	10月第1日曜日
富部神社例祭	名古屋市南区笠寺町(富部神社)	10月10日
高牟神社大祭	名古屋市名東区高針(高牟神社)	10月10日
小牧神明社の秋祭	小牧市小牧(神明社)	10月10日
高田寺白山社神楽太鼓	西春日井郡師勝町(高田寺白山社)	10月10日
六ツ師神楽ばやし	西春日井郡師勝町六ツ師(牟都志神社)	体育の日
六ツ師獅子舞	西春日井郡師勝町六ツ師(牟都志神社)	体育の日
伊多波刀神社奉納流鏑馬	春日井市上田楽町(伊多波刀神社)	体育の日
長久手の警固祭り	愛知郡長久手町(長湫地区ほか)	10月10日に近い日曜日(開催年不定期)
秋季例大祭	名古屋市名駅三丁目区域内(神明社)	10月第2土・日曜日

横根藤井神社祭礼三番叟　　大府市横根町(藤井神社)　10月第2日曜日
藤江神社だんつく　　知多郡東浦町藤江(藤江神社)　10月第2日曜日
外之原の獅子舞　　春日井市外之原町(白山神社)　10月15日
尾張旭市の馬の塔　　尾張旭市印場(北・南)・新居・稲葉・三郷の5地区　10月15日(開催年不定期)
例大祭　　名古屋市西区比良(六所神社)　10月15日または直前の日曜日
鳴海八幡宮祭礼　　名古屋市緑区鳴海町(鳴海八幡宮)　10月16日に近い土・日曜日
おでこ様　　江南市安良(八王子社)　10月第3日曜日
湯の花神事　　丹羽郡大口町秋田(天神社)　10月第3日曜日
西五城木遣り及び棒振り　　尾西市役所周辺「びさいまつり」会場　10月第4土曜日または日曜日
甘酒祭　　一宮市丹陽町重吉北屋敷(八幡社)　10月第4日曜日

【有形民俗文化財】

国指定
瀬戸の陶磁器の生産用具及び製品　　瀬戸市東松山町1・瀬戸市歴史民俗資料館　瀬戸市
常滑の陶器の生産用具・製品及び登窯　　常滑市瀬木町4-203・常滑市民俗資料館　常滑市教育委員会
知多半島の漁撈用具　　知多市緑町12-2・知多市歴史民俗博物館　知多市

県指定
陶製狛犬コレクション［室町時代～］　　瀬戸市南山口町234・愛知県陶磁資料館　愛知県
犬山祭の山車［江戸時代］　　犬山市犬山　犬山祭保存会
徳成寺の千体地蔵［江戸時代］　　津島市百町　徳成寺
尾張津島天王祭の車楽　　津島市神明町／佐屋町藤稲葉　津島天王祭協賛会／市江車奉賛会
亀崎潮干祭の山車［江戸時代］　　半田市亀崎町　亀崎潮干祭保存会
知多木綿生産用具及び木綿問屋関係資料［江戸時代］　　知多市緑町　知多市
算額［江戸時代］　　知多郡南知多町豊浜　光明寺
算額［江戸時代］　　知多郡南知多町内海　泉蔵院
算額［江戸時代］　　知多郡美浜町野間　大御堂寺
算額［江戸時代］　　知多郡武豊町川脇　堀田稲荷神社

【無形文化財】

国指定
常滑焼(急須)［工芸］　　常滑市　山田稔(三代山田常山)

県指定
八雲琴［芸能］　　名古屋市　一色とよ
陶芸灰釉系技法［工芸］　　瀬戸市　加藤舜陶
陶芸織部黄瀬戸［工芸］　　瀬戸市　加藤伸也

【散歩便利帳】

県の観光担当部局

愛知県観光交流課　〒460-8501名古屋市中区三の丸3-1-2　TEL052-961-2111　FAX052-961-7693

各市町村の観光担当部局

名古屋市市民経済局文化観光部観光推進室　〒460-8508名古屋市中区三の丸3-1-1　TEL052-972-2425　FAX052-972-4128

一宮市経済振興課　〒491-8501一宮市本町2-5-6　TEL0586-73-9111　FAX0586-73-4820

瀬戸市産業観光課　〒489-8701瀬戸市追分町64-1　TEL0561-82-7111　FAX0561-82-2931

春日井市経済振興課　〒486-8686春日井市鳥居松町5-44　TEL0568-85-6244　FAX0568-84-8731

犬山市観光交流課　〒484-8501犬山市犬山字東畑36　TEL0568-61-1800　FAX0568-63-0156

江南市商工観光課　〒483-8701江南市赤童子町大堀90　TEL0587-56-1111　FAX0587-56-5516

尾西市商工農政課　〒494-8601尾西市東五城字備前12　TEL0586-63-4819　FAX0586-62-8591

小牧市商工課　〒485-8650小牧市堀の内1-1-1　TEL0568-72-2101　FAX0568-75-8283

稲沢市商工課　〒492-8269稲沢市稲府町1　TEL0587-32-1111　FAX0587-23-1240

尾張旭市商工課　〒488-8666尾張旭市東大道町原田2600-1　TEL0561-53-2111　FAX0561-52-0831

岩倉市商工農政課　〒482-8686岩倉市栄町1-66　TEL0587-38-5812　FAX0587-66-6100

豊明市商工課　〒470-1195豊明市新田町子持松1-1　TEL0562-92-1111　FAX0562-92-1141

日進市産業振興課　〒470-0192日進市蟹甲町池下268　TEL0561-73-7111　FAX0561-72-4603

東郷町農政商工課　〒470-0198愛知郡東郷町春木字羽根穴1　TEL0561-38-3111　FAX0561-38-0066

長久手町経済課　〒480-1196愛知郡長久手町岩作字城の内60-1　TEL0561-63-1111　FAX0561-63-2100

西枇杷島町建設部商工担当　〒452-8503西春日井郡西枇杷島町花咲町84　TEL052-501-6351　FAX052-509-3271

豊山町経済環境課　〒480-0292西春日井郡豊山町豊場字新栄260　TEL0568-28-0001　FAX0568-28-2870

師勝町産業課　〒481-8501西春日井郡師勝町熊之庄字御榊60　TEL0568-23-6111　FAX0568-23-3150

西春町産業グループ　〒481-8531西春日井郡西春町西之保字清水田15　TEL0568-22-1111　FAX0568-25-5533

春日町産業課　〒452-8565西春日井郡春日町落合字振形129　TEL052-400-3861　FAX052-409-3670

清洲町産業課　〒452-8563西春日井郡清洲町清洲1-6-1　TEL052-400-2721　FAX052-409-3090

新川町産業環境課　〒452-8569西春日井郡新川町須ケ口1238　TEL052-400-2911　FAX052-400-2963

大口町環境経済課　〒480-0144丹羽郡大口町下小口7-155　TEL0587-95-1111

FAX0587-95-1030
扶桑町経済課 〒480-0102丹羽郡扶桑町高雄字畑尻155 TEL0587-93-1111
FAX0587-93-2034
木曽川町経済課 〒493-8511葉栗郡木曽川町内割田1の通り27 TEL0586-87-1111
FAX0586-86-0451
祖父江町農政商工課 〒495-8511中島郡祖父江町上牧字下川田454 TEL0587-97-2121
FAX0587-97-5702
平和町経済課 〒490-1392中島郡平和町横地字中之町138 TEL0567-46-1111
FAX0567-46-4980
津島市産業振興課 〒496-8886津島市立込町2-21 TEL0567-24-1111 FAX0567-24-1791
七宝町建設部経済課 〒497-8522海部郡七宝町桂字親田1937-2 TEL052-441-7111
FAX052-443-2571
美和町経済課 〒490-1292海部郡美和町木田字戌亥18-1 TEL052-444-0185
FAX052-441-8330
甚目寺町産業振興課 〒490-1198海部郡甚目寺町甚目寺字二伴田76 TEL052-444-3166
FAX052-443-3555
大治町建設部経済課 〒490-1192海部郡大治町馬島字門西1-1 TEL052-444-2711
FAX052-443-4468
蟹江町産業建設部農政商工課 〒497-8601海部郡蟹江町西之森字長三郎2
TEL05679-5-1111 FAX05679-5-9188
十四山村建設部経済課 〒490-1405海部郡十四山村神戸新田字ろの割25 TEL05675-2-2111
FAX05675-2-3276
飛島村開発部経済課 〒490-1436海部郡飛島村竹之郷3-1 TEL05675-2-1231
FAX05675-2-2320
弥富町開発部経済課 〒498-8501海部郡弥富町前ケ須新田字南本田335 TEL0567-65-1111
FAX0567-67-4011
佐屋町建設部経済課 〒496-8555海部郡佐屋町稲葉字米野308 TEL0567-26-8111
FAX0567-26-8290
立田村建設部観光担当 〒496-8633海部郡立田村石田字宮東68 TEL0567-28-7278
FAX0567-28-0217
八開村経済課 〒496-8639海部郡八開村江西字大縄場151-1 TEL0567-37-0231
FAX0567-37-2095
佐織町産業建設部経済課 〒496-8601海部郡佐織町諏訪字池埋500-1 TEL0567-25-1111
FAX0567-25-1112
半田市商工観光課 〒475-8666半田市東洋町2-1 TEL0569-21-3111 FAX0569-25-3255
常滑市商工観光課 〒479-8610常滑市新開町4-1 TEL0569-35-5111 FAX0569-35-3939
東海市商工労政課 〒476-8601東海市中央町1-1 TEL052-603-2211 FAX052-603-6910
大府市商工労政課 〒474-8701大府市中央町5-70 TEL0562-47-2111 FAX0562-47-9996
知多市経済課 〒478-8601知多市緑町1 TEL0562-33-3151 FAX0562-32-1010
阿久比町建設部産業課 〒470-2292知多郡阿久比町卯坂字殿越50 TEL0569-48-1111

FAX0569-48-0229
東浦町産業課　〒470-2192知多郡東浦町緒川字政所20　TEL0562-83-3111　FAX0562-83-9756
南知多町商工観光課　〒470-3495知多郡南知多町豊浜字貝ヶ坪18　TEL0569-65-0711
FAX0569-65-0694
美浜町商工観光課　〒470-2492知多郡美浜町河和字北田面106　TEL0569-82-1111
FAX0569-82-5423
武豊町産業建設部産業課　〒470-2392知多郡武豊町字長尾山2番地　TEL0569-72-1111
FAX0569-73-0001

県の文化財担当部局
愛知県教育委員会生涯学習課文化財保護室　〒460-8534名古屋市中区三の丸3-1-2
　TEL052-954-6783　FAX052-954-6962
愛知県埋蔵文化財調査センター　〒498-0017海部郡弥富町前ケ須新田字野方802-24
　TEL0567-67-4164
各市町村の文化財担当部局
名古屋市文化財保護室　〒460-8508名古屋市中区三の丸3-1-1　TEL052-972-3268
FAX052-972-4178
名古屋市見晴台考古資料館　〒457-0026名古屋市南区見晴町47　TEL052-823-3200
FAX052-823-3223
一宮市博物館　〒491-0922一宮市大和町妙興寺2390　TEL0586-46-3215　FAX0586-46-3216
瀬戸市歴史民俗資料館　〒489-0069瀬戸市東松山町1　TEL0561-82-0687　FAX0561-85-2653
春日井市文化財課　〒486-0913春日井市柏原町1-97-1　TEL0568-33-1113　FAX0568-34-6484
犬山市文化財課　〒484-8501犬山市犬山東畑36　TEL0568-61-1800　FAX0568-62-2292
江南市生涯学習課　〒483-8701江南市赤童子町大堀90　TEL0587-54-1111　FAX0587-56-5517
江南市歴史民俗資料館　〒483-8177江南市北野町川石25-1　TEL0587-55-2321
FAX0587-55-2354
尾西市生涯学習課　〒494-0008尾西市東五城備前12　TEL0586-62-8111　FAX0586-62-0900
尾西市歴史民俗資料館　〒494-0006尾西市起字下町211　TEL0586-62-9711
FAX0586-62-9545
小牧市文化振興課　〒485-8650小牧市堀の内1-1　TEL0568-76-1189　FAX0568-75-8283
小牧市歴史館　〒485-8650小牧市堀の内1-1　TEL0568-72-0712　FAX0568-72-0712
稲沢市生涯学習課文化財グループ　〒492-8269稲沢市稲府町1　TEL0587-32-1111
FAX0587-32-1196
尾張旭市生涯学習課　〒488-8666尾張旭市東大道町原田2600-1　TEL0561-53-2111
FAX0561-52-2901
尾張旭市歴史民俗フロア　〒488-0883尾張旭市城山町長池下4517-1　TEL0561-52-1850
FAX0561-52-1851
岩倉市生涯学習課　〒482-8686岩倉市栄町1-66　TEL0587-66-1111　FAX0587-66-6100
豊明市生涯学習課　〒470-1195豊明市新田町子持松1-1　TEL0562-92-8317
FAX0562-93-8105

日進市社会教育課　　　〒470-0192日進市蟹甲町池下268　TEL0561-73-7111　FAX0561-74-0258
日進市岩崎城歴史記念館　　〒470-0131日進市岩崎町市場67　TEL0561-73-8825
　FAX0561-74-0046
東郷町社会教育課　　　〒470-0162愛知郡東郷町春木北反田14　TEL0561-38-4111
　FAX0561-38-9445
長久手町社会教育課　　　〒480-1196愛知郡長久手町岩作城の内60-1　TEL0561-63-1111
　FAX0561-62-1711
長久手町郷土資料室　　〒480-1121愛知郡長久手町武蔵塚204　TEL・FAX0561-62-6230
西枇杷島町小田井公民館　　〒452-0021西春日井郡西枇杷島町小田井1-12-1
　TEL・FAX052-502-7575
西枇杷島町問屋記念館　　〒452-0045西春日井郡西枇杷島町西六軒町20　TEL052-504-4609
豊山町生涯学習　　〒480-0202西春日井郡豊山町豊場新栄260　TEL0568-28-0001
　FAX0568-29-1177
豊山町社会教育センター　　〒480-0202西春日井郡豊山町豊場和合72　TEL0568-28-5335
　FAX0568-29-0719
師勝町文化課　　〒481-8588西春日井郡師勝町熊之庄御榊53(歴史民俗資料館)
　TEL0568-25-3600　FAX0568-25-3602
西春町文化スポーツグループ　　〒481-0039西春日井郡西春町法成寺蔵化60(文化勤労会館
　内)　TEL0568-25-5111　FAX0568-25-5163
春日町社会教育課　　〒452-0961西春日井郡春日町落合東出8-2(中央公民館)
　TEL052-400-2700　FAX052-400-2875
清洲町町民センター　　〒452-0942西春日井郡清洲町清洲弁天96-1　TEL052-409-6471
　FAX052-409-8882
新川町社会教育課　　〒452-8569西春日井郡新川町須ヶ口1251-1　TEL052-409-1535
　FAX052-409-7765
大口町歴史民俗資料館　　〒480-0126丹羽郡大口町伝右1-35　TEL0587-94-0055
　FAX0587-94-0056
大口町生涯学習　　〒480-0126丹羽郡大口町伝右1-47　TEL0587-95-3155　FAX0587-95-8800
扶桑町生涯学習　　〒480-0107丹羽郡扶桑町高木稲葉63(中央公民館内)　TEL0587-93-5200
　FAX0587-93-7260
木曽川町社会教育課　　〒493-0002葉栗郡木曽川町門間沼間35(木曽川町総合体育館内)
　TEL0586-86-6600　FAX0586-87-4930
木曽川町立図書館　　〒493-0007葉栗郡木曽川町外割田西郷中25　TEL0586-84-2346
　FAX0586-85-0480
祖父江町生涯学習課　　〒495-8511中島郡祖父江町上牧下川田454(資料館)
　TEL0587-97-2121　FAX0587-97-5702
平和町社会教育課　　〒490-1311中島郡平和町中三宅二丁割35(総合体育館内)
　TEL0567-46-4666　FAX0567-46-4778
津島市生涯学習課　　〒496-0854津島市老松町1-1　TEL0567-25-2165　FAX0567-25-2291
七宝町社会教育課　　〒497-0011海部郡七宝町安松小新田2337(町公民館内)

TEL052-444-2511　FAX052-444-2512
七宝町郷土資料館　〒497 0002海部郡七宝町遠島十坪119-3　TEL052-443-3033
　　FAX052-444-2512(公民館)
美和町歴史民俗資料館　〒490-1292海部郡美和町花正七反地1　TEL052-442-8522
　　FAX052-445-5735
甚目寺町社会教育課　〒490-1111海部郡甚目寺町甚目寺二伴田65　TEL052-444-1621
　　FAX052-443-9778
甚目寺町歴史民俗資料館　〒490-1111海部郡甚目寺町甚目寺東大門8　TEL052-443-0145
　　FAXは上記社会教育課へ
大治町社会教育課　〒490-1192海部郡大治町馬島大門西10(町公民館)　TEL052-443-2671
　　FAX052-443-4950
大治町歴史民俗資料室　〒490-1137海部郡大治町馬島北割111-26　TEL052-443-2671
　　FAX052-443-4950(公民館)
蟹江町生涯学習課　〒497-0035海部郡蟹江町蟹江新町高ケ須302　TEL0567-95-1111
　　FAX0567-95-4044
蟹江町歴史民俗資料館　〒497-0032海部郡蟹江町今蟹江浦23　TEL0567-95-3812
　　FAX0567-95-3812
十四山村生涯学習課　〒490-1405海部郡十四山村神戸新田ろの割25　TEL0567-52-2110
　　FAX0567-52-3290
飛島村生涯教育課　〒490-1436海部郡飛島村竹之郷3-1　TEL0567-52-3351
　　FAX0567-52-2155
弥富町歴史民俗資料館　〒498-0017海部郡弥富町前ケ須新田字野方731　TEL0567-65-4355
　　FAX0567-65-4355
佐屋町社会教育課　〒496-8555海部郡佐屋町稲葉米野303　TEL0567-28-3000
　　FAX0567-28-3017
立田村教育委員会　〒496-0944海部郡立田村小茂井松下5　TEL0567-24-3637
　　FAX0567-24-1086
八開村教育課　〒496-8639海部郡八開村江西大縄場151-1　TEL0567-37-0231
　　FAX0567-37-2095
佐織町社会教育課　〒496-8601海部郡佐織町諏訪池埋500-1　TEL0567-25-1111
　　FAX0567-26-4674
佐織町中央公民館歴史民俗資料室　〒496-8011海部郡佐織町諏訪字郷西456-1
　　TEL0567-26-1123　FAX0567-26-4674
半田市生涯学習課　〒475-0918半田市雁宿町1-22-1(雁宿ホール)　TEL0569-23-7341
　　FAX0569-23-7629
半田市立博物館　〒475-0928半田市桐ヶ丘4-209-1　TEL0569-23-7173　FAX0569-23-7174
常滑市生涯学習課　〒479-8610常滑市新開町4-1　TEL0569-35-5111　FAX0569-34-7227
常滑市民俗資料館　〒479-0821常滑市瀬木町4-203　TEL0569-34-5290　FAX0569-34-6979
東海市社会教育課　〒476-8601東海市中央町1-1　TEL052-603-2211　FAX052-604-9290
東海市立平洲記念館・郷土資料館　〒476-0003東海市荒尾町蜂ケ尻67　TEL052-604-4141

FAX052-604-4141
大府市歴史民俗資料館　〒474-0026大府市桃山町5-180-1　TEL0562-48-1809
　FAX0562-44-0033
大府市生涯学習課　〒474-0025大府市中央町5-70　TEL0562-47-2111　FAX0562-44-0020
知多市生涯学習課　〒478-8601知多市緑町1　TEL0562-33-3151　FAX0562-33-7287
知多市歴史民俗博物館　〒478-0047知多市緑町12-2　TEL0562-33-1571　FAX0562-33-3424
阿久比町社会教育課　〒470-2316知多郡阿久比町卯坂殿越50　TEL0569-48-1111
　FAX0569-48-6229
東浦町郷土資料館（うのはな館）　〒470-2103知多郡東浦町石浜桜見台18-4
　TEL0562-82-1188　FAX0562-82-1189
南知多町社会教育課　〒470-3412知多郡南知多町豊浜須佐ヶ丘5　TEL0569-65-2880
　FAX0569-65-2883
美浜町社会教育課　〒470-2403知多郡美浜町北方十二谷125　TEL0569-82-6464
　FAX0569-82-6801
武豊町歴史民俗資料館　〒470-2336知多郡武豊町字山ノ神20-1　TEL0569-73-4100
　FAX0569-73-4100

【参考文献】

『愛知県古窯跡群分布調査報告(尾北・三河地区)』　愛知県教育委員会　1983
『愛知県史』旧版　愛知県編　愛知県　1935-40
『愛知県史』新版　愛知県史編さん委員会編　愛知県　1999-
『愛知県中世城館跡調査報告書Ⅰ-Ⅳ』　愛知県教育委員会編　1990-
『愛知県の歴史』　塚本学・新井喜久夫　山川出版社　1971
『愛知県の歴史』　三鬼清一郎編　山川出版社　2001
『愛知県文化財調査報告書　愛知県歴史の道調査報告書Ⅰ-Ⅸ』　愛知県教育委員会編　1988-
『あいちの産業遺産を歩く』　愛知の産業遺跡・遺物調査保存研究会編　中日新聞社　1988
『愛知の文化財』上・中・下，続　愛知県教育委員会編　1979-86
『愛知のミュージアム公式ガイドブック』　愛知県博物館協会・名古屋市博物館編　ミュゼ　2001
『愛知百科事典』　中日新聞社開発局編　中日新聞本社　1976
『愛知用水史』　愛知用水公団・愛知県編　愛知用水公団ほか　1968
『阿久比町誌』本文編　阿久比町誌編さん委員会編　阿久比町　1993
『朝日遺跡』1-4　愛知県教育委員会編　1982
『有松・鳴海絞』(東海叢書20)　堀江勤之助　名古屋鉄道　1978
『遺跡からのメッセージ―発掘調査が語る愛知の歴史―』　加藤安信編　中日新聞社　2000
『遺跡の調査』　愛知県埋蔵文化財センター　1999
『一宮の文化財めぐり　増補改訂版』　一宮市文化財保護審議会編　一宮市教育委員会　1999
『稲沢市の史跡と文化財』　稲沢市教育委員会編　1970
『稲沢の文化財ガイドブック』　稲沢市教育委員会　1981
『稲沢歴史探訪』　日下英之　中日出版社　2004
『犬山市史』別巻　犬山市教育委員会・犬山市史編さん委員会編　犬山市　1985
『入鹿池史』　入鹿池史編纂委員会編　入鹿用水土地改良区　1994
『岩倉市史』上・中・下　岩倉市史編集委員会編　岩倉市　1985
『海の道，川の道』(日本史リブレット47)　斎藤善之　山川出版社　2003
『大口町史』　大口町史編纂委員会編　大口町　1982
『大野町史(復刻)』　佐野重造編　常滑市古文化研究会　1979
『大治町史』　大治町編集委員会編　大治町　1979
『大府市誌』　大府市誌編さん刊行委員会編　大府市　1986
『大山廃寺遺跡概説』(小牧叢書3)　入谷哲夫・小牧市教育委員会　小牧市教育委員会　1973
『尾張散歩　ザ・尾張シリーズ第1集』　愛知県社会科教育研究会尾張部会編　浜島書店　1990
『尾張の文化財とくらし』　愛知県社会科教育研究会尾張部会編　尾張教育研究会社会科研究部　1988
『尾張名所図会』下巻　復刻版　愛知県郷土資料刊行会　1981

『開館5周年記念展　からくり』　　半田市立博物館　1989
『海部・津島のアメリカ移民』　佐織町中央公民館歴史民俗資料室　2001
『各駅停車全国歴史散歩　愛知県』　花村稔　河出書房新社　1982
『角川日本地名大辞典　愛知県』　「角川日本地名大辞典」編纂委員会編　角川書店　1989
『蟹江町史』　蟹江町史編さん委員会編　蟹江町　1973
『蟹江の文化財』　蟹江町教育委員会　2003
『からくり人形の宝庫―愛知の祭りを訪ねて―』　千田靖子　中日出版社　1991
『木曽川町史』　木曽川町史編集委員会編　木曽川町　1981
『木曽川物語』　矢頭純　郷土出版社　1987
『郷土史事典　愛知県』　森原章・林董一編　昌平社　1980
『清洲町史』　清洲町史編さん委員会　清洲町　1969
『江南市史』資料編四　文化編・本文編　江南市教育委員会・江南市史編さん委員会　江南市　1983・2001
『国宝犬山城』（東海叢書15）　城戸久　名古屋鉄道　1968
『小牧市史』　小牧市史編集委員会　小牧市　1985
『小牧山城　散策コースと小牧・長久手の合戦の砦跡』（小牧叢書16）　小牧市文化財資料研究委員会編　小牧市教育委員会　1998
『小牧山城発掘調査報告書』　小牧市教育委員会編　1990
『佐織町史』通史　佐織町史編さん委員会　1989
『佐屋町史』史料編1・2　佐屋町史編集委員会編　佐屋町　1975・1980
『佐屋町の歴史とくらし』　佐屋町教育委員会　1987
『師勝町史』増補版　師勝町総務部企画課編　師勝町　1981
『寺社建築の歴史図典』　前久夫　東京美術　2002
『七宝町史』　七宝町郷土史研究委員会編　七宝町　1976
『甚目寺町史』　甚目寺町史編纂委員会編　愛知県海部郡甚目寺町　1975
『写真で見る半田の祭りⅡ』　半田市誌編さん委員会編　半田市　1988
『週刊神社紀行32　津島神社』　学習研究社　2003
『重要文化財　服部家住宅　服部家　重文民家と生きる』　全国重文民家の集い編　学芸出版社　2003
『新修　稲沢市史』研究編1・2・資料編1・2　稲沢市史編纂会　新修稲沢市史編纂事務局　稲沢市　1978・79
『新修　名古屋市史』1-9巻　新修名古屋市史編集委員会編　名古屋市　1997-2001
『新修　半田市誌』本文篇　上・中・下　半田市誌編さん委員会編　半田市　1989
『新編　一宮市史』本文編　上・下　一宮市編　1977
『新編　立田村史』通史・資料　立田村史編さん委員会編　立田村　1996・1999
『新編　東浦町誌』本文編・資料編6　東浦町誌編さん委員会編　東浦町　1998・2001
『図説　愛知県の歴史』　林英夫編　河出書房新社　1987
『図説　知多半島の歴史』上・下　杉崎章総監修　郷土出版社　1995
『戦国武将のふるさと美和』　美和町歴史民俗資料館　2001
『船頭平閘門』　国土交通省中部地方整備局木曽川下流河川事務所　2001

参考文献　285

『船頭平閘門改築記念誌』　　河川環境管理財団名古屋事務所編　建設省中部地方建設局木曽川下流工事事務所　1996
『船頭平閘門のあらまし』　　国土交通省中部地方整備局木曽川下流河川事務所　2001
『続小牧山城　昭和以降の小牧山』(小牧叢書17)　　小牧市文化財資料研究委員会編　小牧市教育委員会　2000
『そぶえの文化財』　　祖父江町教育委員会　1995
『武豊線物語―写真集―』　　C11265蒸気機関車保存会編　半田市・半田市教育委員会　2003
『武豊町誌』本文編　　武豊町誌編さん委員会編　武豊町　1984
『武豊・美浜・南知多町のからくり人形』　　鬼頭秀明編　武豊町歴史民俗資料館　1987
『知多四国八十八所遍路』　　知多四国霊場会編・冨永航平著　朱鷺書房　2000
『知多市誌』本文編・資料編1-4　　知多市誌編さん委員会編　知多市　1978-84
『知多の古瓦』　　半田市立博物館　1993
『知多の歴史』　　福岡猛志　松籟社　1991
『知多半島の歴史と現在』1-　　日本福祉大学知多半島総合研究所編　校倉書房　1989-
『津島市史』　　津島市史編さん委員会編　津島市　1975
『津島の屋根神様』　　伊藤晃雄　津島市教育委員会　1989
『豊明市史』資料編補1-5　　豊明市編集委員会　豊明市　2001-02
『豊明の文化財』　　豊明市教育委員会編　1980
『東海市史』資料編　第6巻　　東海市史編さん委員会編　東海市　1977
『東海市史』通史編　　東海市史編さん委員会　東海市　1990
『常滑市誌』本文編・文化財編　　常滑市誌編さん委員会　常滑市　1976・83
『常滑の窯』　　杉崎章　学生社　1970
『常滑焼』(考古学ライブラリー23)　　赤羽一郎　ニュー・サイエンス社　1984
『豊山町史』　　豊山町史編集委員会編　豊山町　1973
『長久手町史』資料編3・本文編　　長久手町史編さん委員会　長久手町　1986・2003
『長久手の馬の塔と棒の手』　　長久手町教育委員会編　1987
『名古屋市史跡・名勝地図』　　名古屋市教育委員会編　1995
『名古屋市の近世社寺建築』　　名古屋市社寺建造物調査会編　名古屋市教育委員会　1982
『名古屋の史跡と文化財(新訂版)』　　名古屋市教育委員会編　1998
『西春町史』通史編1・2　　西春町史編集委員会編　西春町　1983
『日進町誌』本文編・本文編索引・資料編1-8　　日進町誌編纂委員会　日進町　1984-90
『にっぽん音吉漂流記』　　春名徹　晶文社　1979
『日本の古代遺跡48　愛知』　　岩野見司・赤塚次郎　保育社　1994
『日本歴史地名大系23　愛知県の地名』　　林英夫監修　平凡社　1981
『博物館明治村ガイドブック』　　博物館明治村編　名古屋鉄道　1999
『八開村史』通史編　　八開村史編さん委員会・八開村史調査編集委員会編　八開村　2000
『半田市誌』文化財篇　　半田市編　1977
『半田山車祭りガイドブック』　　半田市　1987
『曳山の人形戯』　　山崎構成　東洋出版　1981

『尾西市史』通史編　上・下巻　　尾西市史編さん委員会編　尾西市　1998
『人づくり風土記23（愛知県）』　石川松太郎ほか編　農山漁村文化協会　1995
『扶桑町史』　扶桑町編　1976
『扶桑町史』上・下　扶桑町教育委員会・扶桑町史編集委員会編　扶桑町　1998
『ふるさとの方言とまつり』　加藤重一　愛知県郷土資料刊行会　1972
『文化財いなざわ』　稲沢市教育委員会編　2003
『文化財集中地区特別総合調査報告書　愛知県の文化財』　文化庁・愛知県教育委員会編
　　文化庁　1995
『文化財物語』　東郷町教育委員会　1982
『平和町の文化財』　平和町教育委員会編　1995
『学びの系譜』　名古屋市博物館編　1999
『幻の花々とともに―壱町田湿地の四季―』　上山智子　風媒社　1993
『南知多町誌』本文編　南知多町誌編さん委員会編　南知多町　1991
『美濃路』　日下英之　愛知県郷土資料刊行会　1985
『美浜町誌』本文編　美浜町誌編さん委員会編　美浜町　1983
『美和町史』　美和町史編さん委員会編　美和町　1982
『明治村』　博物館明治村編　明治村　1991
『弥富町誌』資料編１・通史編　弥富町誌編集委員会編　弥富町　1991・94
『弥富の文化財』　弥富町教育委員会　1999
『例題で知る日本の数学と算額』　深川英俊　森北出版　1998
『歴史と出会う道』　名古屋市教育委員会編　1994
『歴史と文化のふるさと犬山』　尾張文化研究会編　大正堂兼松書店　1985
『輪中　人と水が闘った軌跡』　井東一・山内専治　弥富町　1985

【年表】

時代	西暦	年号	事項
旧石器時代			新城市川路の萩平遺跡
縄文時代		草創期	豊田市酒呑ジュリンナ遺跡
		早期	南知多町先苅貝塚, 東浦町入海貝塚
		前期	名古屋市大曲輪遺跡, 豊橋市嵩山蛇穴遺跡, 津具村鞍船遺跡
		中期	一宮市佐野遺跡, 豊田市曽根遺跡
		後期	足助町今朝平遺跡, 西尾市八王子貝塚
		晩期	一宮市馬見塚遺跡, 岡崎市真宮遺跡, 渥美町伊川津貝塚, 田原町吉胡貝塚
弥生時代		前期	清洲町朝日遺跡, 名古屋市西志賀遺跡, 春日井市松河戸遺跡, 豊川市麻生田大橋遺跡, 西尾市清水遺跡
		中期	清洲町朝日遺跡, 小坂井町篠束遺跡, 豊橋市瓜郷遺跡
		後期	清洲町朝日遺跡, 名古屋市高蔵遺跡, 一宮市山中遺跡, 名古屋市見晴台遺跡
古墳時代		前期	犬山市東之宮古墳, 名古屋市白鳥塚古墳, 安城市二子古墳
		中期	名古屋市断夫山古墳, 春日井市二子山古墳, 吉良町正法寺古墳, 豊川市船山古墳
		後期	一宮市浅井古墳群, 一宮町炭焼古墳群, 田原市城宝寺古墳
飛鳥時代	645		大化の改新
	672		壬申の乱。尾張国守小子部連鉏鈎, 2万の兵を率いて大海人皇子に味方。このころ, 尾張の元興寺(名古屋市)・甚目寺(甚目寺町), 三河の北野廃寺(岡崎市)建立
	701	大宝元	砥鹿神社(三河一宮)創建か
	702	2	持統上皇, 三河へ行幸
奈良時代	710	和銅3	平城京遷都
	741	天平13	尾張国分寺(稲沢市矢合町)・国分尼寺(稲沢市法花寺町), 三河国分寺・国分尼寺(豊川市八幡町)建立の詔
平安時代	794	延暦13	平安京遷都
	799	18	(伝)天竺人, 三河に漂着し綿種を伝える
	835	承和2	墨俣川・萱津渡(庄内川)・飽海川(豊川)・矢作川の渡船を増し, 街道を整備する
	860	貞観2	三河渥美郡村松山中より出土した銅鐸を朝廷に献上
	884	元慶8	尾張国分寺焼失, 愛智郡願興寺(元興寺)を国分寺にあてる
	903	延喜3	三河宝飫郡を分割し, 設楽郡をおく
	974	天延2	尾張の百姓ら, 国守藤原連貞の悪政を訴え追放する
	988	永延2	尾張国郡司・百姓ら, 国守藤原元命の非法を訴え罷免を要求(尾張国郡司百姓等解文)。翌年, 解任される

	1004	寛弘元	尾張守大江匡衡，熱田神宮に大般若経奉納
	1125	天治2	常滑の三筋壺，京都今宮神宮境内の経塚に埋められる
	1140	保延6	このころ，「三河守藤原朝臣顕長」の銘のある壺，田原市域で焼成
	1145	久安元	藤原俊成，竹ノ谷・蒲形の2荘をつくる
	1159	平治元	平治の乱。敗北した源義朝，美濃より知多郡野間に到着
	1160	永暦元	義朝，尾張野間の長田忠致に暗殺される
	1190	建久元	源頼朝，上洛の途中，知多郡野間の，父義朝の墓に詣でる
鎌倉時代	1195	6	重源により再建された東大寺大仏殿の瓦，渥美郡伊良湖の瓦場で焼成される
	1221	承久3	承久の乱。木曽川をはさんで京方と鎌倉方決戦，京方敗れる。尾張・三河の武士の多くは京方に参加。このころ，足利義氏，三河の守護となる
	1230	寛喜2	法蔵寺(美和町)の鉄地蔵が製作される
	1256	康元元	真仏・顕智ら，矢作薬師寺に念仏をはじめる(三河の専修念仏の起源)
	1263	弘長3	この年，無住，尾張長母寺にはいる
	1283	弘安6	北条時宗，尾張国富田荘の地頭職を円覚寺に寄進。一遍，三河より尾張へ。萱津の甚目寺で教化。長母寺の無住，『沙石集』をあらわす
	1331	元徳3元弘元	元弘の変。三河の足助重範，後醍醐天皇方に味方し，笠置山で奮戦
室町時代	1335	建武2	中先代(北条時行)の乱。足利直義，三河に退き尊氏と東征。新田勢，尊氏配下の高師泰の軍を矢作川岸で打破
	1336	建武3延元元	吉良貞家・仁木義高ら，高師直に属し新田勢と交戦，これを破り遠江に追う
	1345	貞和元興国6	足利尊氏，国ごとに安国寺・利生塔をつくる。三河は額田郡安国寺・加茂郡長興寺利生塔。尾張は不明
	1349	貞和5正平4	足利直義，高師直と争う。三河の諸氏，両陣営に分かれる
	1364	貞治3正平19	足利義詮，妙興寺を五山・十刹につぐ諸山に列す
	1352	文和元正平7	尾張・近江・美濃3カ国に半済令
	1379	康暦元元授5	一色範光，三河の守護となる
	1400	応永7	このころ，斯波義重，尾張守護になり，以後尾張は斯波氏の領国となる
	1451	宝徳3	尾張守護代の織田敏広，父郷広と守護代職を争う
	1455	康正元	西郷氏，岡崎城を築く

	1466	文正元	このころ，本願寺蓮如，三河に布教
	1475	文明7	松平親忠，大樹寺を創建
	1478	10	清洲城の織田敏定を織田敏広および美濃の斎藤妙椿が包囲攻撃
	1479	11	両織田氏和睦，敏定は清洲城，敏広は岩倉城で尾張を分割支配。戸田宗光，田原城を築く
	1505	永正2	牧野古白，今橋（豊橋）を築城と伝える
	1510	7	この年，三河木綿が奈良市場にでる
	1522	大永2	駿河の今川氏親，尾張那古野に築城，氏豊を居城させる
	1530	享禄3	松平清康，宇利城を攻め東三河をほぼ支配する
	1534	天文3	織田信長生まれる
	1537	6	豊臣秀吉，愛知郡中村に生まれる
	1542	11	徳川家康，岡崎に生まれる
	1553	天文22	織田信長，斎藤道三と冨田聖徳寺で会見
	1555	弘治元	織田信長，清洲城にはいる
	1559	永禄2	織田信長，岩倉の織田信賢を攻め落城させる
	1560	3	桶狭間の戦い。織田信長，今川義元を倒す
	1563	6	三河一向一揆おこる
	1567	10	織田信長，斎藤竜興の美濃稲葉山井ノ口城を落とし，本拠を移す
	1568	11	織田信長，室町幕府15代将軍足利義昭を奉じ，上洛
安土・桃山時代	1574	天正2	織田信長，瀬戸に焼物窯を免許し，他所の窯を停止させる。信長，長島の一向一揆を平定
	1575	3	長篠の戦い。織田・徳川連合軍，武田勝頼軍を破る
	1582	10	本能寺の変。織田信長，明智光秀に殺される。織田氏の諸将，清洲城で信長の継嗣・遺領処分をきめる（清洲会議）
	1584	12	小牧・長久手の戦い。秀吉と家康・織田信雄が戦い，和睦
	1590	18	豊臣秀吉，織田信雄を家康の旧領三河など5カ国に移封。信雄は尾張・伊勢にとどまることを望み追放される。徳川家康，関東移入。三河太閤検地（文禄3年まで）
	1593	文禄2	尾張太閤検地再検地（文禄3年まで）
	1600	慶長5	関ヶ原の戦い。その後，家康，尾張・三河に一族・譜代大名を配置する
江戸時代	1601	6	東海道に伝馬制をしく。木曽川堤完成
	1604	9	東海道に松並木を植え，一里塚をおく
	1607	12	徳川義直，甲府から清洲に転封
	1610	15	名古屋城普請はじまる。清洲から藩士・寺社・町人など，町ごと名古屋へ移住（清洲越）
	1631	寛永8	尾張藩でキリシタン詮議，57人処刑
	1633	10	入鹿池築造
	1636	13	このころ，三河国郷帳作成。石高は35万石余

1637	寛永14	島原の乱。板倉重昌戦死
1650	慶安3	木津用水完成
1651	4	鳳来寺山に東照宮建立
1663	寛文3	尾張の茶屋中島家，茶屋新田を開発
1664	4	新木津用水完成
1684	貞享元	松尾芭蕉『冬の日』，名古屋傘屋久兵衛借宅で興行。このころ，名古屋城下人口5万4118人，家数5986軒とされる
1717	享保2	岡崎藩主水野忠之，老中となり享保の改革に参画
1728	13	細井平洲，知多郡平島村に生まれる
1731	16	尾張藩主徳川宗春，『温知政要』をあらわす。宗春，遊郭設置を許可
1739	元文4	徳川宗春，将軍吉宗から隠居蟄居を命じられる
1752	宝暦2	吉田藩校時習館創立
1754	4	薩摩藩，木曽三川の改修工事を行う(宝暦治水)
1783	天明3	尾張藩校明倫堂開講，督学(校長)に細井平洲が任ぜられる
1787	7	田原藩，領内にサツマイモ苗を植えさせる
1792	寛政4	尾張藩，藩札を発行
1807	文化4	瀬戸の陶工加藤民吉，磁器焼成法を習得し九州より帰る
1810	7	田原藩校成章館創立
1813	10	尾張の督乗丸，遠州沖で遭難。船頭重吉ら，500日間漂流する
1822	文政5	樋口好古『尾張徇行記』の編纂完了。名古屋永楽屋書店『古事記伝』全巻出版完結
1823	6	新城菅沼家家臣池田康親，小栗重吉の漂流談『船長日記』をあらわす
1826	9	焼物御蔵所を瀬戸村につくる
1827	10	都築弥厚，加茂・碧海両郡一帯開拓のため，矢作川分水を計画出願
1832	天保3	渡辺崋山，田原藩家老職に就任。知多郡小野浦の宝順丸遭難。岩吉・久吉・音吉(乙吉)の3人は翌年，アメリカに漂着
1836	7	加茂郡一帯に百姓一揆おこる(鴨の騒立)
1839	10	蛮社の獄。渡辺崋山失脚(2年後自害)
1841	12	天保の改革はじまる
1843	14	『尾張志』完成
1844	弘化元	『尾張名所図会』刊行
1854	安政元	日米和親条約締結
1857	4	田原藩，洋式船をつくり，江戸・田原間を往復
1858	5	日米修好通商条約調印。これを不可とする尾張藩主徳川慶勝，大老井伊直弼らにより謹慎を命じられる
1863	文久3	大和天誅組の乱。旧刈谷藩士松本奎堂，中心人物の1人として死す

	1867	慶応3	「ええじゃないか」がおこり,各地に御札降り騒ぎがみられる。人政奉還,王政復古の大号令
明治時代	1868	明治元	青松葉事件,朝令により佐幕派の尾張藩重臣ら14人処刑。入鹿池堤決壊による被害甚大。赤坂に三河県,信州に伊那県がおかれ,三河の一部を管轄
	1869	2	尾張藩,名古屋藩と改称。稲葉騒動,中島郡稲葉宿で年貢減免を求めて農民が決起。三河県,伊那県に合併。吉田藩,豊橋藩と改称
	1871	4	碧海郡などの僧侶・農民,神仏分離に反対し一揆おこる。廃藩置県により,尾張は2県,三河は10県となる。名古屋県と額田県の2県に統合。『名古屋新聞』発行。岡谷惣助,愛知七宝会社をおこす
	1872	明治5	名古屋県を愛知県と改称。額田県を廃し,愛知県に合併(愛知県の成立)
	1873	6	名古屋鎮台,名古屋城内に設置。日刊紙『愛知新聞』発行
	1874	7	愛知県庁を名古屋城内から東本願寺名古屋別院に移す
	1877	10	豊橋に第八国立銀行,名古屋に第十一国立銀行設立。愛知県庁,南久屋町に移転。宮島清蔵,水車利用の紡績をはじめる(三河ガラ紡の始まり)
	1879	12	最初の愛知県会議員選挙
	1880	13	碧海郡新用水(明治用水)完成。愛知紡績所設立(翌年開業)
	1881	14	愛知自由党創立
	1884	17	林市兵衛,時計製造に成功し,名古屋に製造所を開設。名古屋事件,自由党と関連をもつ博徒ら3人が処刑される
	1885	18	名古屋紡績会社,操業開始
	1886	19	武豊線開通(武豊・熱田間)
	1887	20	オランダ人技師デ・レーケによる木曽三川分流工事着工
	1888	21	名古屋鎮台を廃し,第3師団設置
	1889	22	東海道線新橋・神戸間が全通。名古屋市市制施行。名古屋にはじめて電灯がつく
	1890	23	豊田佐吉,豊田式木製人力織機完成
	1891	24	濃尾大地震
	1894	27	愛知馬車鉄道設立。日清戦争勃発,第3師団に動員令
	1896	29	名古屋に日本車輌製造会社設立
	1898	31	津島に片岡毛織設立,わが国初の毛織物製造。名古屋電鉄笹島・県庁前間開通。名古屋市内に電話開通
	1899	32	武豊港,開港場に指定
	1901	34	安城町に愛知県立農林学校創立。東三河地方で温室栽培はじまる
	1904	37	日露戦争勃発,第3師団に動員令。覚王山日暹寺(日泰寺)落慶

	1906	明治39	豊橋市市制施行
	1907	40	豊田式織機会社設立。熱田港を名古屋港と改称，開港場に指定
	1908	41	第八高等学校開校。名古屋市高蔵貝塚発掘
大正時代	1913	大正2	童話作家新美南吉，知多郡半田町に生まれる
	1914	3	第一次世界大戦勃発
	1918	7	米騒動が名古屋に波及，米穀商・巡査派出所など放火される
	1921	10	東海道稲沢操車場着工(1925年開業)。名古屋高等商業学校開校
	1922	11	田原市吉胡貝塚発掘，307体の縄文人骨出土
	1923	12	名古屋初のメーデー，鶴舞公園で行われる
	1925	14	名古屋放送局，ラジオ放送開始
昭和時代	1926	昭和元	豊田自動織機製作所設立
	1927	2	名古屋電鉄神宮前・豊橋間全通
	1933	8	尾崎士郎(幡豆郡横須賀村生れ)，『人生劇場』(青春篇)発表(1959年8篇完結)
	1935	10	名古屋東山公園開園。名岐鉄道・愛知電鉄が合併して名古屋鉄道となる
	1937	12	トヨタ自動車工業，挙母に設立。KS鋼発明者本多光太郎(碧海郡矢作町生れ)，第1回文化勲章受章
	1939	14	名古屋帝国大学開設。豊川海軍工廠設置
	1940	15	日本画家川合玉堂(葉栗郡外割田村生れ)，第2回文化勲章受章
	1941	16	名古屋・愛知・伊藤の3銀行合併し，東海銀行設立。第二次世界大戦勃発
	1942	17	中部電力設立。『新愛知新聞』『名古屋新聞』合併し，『中部日本新聞』創刊
	1943	18	豊川・鳳来寺・三信・伊那の4私鉄が国鉄飯田線となる
	1944	19	東南海地震。B29による名古屋爆撃本格化
	1945	20	三河地震。空襲で名古屋城焼失。豊川海軍工廠被爆。第二次世界大戦終結
	1948	23	中日スタジアム開場
	1949	24	公私立新制大学，国立新制大学設置
	1950	25	国鉄初の民衆駅として豊橋駅完成。第5回国民体育大会，愛知県で開催
	1954	29	NHK名古屋テレビ局開局。名古屋テレビ塔完成
	1955	30	第1回名古屋まつり開催
	1956	31	佐久間ダム完工
	1957	32	名古屋地下鉄開通(名古屋・栄間)
	1958	33	東海製鉄(のちの新日鉄)設立。宇連ダム完工
	1959	34	伊勢湾台風来襲，県下で猛威。名古屋城天守閣再建
	1960	35	安保条約改定阻止運動県下で盛りあがる
	1961	36	愛知用水通水

	1964	昭和39	東海製鉄第1号炉操業開始。東海道新幹線開通
	1965	40	博物館明治村開村。名神高速道路全通
	1968	43	豊川用水通水
	1969	44	東名高速道路全通
	1973	48	衣浦海底トンネル(半田市・碧南市間)開通。新豊根ダム完工
	1976	51	愛知県の人口600万人突破
	1977	52	名古屋市博物館開館
	1979	54	愛知県陶磁資料館本館開館
	1987	62	国鉄にかわるJR東海創立総会。ファインセラミックスセンター完工
平成時代	1989	平成元	世界デザイン博覧会開催(名古屋市制100周年)。朝日遺跡で銅鐸出土
	1991	3	Jリーグ名古屋グランパスエイト誕生
	1992	4	愛知芸術文化センター(愛知県美術館・愛知県芸術劇場・愛知県文化情報センター・愛知県図書館)開館。名古屋港水族館開館
	1993	5	豊橋港の自動車輸入(車数・金額)全国1位
	1994	6	第49回国民体育大会,愛知県で開催。ナゴヤドーム開場。愛知県,深刻な渇水に見舞われる。中華航空機,名古屋空港で墜落事故
	1995	7	名古屋高速道路の都市環状線開通
	1997	9	博覧会国際事務局(BIE)総会,2005(平成17)年に愛知万国博覧会の開催決定
	1998	10	台風7号による被害,文化財へもおよぶ。名港トリトン(名古屋港横断三大橋)開通
	1999	11	愛知県の人口700万人突破
	2000	12	東海豪雨による被害甚大
	2001	13	名古屋大学教授野依良治,ノーベル化学賞受賞
	2002	14	東海銀行,三和銀行と合併し,UFJ銀行となる。朝日遺跡から東海初の巴形銅器出土。藤前干潟,ラムサール条約登録
	2003	15	田原町と赤羽根町が合併し,田原市誕生
	2005	17	中部国際空港(セントレア)開港。愛知万博(愛・地球博)開催

【索引】

―ア―

愛知県植木センター……………………155
愛知県庁……………………………………9
愛知県陶磁資料館……………………139,141
愛知県埋蔵文化財調査センター……198,199
愛知用水…………………………………235
青塚古墳……………………………………99
あかだ・くつわ…………………………191
浅井古墳群………………………………168
浅野長政邸跡……………………………167
朝日遺跡……………………………………50
足利尊氏……………………22,39,133,152,157
あじさい祭………………………………153
味美古墳群………………………………134
愛宕神社(犬山市)…………………………84
愛宕塚古墳………………………………168
熱田神宮……34,36,37,39,42,77,128,154,160,161,207
熱田神宮宝物館……………………………36
阿奈志神社のホルトノキ………………256
阿野坂………………………………………66
安倍晴明……………………………181,196
アユチ潟…………………………………227
荒子観音(円龍院観音寺)…………………45,46
有松山車会館………………………………64
有松・鳴海絞会館………………………63,64
有松の町並み……………………………63,64
阿波手の森…………………………176,177
安昌寺………………………………………75
安楽寺(稲沢市奥田町)…………………159
安楽寺(稲沢市船橋町)………………155,156

―イ―

飯田街道………………………………11,72
伊勝八幡宮…………………………………71
伊木山………………………………………85
伊久智神社………………………………245
生駒屋敷跡…………………………107,108
石ケ瀬古戦場……………………………243

石神社………………………………………59
石原正明…………………………………183
伊多波刀神社……………………………135
板山長根古窯……………………………215
市川房枝…………………………………171
一宮市博物館………………………164,167,168
一宮地場産業ファッションデザインセンター…………………………………165
一里塚(祐福寺)……………………………80
一里塚(冨田)………………………170,172
一里塚(阿野)……………………………66,67
一里塚(笠寺)………………………………58
壱町田湿地………………………………226
一遍………………………………………179
一本松古墳…………………………………53
伊藤圭介記念室……………………………71
伊藤家住宅…………………………………12
稲葉宿……………………………………150
犬山市文化史料館…………………………87
犬山城……………………84,85,87,99,112-114
犬山祭り……………………………87,119
今川義元……………60,62,65-67,69,242,248
井元家住宅…………………………………18
入海貝塚…………………………………243
入鹿池…………………………………91,112
イルマン…………………………………102
色金山…………………………………74,75
色金山歴史公園……………………………74
岩吉久吉乙吉頌徳記念碑(三吉碑)……251
岩倉城跡…………………………………120
岩崎城址公園………………………………78
岩崎城歴史記念館…………………………78
岩崎山……………………………………112
岩塚古墳…………………………………168
岩塚宿………………………………………48
岩屋口古墳………………………………227
岩屋古墳…………………………………112
岩屋寺………………………………228,253

索引　295

―ウ―

- 鵜飼い 89
- 内々神社 133
- 宇都宮神社古墳 115
- 鵜の山ウ繁殖地 249
- 姥堂 38,39
- 有楽苑 85
- 雲興寺 140

―エ―

- 栄国寺 30,31
- 烏帽子遺跡 229
- 円空・円空仏 46,88,121,123,128,188
- 円光寺 155
- 円通寺 240
- 円福寺 38-40
- 延命寺(大府市) 242
- 延命寺(西春日井郡) 124

―オ―

- 大縣神社 98,99,160
- 大江匡衡 150
- 大草城跡 236,237
- 大曲輪貝塚 55
- オオサンショウウオ 144
- 大須観音(真福寺) 26,27,29,196
- 大高城跡 62
- 大高山古窯 215
- 大野城(宮山城)跡 238,239
- 大府市歴史民俗資料館 241
- おおぼとけさま 108
- 大山廃寺 109,110
- 大脇神明社 67
- 御囲堤 169,205,208
- 岡田の古い町並み 234
- お釜地蔵 107,122
- 緒川城跡 244
- 小木古墳群 116
- 荻須記念美術館 153
- 小木田神社 131
- 小口城跡 102
- 奥津社 207
- 奥村家住宅 85
- 小栗家住宅 221,222
- 小栗重吉 37
- 桶狭間古戦場公園 67
- 桶狭間古戦場伝説地 64,65,67
- 桶狭間の戦い 35,60,62,63,65,67,135,182,242
- 起宿 172,173
- 起渡船場跡 172,173
- 尾関家住宅 88
- 小塞神社古墳 168
- 織田有楽斎(長益) 85,236
- 織田信雄 19,30,49-51,59,99,108,113,114,131,143,194
- 織田信長 7,13,14,19,25,28,31,35,45,49-51,57,60,62,65-67,69,76,85,103,107,108,114,116,120,125,129-131,135,140,143,156,157,174,187-190,194,195,199,236,239,242
- 織田信秀 7,13,25,28,32,69,70,130,140,188,190
- 織田信行 69,70
- 御旅所古墳 134
- 小野道風 123,126,127
- 小幡城 113
- オマント(馬の塔) 76,77,87
- 尾張大国霊神社 149,151
- 尾張国衙址 149
- 尾張七宝 176
- 尾張戸神社 132
- 尾張万歳 22,233
- 『尾張名所図会』 36,40,41,48,129,161,185,190,197,198,218,239
- 御幣鯛 256

―カ―

- 懐恩碑 203
- 貝殻山貝塚 50
- 廻船問屋瀧田家 214
- 回想法センター 123
- 海難除地蔵 253

海部壮平	110
楽田城址	99
覚明	136
篭池古窯	215
笠寺観音(笠覆寺)	38, 45, 57, 58
梶常吉	49, 176
鹿島神社文学苑	197
梶原景時	98, 179
春日井市道風記念館	126
加藤磯足	172
加藤景正(藤四郎)	138
加藤清正	5, 30, 43-45
加藤舜陶	140
加藤伸也	140
加藤高明	138, 203
加藤民吉	138, 139, 141
カトリック主税町教会	17
蟹江城跡	194
蟹江町産業文化会館	194
蟹江町歴史民俗資料館	194
歌碑公園	257
窯垣の小径	139
窯神神社	139
鎌倉街道	56, 66, 178
釜地蔵寺	206
窯のある広場・資料館	217, 218
上街道	179, 188-191, 206
亀崎潮干祭	119, 221
賀茂神社	174
神守宿	183
萱津神社	176-178
からくり展示館	87
川合玉堂	174
観聴寺	42, 206
観音寺(愛知郡東郷町)	80
観音寺(春日井市)	127
観音寺(東海市)	231
観音堂(小牧市)	112
観福寺	228, 229

―キ―

亀翁寺	158
祇園寺	64
菊泉院	180
木曽街道	111, 114
木曽川	18, 84, 89, 98, 101, 105, 112, 117, 160, 165, 168, 169, 198, 199, 203, 204, 208, 235
木曽川文庫	205
木曽三川公園	169
木田城跡	229
北地古墳群	257
木ノ下城跡	84
岐阜街道	158, 165
貴船神社	230
旧加藤家住宅	122
旧川上貞奴邸	18
久昌寺	107, 108
旧正伝院書院	86
旧東松家住宅	96
旧豊田佐助邸	17
旧中埜家住宅	220
旧名古屋控訴院・地方裁判所・区裁判所庁舎	10
旧林家住宅	172
旧春田鉄次郎邸	17
旧藤山家住宅日本家	53
旧渡辺家書院・茶室	73
行基	27, 90, 123, 158, 159, 175, 192, 219, 253
清洲(須)越	11, 12, 15, 30, 49-51, 131
清洲(須)城跡	49
清洲櫓	8, 51
切支丹遺跡博物館	30

―ク―

水鶏塚	203
空海(弘法大師)	127, 152, 182, 240, 253
草薙剣	34, 36
沓掛城跡	65
國盛・酒の文化館	222

首塚	75
熊野神社の五枚岩	112
久村暁台(暮雨巷)	55,57
黒川樋門	14,15
黒笹7号窯跡	80
黒田城跡	174

―ケ―

毛無塚古墳	168
検見塚	50
源敬公廟	144
剣光寺	174
乾坤院	246
源氏塚	196,197
建中寺	8,18,19,59,112,174
顕宝寺	100
賢林寺	117

―コ―

光円寺	48
高讃寺	219,228
興正寺	72,73
弘浄寺	190
光照寺百観音	59
興禅寺	190
高田寺	120,123
呆洞寺	112
香の物祭	178
光明寺(知多郡南知多町)	254
光明寺(名古屋市中村区)	44
光明寺(名古屋市緑区)	61
小木古墳群	116
国照寺	166
国分寺	154-156
国分尼寺	154
極楽寺	254
悟渓宗頓	100
小酒井不木	197
五条橋	51
古戦場公園	76
小長曽陶器窯跡	140
小牧・長久手の戦い	49,59,74-76,78,
	98,99,113,114,128,130,192,194,197
小牧市歴史館	111,112,114
小牧山	74,112-114
御用水跡	14
紺屋海道	220,222

―サ―

西音寺	208
西行腰掛石	56
西光寺	189
裁断橋	38,39,104
最澄	39,109,128
齋(斉)年寺	237
西方寺	231
佐織町中央公民館歴史民俗資料室	206
坂部城跡	247,248
佐久間盛次	35,53
桜神明社古墳	56
桜田八幡社	58
佐治神社	238
猿投山西南麓古窯跡群	80
佐屋街道・佐屋路	48,179,202,203
佐屋宿	202,203
佐屋代官所跡	203
算額	250,252,254
産業技術記念館	47
三田家住宅	66
三里の渡し	202,203

―シ―

慈雲寺	236
塩付街道	54
志賀公園遺跡	13
志賀重昂	89
四間道	12,51
慈眼寺	150
地蔵院	56
地蔵寺	195,196
地蔵堂	201
下街道(善光寺街道)	133
七石表	65
七里の渡し	40,41,48,202

七宝町のラカンマキ	175
七宝焼アートヴィレッジ	176,177
篠島	256,257
下萱津のフジ	178
甚目寺	45,159,178,179
下新田のフジ	186
下原古窯跡群	134
十州樓	16
十所社	120,121
春江院	62
如庵	86
常安寺	125
性海寺	152,153,182
常観寺	107,122,206
床机石	74
庄九郎塚	76
正眼寺	116,121,180
定光寺	143,144
正住院	218
正衆寺	254
成信坊	189
常泉寺	43,44
醸造「伝承館」	226
聖徳寺	40
聖徳寺跡(尾西市)	173
庄内川	14,15,48,126,128,129,134,143
勝入塚	76
蕉風発祥之地碑	9
成福寺	37,38
正明寺	49
情妙寺	19
常楽寺(稲沢市)	158
常楽寺(半田市)	218,224,225
条里制遺構	122
浄蓮寺	189
昭和塾堂	69
昭和美術館	73
勝幡城跡	174
白壁・主税・橦木の町並み	17
白鳥1号墳	132
白鳥塚古墳	132
城山八幡宮	69,70
神宮干鯛調製所	256
新木津用水	111,112
真福寺本	27
神明神社(篠島)	256

―ス―

瑞雲寺	130
瑞泉寺(犬山市)	88,100
瑞泉寺(名古屋市)	61
陶彦神社	138
末森城跡	69
洲崎神社	25
須成祭	195
すみれ塚	133

―セ・ソ―

誓願寺	61
西岸寺	253
青宮寺	159
政秀寺	25
青大悲寺	42
晴明塚	181,196
清流亭のフジ	111
世界のタイル博物館	218
説教源氏節	181
摂取院のイブキ	220
瀬戸街道	22
瀬戸蔵	137,144
瀬戸市新世紀工芸館	139
瀬戸市マルチメディア伝承工芸館	139
瀬戸物・瀬戸焼	137,138,140,141,144
せともの祭り	139
千句塚公園	61
禅源寺	150,152
仙松院	71
全昌寺	121,122
善照寺砦	60,61,67
泉増院	58
泉蔵院	252
善導寺	243,244

索引 299

船頭重吉の碑	37
船頭平閘門	203, 204
戦人塚	65
善応寺	156
禅林寺	167
総見院	50
総見寺	30, 50, 131
蒼竜寺	59
速念寺	46

― タ ―

大聖寺(成田山名古屋別院)	88
大地遺跡	117
大日霊神社	169
鯛まつり	254
大明神社	172
平康頼	250
高座結御子神社	42
多賀神社	219
田県神社	98
高根遺跡	110, 111
高御堂古墳	130
滝学園	107
武豊町歴史民俗資料館	226
武豊停車場跡地	225
田中訥言	180
丹下砦	60, 61
断夫山古墳	42

― チ ―

児神社	109
知多郡道	59
知多市歴史民俗博物館	233, 234
知多の三古刹	228
知多木綿	233-235
千鳥塚	61
血の池公園	75
中高記念館	150
長光寺(六角堂)	50, 157, 158
長松寺	104
長誓寺	169
長泉塚古墳	101
長福寺(中島郡平和町)	174
長福寺(名古屋市緑区)	67
長母寺	22, 233
長隆寺	164, 166
長暦寺	156
知立(池鯉鮒)宿	64

― ツ・テ ―

ツインアーチ138	169
津金文左衛門	139, 198
津島神社	8, 184-187, 190, 191, 202
津島の町並み	190
津島湊	186, 187
鶴舞公園	52, 53, 70
天道宮神明社	90, 91
天王川公園	186
天王まつり	8, 25, 118, 119, 187, 200-202

― ト ―

洞雲院	247, 248
陶栄窯	214, 216
東海市立平洲記念館・郷土資料館	230
桃花祭	160, 161
桃巌寺	70
東光院	58
東郷町郷土資料館	80
東谷第3号墳	132
東山荘	54
東照宮	8, 9, 24
東照宮祭	8, 25, 87
陶祖祭り	138
徳川家光	150, 202
徳川家康(松平元康)	4, 5, 7, 8, 11, 15, 21, 24, 26, 51, 62, 63, 74-76, 85, 98, 99, 108, 113, 114, 169, 170, 184, 194, 224, 242, 248, 250
徳川園	20
徳川美術館	20, 21
徳川光友	5, 18, 20, 22, 30, 31, 72, 98, 135, 143, 228, 229, 239
徳川宗春	5, 23, 29, 118
徳川義直	4-6, 8, 18, 22, 24, 30, 50, 51, 91,

　　　　98,114,116,143,144,152,169,250
徳源寺……………………………………19
徳成寺の千体地蔵………………………188
常滑市陶磁器会館………………………212,239
常滑市民俗資料館………………………216,217,239
常滑市立陶芸研究所……………………217
常滑船……………………………………214
常滑焼……………………………………212-217
都々逸発祥之地…………………………39
どぶろくまつり…………………………241
富部神社…………………………………56
冨吉建速神社……………………………193,195
豊明のナガバノイシモチソウ…………66
豊国神社…………………………………43
豊田佐吉…………………………………47
豊臣秀吉……7,25,38,43-45,59,74,75,85,
　　99,101,104,105,113,114,121,128,
　　133,163,169,179,181,185,187,192,
　　194,195
どんでん館………………………………87

——ナ——

内藤丈草句碑……………………………85
儺追祭(国府宮のはだか祭)…………150,151
長草天神社………………………………240,241
長久手城趾………………………………75
長久手町郷土資料室……………………76
中島宮……………………………………166
中島砦……………………………………60,61,67
中埜半六…………………………………220
中之坊寺…………………………………239
中村公園…………………………………43,44
名古屋港…………………………………32,41
名古屋コーチン…………………………110,120
名古屋市市政資料館……………………12
名古屋市博物館……38,53-55,71,117,227
名古屋市見晴台考古資料館……………58
名古屋市役所……………………………9
名古屋城……4-9,11,14,15,17,21,24,25,
　　28,29,31,32,51,72,80,112,169,181,
　　194,199

那古野神社………………………………8,9,24,25
名古屋大仏………………………………70
名残りの松………………………………54
長東正家邸址……………………………159
七寺………………………………………27,29
業平塚……………………………………230
鳴尾公会堂………………………………59
鳴海宿……………………………………60-64
鳴海城……………………………………60
鳴海神社…………………………………62
鳴海八幡宮………………………………62
南山大学人類学博物館…………………71

——ニ——

新美南吉記念館…………………………222-224
西志賀遺跡………………………………13
西条八幡社………………………………201
西別院(本願寺名古屋別院)……………29,31
日泰寺……………………………………68
日本ライン………………………………89
如意寺……………………………………61

——ノ——

野口米次郎………………………………187
登窯広場…………………………………216
野間大坊(大御堂寺)……………………249,250
ノリタケの森……………………………47
野呂助左衛門……………………………99

——ハ——

萩原宿……………………………………170
柏庵宗意…………………………………154,155,162
白山社(一宮市)…………………………167,168
白山社(西春日井郡師勝町)……………124
白山社のクロガネモチ(知多郡武豊町)
　　…………………………………………226
白山神社(丹羽郡大口町)………………102
白山神社古墳(春日井市)………………134
白山平……………………………………87,88
博物館「酢の里」………………………221,222
博物館明治村……………………………92,96
白梵庵馬州の墓…………………………88
羽黒城跡…………………………………98

索引　301

ばしょう踊	169
芭蕉供養塔・芭蕉堂	61
羽豆崎城址	256
羽豆神社	255
はだか祭	148,150,151
甚目竜麻呂	178
八所神社	125
蜂須賀家政	105,182
蜂須賀小六	105,182
八幡社(海部郡蟹江町)	196
八幡神社(知多市八幡)	233
八幡山古墳	53
八幡林古戦場	99,114
八劔社(海部郡蟹江町)	193,195
八剣社(丹羽郡大口町)	104
八社神社	237
服部家住宅(海部郡弥富町)	199,200
服部家住宅(名古屋市緑区)	64
ハニワの館	135
浜神明社	55
林庄五郎	176
隼人池	73
礫の松跡地	251
針綱神社	87
万松寺	8,28-30
半僧坊新福寺	73
半田赤レンガ建物(旧カブトビール半田工場)	222
半田市立博物館	221,225

―ヒ―

東浦町郷土資料館	243,245
東之宮古墳	88
東別院(真宗大谷派名古屋別院)	29-31
東山公園	70,71
東山スカイタワー	71
尾西市三岸節子記念美術館	171
尾西市歴史民俗資料館	172,174
羊神社	16
秀吉清正記念館	44
ヒトツバタゴ自生地	96

尾北窯	110,111,114
日間賀島	257
日間賀島資料館	258
日間賀神社	257
白毫寺	56
平手政秀	13,14,25
平針街道	80

―フ―

深川神社	138,139
福島正則	5,15,51,180,181,186
冨士権現天満宮	46
富士社(愛知郡長久手町)	75
普選壇	52
二子山古墳	134
二村山	66
古渡城跡	31,32
文学散歩道	197

―ヘ・ホ―

平泉寺	248
平田寺	120,121
宝雲寺	138
法海寺	232,233
暮雨巷	54,55
宝国寺	231
蓬左文庫	20-22
法山寺	251
宝珠院	73
宝珠寺	230
宝勝院	40
宝泉寺	139
法蔵寺	181,182
豊年祭り	98
棒の手	76,77,108,131
堀尾金助	38,104
星崎城跡	59
細井平洲	24,230,231
法華寺(稲沢市)	154,156
堀田稲荷社	225
堀田家住宅	186
堀川	12,15,25,32,34,51,73,181

本源寺 ……………………………… 174

― マ ―

前田利家 ……………………………… 45-47
増田長盛邸址 ………………………… 159
真清田神社 …………………… 160-162, 164, 165
又兵衛 ………………………………… 36, 37
松尾芭蕉 ……………………… 9, 57, 61, 85, 133, 203
松崎遺跡 …………………………… 230, 245
松重閘門 ……………………………… 32, 33
松平忠吉 …………………… 4, 5, 56, 157, 184
松平広忠 ……………………………… 7, 247
まほらの館 …………………………… 99
馬見塚遺跡 …………………………… 167
丸根砦跡 ……………………………… 63
曼陀羅寺 ……………………… 105, 106, 162
万徳寺 ……………………………… 148, 153
万場宿跡 ……………………………… 48
万場の渡し …………………………… 48
万葉の歌碑 ………………………… 227, 254

― ミ ―

帝井 …………………………………… 257
三岸節子 ……………………………… 171
水谷豊文 ……………………………… 42, 96
水法の芝馬祭 ………………………… 167
瑞穂公園 ……………………………… 55
乱橋 …………………………………… 251
密蔵院 ……………………………… 128, 129, 175
源義朝 ……………………… 196, 248, 250, 251
源頼朝 ……………… 79, 98, 157, 174, 179, 248, 250, 251
美濃路 …………… 50, 51, 150, 158, 170, 172, 173, 179
御旗山 ………………………………… 75
見晴台遺跡 …………………………… 58
宮後城跡 ……………………………… 105
宮後八幡社 ………………………… 104, 105
屯倉址 ………………………………… 174
宮(熱田)宿 ……………………… 11, 38-41, 170
宮本武蔵 ……………………………… 57, 58, 73
明安寺 ………………………………… 183
妙感寺古墳 …………………………… 89
妙行寺 ………………………………… 44

明眼院 ………………………………… 175
妙興寺(妙興報恩禅寺) ………… 155, 161-164
妙仙寺 ………………………………… 78
弥勒寺 …………………………… 197, 198

― ム ―

武蔵塚 ………………………………… 76
牟山神社 ……………………………… 234
虫送り行事 ……………………… 173, 247
虫供養 ………………………………… 247
無住国師(一円) …………………… 22, 23, 148
村木砦古戦場 ………………………… 242
村瀬太乙 ……………………………… 112
無量光院 …………………………… 158, 159

― メ・モ ―

明倫堂 …………………………… 24, 231
滅宗宗興(大照禅師) ………………… 161
メナード美術館 ……………………… 114
桃塚古墳 ……………………………… 168
森春濤 ……………………………… 160, 169
森津のフジ …………………………… 198
森長可 …………………… 74, 76, 99, 113

― ヤ ―

やきもの散歩道 …………………… 212, 216
薬師寺(犬山市) ……………………… 89, 90
薬師寺(丹羽郡大口町) ……………… 102
安良八王子社 ………………………… 108
八剣社 ………………………………… 144
弥富金魚 ……………………………… 199
弥富町歴史民俗資料館 ……………… 199
屋根神 ……………………………… 12, 191
八柱神社 ……………………………… 231
山那神社 ……………………………… 101
也有園 ………………………………… 71
矢合観音 ……………………………… 154

― ユ・ヨ ―

ＵＦＪ銀行貨幣資料館 ………………… 9
祐福寺 ………………………………… 79, 80
有隣舎跡 ……………………………… 169
横井也有 …………………………… 71, 208
横須賀御殿跡 ……………………… 228, 229

吉川英治句碑	197
吉藤市川公民館	171
四ツ家追分道標	158
余野神社	102,103
ヨハネス・デ・レーケ	204

―リ・レ―

龍興寺	53
龍光寺	168
龍照院	192,193
竜泉寺	45,113,128
龍門園	54
龍影閣	36,37
良参寺	252
麟慶寺	136
林昌院	135
林昌寺	131
蓮華寺	182,183
蓮光寺	189
蓮台寺(津島市)	189
蓮台寺(常滑市)	239

―ワ―

若宮八幡社	9,25,29
若宮祭	25,119
鷲津砦跡	62
鷲津幽林	169
輪中	199,204,205
輪中公園	199
綿神社	14

【写真所蔵・提供者】(五十音順, 敬称略)

愛知県教育委員会
愛知県産業技術研究所尾張繊維技術センター
愛知県絞工業組合
愛知県陶磁資料館
愛知県立図書館
青柳ういろう
稲沢市荻須記念美術館
稲沢市教育委員会
稲沢市商工課
犬山市観光交流課
犬山市教育委員会
円通寺
大口屋
大府市歴史民俗資料館
大脇梯子獅子保存会
尾張大国霊神社
尾張の山車祭
各務原貞照寺
春日井市教育委員会
学校法人滝学園
蟹江町観光協会
蟹江町歴史民俗資料館
観福寺
京都国立博物館
黒川光雄
高台寺
国土交通省中部地方整備局木曽川下流工事事務所

財団法人愛知県教育サービスセンター愛知県埋蔵文化財センター
財団法人名古屋観光コンベンションビューロー
齊(斉)年寺
佐織町歴史民俗資料室
佐屋町教育委員会
十四山村教育委員会
正眼寺
定光寺
世界のタイル博物館
瀬戸市歴史民俗資料館
瀬戸染付焼工業協同組合
船頭平閘門管理所木曽川文庫
祖父江町教育委員会
祖父江町商工会
武豊町歴史民俗資料館
立田村教育委員会
知多市経済課
知多市市民活動推進課
知多市歴史民俗博物館
中部国際空港
長興寺
手織りの里木綿蔵ちた
東海市立平洲記念館・郷土資料館
独立行政法人国立公文書館

常滑市教育委員会
常滑市商工観光課
常滑市民俗資料館
豊明市人事秘書課
豊田市郷土資料館
長久手町教育委員会
中之坊寺
名古屋七宝協同組合
名古屋市博物館
名古屋市見晴台考古資料館
名古屋城管理事務所
名古屋仏壇商工協同組合
名槌屋
日光山輪王寺
日本福祉大学知多半島総合研究所
八開村総務課
服部家
半田市商工観光課
東浦町郷土資料館
東山植物園
深川神社
毎日新聞社
弥勒寺
弥富町歴史民俗資料館
鱗慶寺
林昌院
林昌寺

本誌に掲載した地図の作成にあたっては,国土地理院長の承認を得て,同院発行の50万分の1地方図,20万分の1地勢図,5万分の1地形図,数値地図25000(空間データ基盤)を使用したものである(平15総使,第46-3038号)(平15総使,第47-3038号)(平15総使,第48-3038号)(平15総使,第108-3038号)。

【執筆者】(五十音順)

監修
日下英之 ひのしたえいし(前桜花学園大学教授)

代表
坂田正英 さかたしょうえい(桜花学園大学講師)

執筆・編集委員
赤谷元男 あかやもとお(県立松平高校教頭)
天野芳樹 あまのよしき(県立作手高校)
植田義之 うえたよしゆき(県立豊橋南高校)
岡野繁幸 おかのしげゆき(県立日進高校教頭)
小川芳範 おがわよしのり(県立江南高校)
加藤泰男 かとうやすお(県立高浜高校校長)
加藤安信 かとうやすのぶ(県立松蔭高校校長)
蟹江吉弘 かにえよしひろ(県教育委員会文化財保護室教育主事)
小嶋毅 こじまたけし(犬山市文化財保護審議会委員)
駒木正清 こまきまさきよ(県立安城南高校教頭)
坂元庸 さかもとやすし(県立五条高校)
鈴木栄 すずきさかえ(県立福江高校校長)
寺澤仁史 てらさわひとし(県立天白高校校長)
寺田正人 てらだまさひと(県立一宮南高校校長)
萩生昭徳 はぎおあきのり(県立岡崎東高校教頭)
原田直実 はらだなおみ(豊橋創造大学講師)
深津清孝 ふかつきよたか(県立幸田高校教頭)

執筆委員
安藤義弘 あんどうよしひろ(県立東海南高校)
磯谷和明 いそがいかずあき(県埋蔵文化財調査センター主査)
伊藤太佳彦 いとうたかひこ(県立知多東高校)
長田賀文 おさだよしふみ(県立瀬戸西高校)
尾﨑優子 おざきゆうこ(県立蒲郡東高校)
川井啓介 かわいけいすけ(県立岡崎北高校)
北村和宏 きたむらかずひろ(県教育委員会文化財保護室教育主事)
後藤英史 ごとうひでふみ(県立名古屋西高校)
斎藤昭宏 さいとうあきひろ(県立熱田高校教頭)
佐藤章 さとうあきら(県教育委員会文化財保護室教育主事)
柴田直光 しばたなおみつ(県立横須賀高校)
杉本吉保 すぎもとよしやす(県立木曽川高校)
鈴木敏夫 すずきとしお(県立時習館高校)
竹内英之 たけうちひでゆき(県立一色高校)
都築暢也 つづきのぶや(県立岡崎高校教頭)
中尾東洋夫 なかおとよお(県立新城東高校)
花村清隆 はなむらきよたか(県立昭和高校)
林哲志 はやしてつし(県立福江高校)
古川藤記 ふるかわふじのり(県立豊橋東高校)
細溝典彦 ほそみぞのりひこ(県立春日台養護学校教頭)
余合昭彦 よごうあきひこ(県立豊田西高校)
吉田敦代 よしだあつよ(県史編さん室主事)

歴史散歩㉓

愛知県の歴史散歩 上 尾張
あいちけん れきしさんぽ おわり

2005年3月10日　1版1刷印刷　　2005年3月20日　1版1刷発行			

編者────愛知県高等学校 郷土史研究会
　　　　　あいちけんこうとうがっこう きょうどし けんきゅうかい
発行者───野澤伸平
発行所───株式会社山川出版社
　　　　　〒101-0047　東京都千代田区内神田 1 - 13 - 13
　　　　　電話　03(3293)8131(営業)　　03(3293)8134(編集)
　　　　　http://www.yamakawa.co.jp/　　振替　00120-9-43993
印刷所───図書印刷株式会社
製本所───株式会社手塚製本所
装幀────菊地信義
装画────岸並千珠子
地図────東京地図出版株式会社

Ⓒ　2005　Printed in Japan　　　　　　　　　　　ISBN 4-634-24623-6

・造本には十分注意しておりますが、万一、落丁・乱丁などがございましたら、
　小社営業部宛にお送りください。送料小社負担にてお取り替えいたします。
・定価はカバーに表示してあります。

新版県史 全47巻

古代から現代まで、地域で活躍した人物や歴史上の重要事件を県民の視点から平易に叙述する、身近な郷土史読本。充実した付録も有用。
四六判　平均360頁　カラー口絵8頁　　税込各1995円　＊は既刊

- ＊ 1 北海道の歴史
- ＊ 2 青森県の歴史
- ＊ 3 岩手県の歴史
- ＊ 4 宮城県の歴史
- ＊ 5 秋田県の歴史
- ＊ 6 山形県の歴史
- ＊ 7 福島県の歴史
- ＊ 8 茨城県の歴史
- ＊ 9 栃木県の歴史
- ＊10 群馬県の歴史
- ＊11 埼玉県の歴史
- ＊12 千葉県の歴史
- ＊13 東京都の歴史
- ＊14 神奈川県の歴史
- ＊15 新潟県の歴史
- ＊16 富山県の歴史
- ＊17 石川県の歴史
- ＊18 福井県の歴史
- ＊19 山梨県の歴史
- ＊20 長野県の歴史
- ＊21 岐阜県の歴史
- ＊22 静岡県の歴史
- ＊23 愛知県の歴史
- ＊24 三重県の歴史
- ＊25 滋賀県の歴史
- ＊26 京都府の歴史
- ＊27 大阪府の歴史
- ＊28 兵庫県の歴史
- ＊29 奈良県の歴史
- ＊30 和歌山県の歴史
- ＊31 鳥取県の歴史
- 　32 島根県の歴史
- ＊33 岡山県の歴史
- ＊34 広島県の歴史
- ＊35 山口県の歴史
- 　36 徳島県の歴史
- ＊37 香川県の歴史
- ＊38 愛媛県の歴史
- ＊39 高知県の歴史
- ＊40 福岡県の歴史
- ＊41 佐賀県の歴史
- ＊42 長崎県の歴史
- ＊43 熊本県の歴史
- ＊44 大分県の歴史
- ＊45 宮崎県の歴史
- ＊46 鹿児島県の歴史
- ＊47 沖縄県の歴史

郵便はがき

料金受取人払

神田局承認

4594

差出有効期限
平成19年2月
10日まで

1 0 1 - 8 7 9 1

5 2 0

東京都千代田区
内神田 1 —13—13

山川出版社　行
　　営業部

本書をお買い上げいただきまして誠にありがとうございました。
このハガキを、小社へのご意見またはご注文にご利用ください。

愛読者カード

お買上
書　名　　**歴史散歩 23　愛知県の歴史散歩 上 尾張**

＊本書に関するご感想、ご意見をお聞かせください。

お買上
書店名　　　　　　　区
　　　　　　　　　　市　　　　　　　　　　　書店
　　　　　　　　　　町

ふりがな ご氏名		年齢　　歳　　男・女
□□□-□□□□	電話	

ご住所

e-mail

ご職業

現在、どちらかの学会・研究会等に所属していますか。
1.いる（　　　　　　　　　　　）　2.いない

注 文 書

※ご注文の際は電話番号もお忘れなくご記入ください。

書　　名	定　価	部　数
	円	部
	円	部
	円	部
	円	部

ご注文方法は下記A、Bの2通りがございます。
どちらかに○をおつけください。

A．下記書店へ配本
（直接書店にお渡しください）

― (書店・取次帖合印) ―

書店様へ―貴店帖合印を捺印の上ご投函ください。

B．直接送本

代金(書籍代＋手数料、冊数に関係なく210円)は、お届けの際に現品と引換えにお支払いください。

＊お急ぎの場合は電話またはFAXもご利用ください。
電話03-3293-8131(営業)
FAX03-3292-6469

歴 史 散 歩　全47巻(57冊)

好評の新書判を全面リニューアルした、史跡・文化財を訪ねる都道府県別のシリーズ。旅に役立つ情報満載の、ハンディなガイドブック。
2005年2月刊行開始　B6変型　平均320頁　2～4色刷
　　　　　　　　　　　　　税込各1260円　＊は既刊

　1　北海道の歴史散歩
　2　青森県の歴史散歩
　3　岩手県の歴史散歩
　4　宮城県の歴史散歩
　5　秋田県の歴史散歩
　6　山形県の歴史散歩
　7　福島県の歴史散歩
　8　茨城県の歴史散歩
　9　栃木県の歴史散歩
10　群馬県の歴史散歩
＊11　埼玉県の歴史散歩
12　千葉県の歴史散歩
13　東京都の歴史散歩　上 中 下
14　神奈川県の歴史散歩　上 下
15　新潟県の歴史散歩
16　富山県の歴史散歩
17　石川県の歴史散歩
18　福井県の歴史散歩
19　山梨県の歴史散歩
20　長野県の歴史散歩
21　岐阜県の歴史散歩
22　静岡県の歴史散歩
＊23　愛知県の歴史散歩　上 下
24　三重県の歴史散歩

25　滋賀県の歴史散歩　上 下
26　京都府の歴史散歩　上 中 下
27　大阪府の歴史散歩　上 下
28　兵庫県の歴史散歩　上 下
29　奈良県の歴史散歩　上 下
30　和歌山県の歴史散歩
31　鳥取県の歴史散歩
32　島根県の歴史散歩
33　岡山県の歴史散歩
34　広島県の歴史散歩
35　山口県の歴史散歩
36　徳島県の歴史散歩
37　香川県の歴史散歩
38　愛媛県の歴史散歩
39　高知県の歴史散歩
40　福岡県の歴史散歩
41　佐賀県の歴史散歩
42　長崎県の歴史散歩
43　熊本県の歴史散歩
44　大分県の歴史散歩
45　宮崎県の歴史散歩
46　鹿児島県の歴史散歩
47　沖縄県の歴史散歩

愛知県全図

凡例	
━━━	都道府県界
───	市 郡 界
----	町 村 界
━━━	新 幹 線
───	J R 線
───	私 鉄 線
━━━	高 速 道 路
①	都 市 高 速
───	有 料 道 路
①	国 道
○	県 庁